数字营销系列

直播人才

数字电商的组织密码

Live Streaming Talent

Organization Code for Digital E-commerce

梁善华 胡惠文 王公博 于秋石 / 著

企业管理出版社
ENTERPRISE MANAGEMENT PUBLISHING HOUSE

图书在版编目（CIP）数据

直播人才：数字电商的组织密码 / 梁善华等著. —北京：企业管理出版社，2022.4
ISBN 978-7-5164-2567-1

Ⅰ. ①直…　Ⅱ. ①梁…　Ⅲ. ①网络营销—人才培养—研究—中国　Ⅳ. ① F724.6

中国版本图书馆 CIP 数据核字（2022）第 032352 号

书　　名：直播人才：数字电商的组织密码
书　　号：ISBN 978-7-5164-2567-1
作　　者：梁善华　胡惠文　王公博　于秋石
责任编辑：尤　颖　田　天
出版发行：企业管理出版社
经　　销：新华书店
地　　址：北京市海淀区紫竹院南路 17 号　　邮　　编：100048
网　　址：http://www.emph.cn　　电子信箱：emph001@163.com
电　　话：编辑部（010）68701638　　发行部（010）68701816
印　　刷：河北宝昌佳彩印刷有限公司
版　　次：2022 年 4 月第 1 版
印　　次：2022 年 4 月第 1 次印刷
开　　本：710mm × 1000mm　1/16
印　　张：17.25 印张
字　　数：239 千字
定　　价：68.00 元

前言

PREFACE

直播经济赋能新人才

近年来，直播作为一种线上新型销售方式，为商家和消费者搭建新桥梁，扩大传统行业的销售半径，成为提振传统经济的引擎，并扩大创业就业平台，加速推动产业数字化转型升级。随着5G、AI、大数据等技术的发展与应用，直播更是成为融入社会重要的结构性力量，具有重要的社会价值和创新意义，在新产业、新业态、新商业模式的发展中发挥了积极作用。2020年，直播行业逐渐完成了从“新工具”到“新业态”的变迁，进一步巩固和发展着数字经济，直至推动着数字中国的构建。

突发的新冠肺炎疫情带来了众多的宅生活需求，引爆了直播带货、短视频、社群营销等多种线上销售模式。许多商家改变了传统电商人、货、场销售模式，采用多渠道线上营销模式，升级做社群营销，依托微信小程序，将线下实体店转移至线上，在线下单，分区域进行配送，搭建了服务社群的线上平台，开启了抖音、直播带货等短视频营销模式。直播带货在疫情之下爆红，成为一种深度且全面的，其他零售难以取代的全新方式，连接了传统的生产企业、供应商、网络平台、店家和用户，开创了零售新时代。

技术进步、行业需求等客观因素的共同作用，引爆了直播行业巨大的市场需求。2020年中国直播电商市场规模达到了9610亿元，同比增长128.8%。随着网络直播渗透率的不断提升，我国网络直播购物的习惯基本养成。

行业的发展离不开人才的支撑，每一个行业都是如此。直播行业的迅猛发展，使得越来越多的人才开始在这一行业聚集，催生了一大批直播主播和网红人才，同时也出现了直播人才的巨大需求缺口。根据知名招聘网站发布的直播带货人才报告数据显示，2021 年上半年，直播经济业态主要岗位的人才需求量达到 2020 年同期的 3.6 倍，涌入行业的求职者规模也达到 2020 年同期的 2.4 倍。由于直播行业是新兴行业和新的业态模式，加上行业缺少专业知识、基本素养和统一的行为规范，从业人员没有专业门槛，人才队伍良莠不齐，导致直播中的问题层出不穷。为数不多的头部主播其实都没有经过专业的训练，而是依靠自己的经验和悟性自学成才。他们的成才之路无法规模化复制，依靠自学成才这样的人才成长模式和速度无法满足社会需求，因此系统地开展专业的直播人才培养工作具有现实的紧迫性。如何培养优秀的直播带货人才，是包括行业企业、直播平台、职业院校在内的各界人士应该共同思索和解决的问题。

2020 年 7 月，国家人力资源和社会保障部联合国家市场监督管理总局、国家统计局向社会发布了第三批新职业，依靠短视频、直播带货的创业者们有了“互联网营销师”的新称谓。在“互联网营销师”的职业分类下还设置了“直播销售员”工种，这是“直播人才”第一次作为职业分类进入官方的职业目录中。直播人才正在成为直播经济催生的新人才，必将在我国社会主义市场经济发展中发挥出更加重要的作用。

行业的发展离不开市场的规范和秩序。除了在人才的发展和培养方面制定标准、提出要求，国家相关部门和地方政府在规范直播行业发展方面也发布了一系列规范运营管理的政策和措施，引导直播行业健康、有序发展。

实现直播行业健康有序发展，人才培养是关键。规范直播行业长远发展，优化直播人才生态体系，是直播行业和直播人才共同成长的必由之路。

感谢余来文教授与同学、朋友对本书写作与出版的指导和帮助，感谢家人的大力支持。特别需要说明的是，本书在编写过程中，学习、借鉴了国内外众多专家学者的研究成果及大量相关文献资料，引用了一些书籍、报刊、网站的部分数据和资料内容，并尽可能地在参考文献中列出，也有部分由于时间紧迫，未能与有关作者一一联系，敬请见谅并对这些成果的作者深表谢意。限于编写者的学识水平，书中难免会有疏漏，敬请广大读者批评指正，使本书将来的再版能够锦上添花！

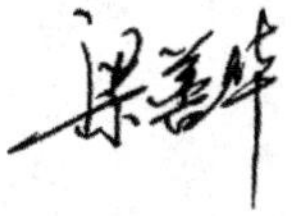

2021 年 11 月 26 日

目
CONTENTS
录

第一章

直播人才定位

直播人才培养既是市场化需求，也是新时代的需要。

——《人民日报》

直播时代已来。作为主播和网红这类直播人才该如何定位，目前还没有明确的结论。全民直播时代的到来，新冠肺炎疫情的影响，促使更多的企业及各大直播平台积极推动“直播+”布局。直播行业在激烈的竞争过程中，形成了高品质、差异化、多元化共存的直播生态体系。在直播市场方面，直播人才的规模、直播平台的数量结构、直播人员的规模状况、直播生态的人才分布等都随着市场情况的变化而呈现出不同的特点。为应对直播行业逆势猛增造成的直播人才巨大需求缺口，做好直播人才画像和直播团队人才定位，探索开展直播人才培养已迫在眉睫。

开章案例

淘宝——传统电商到直播电商的蜕变

淘宝，自2003年成立至今，无论从网购规模还是用户数量来说，都是亚太地区深受欢迎的电商平台和综合性零售商圈，已成为全世界范围的电商平台之一，位列全球最具价值500大品牌榜第37位。

直播带货作为电商与直播相结合的一种新业态模式，采用网络直播形式由主播将产品特性推荐给消费者。直播带货早期在淘宝上开始火热，随后抖音、快手、京东等平台也纷纷加入这一行列。2019年我国直播电商市场规模已经达到4338亿元，2020年由于新冠肺炎疫情原因，行业总规模继续扩大到9610亿元。

一、公司介绍

淘宝网由阿里巴巴集团在2003年5月创立，是我国电子商务的领军者，也是深受广大网民喜爱的网络零售平台和电子商务交易平台。截至2014年年底，淘宝网拥有注册用户数已近5亿，每天活跃用户超过1.2亿，同时每天的在线商品数已经超过了10亿件，平均每分钟售出4.8万件商品，创造的直接就业机会达467.7万个。随着规模的扩大和用户数量的增加，淘宝网已从单一的C2C网络集市变成了综合性零售商圈，包括C2C、团购、分销、拍卖等多种电子商务模式。

淘宝网2003年全年交易额3400万元；2005年成交额突破80亿元；2006年成为亚洲最大购物网站，网络购物成了生活要素的一部分；2009年全年交易额达到2083亿元；从2009年第一届“双十一”交易额0.5亿元至今，每年呈指数级增长；2020年“双十一”成交额达4982亿元；2021年“双十一”成交总额达5403亿元。

二、淘宝直播发展历程

随着2016年直播电商开始萌芽，淘宝于同年5月正式开通直播功能，试水传统电商与直播带货相结合的新业务模式。淘宝直播最初以手淘App的内嵌模块形式，定位在生活类消费品展示与销售。直播电商随后一路发展迅速，渗透率不断提升，直播品类也更加多元化。

2017年2月淘宝与天猫直播合并，同年3月举办首届淘宝直播盛典。2018年淘宝全年直播营收超千亿元，合作多频道网络（MCN）机构达600家。

2019年春节，淘宝直播App正式上线，成为我国首个独立直播电商App，累积用户4亿，商品交易总额超2000亿元。从手淘App直播入口至独立直播App，淘宝直播电商开始逐渐形成先发优势和规模效应。2020年新冠肺炎疫情引爆直播电商行业进入红利期，淘宝于同年1月和2月连续出台直播内容管理新规与商家开播激励政策。

淘宝在10多年传统电商运营经验基础上，持续加码直播投入，进一步打造完善的直播电商生态。淘宝直播电商重构了传统电商的人、货、场模式，主播类型、直播商品类目、受众圈层均朝向多元化方向发展，逐渐形成淘宝直播的核心优势。

其一是头部主播的创富效应。淘宝有着传统电商多年的积累，在转型直播带货后优势凸显，出现了很多网红达人与头部主播。2018年淘宝直播销售额过亿的主播有81个；2019年这个数字又差不多翻了一番，刷新为150多个，而且很多的主播、达人及商家通过直播快速成长起来，充分展示了淘宝直播的主播创富能力。

其二是完备的商品类目。淘宝作为传统电商领域的领头羊，有着完备的商品种类及强大的供应链体系。2019年年末，淘宝直播间商品种类同比增长190%，覆盖家电、汽车、食品、3C数码等各类商品。淘宝直播的产业基地遍布全国，有170多家。就拿服装基地来说，共有100多家，主要分布在普愿、海宁、杭州、广州等；珠宝基地共有17家，包括珠宝四会、瑞利、揭阳、诸暨、水贝等。有这些品类丰富的商品与产业基地支撑，通过直播间主播的强大销售转化能力与同样强大的供应链体系，可以低价高效触达消费者。

其三是众多合作机构的推动。目前，淘宝已与1600余家MCN机构与200余家直播代播机构展开合作。这些淘宝MCN机构又分为淘宝直播MCN、淘宝短视频MCN、淘宝图文MCN、淘宝商家直播服务商等九大类。这些机构与平台在直播领域要么是有着丰富经验和杰出成绩的网红或主播机构，要么是有着丰富的电商运营经验和超强的供应链或品牌合作资源。

三、总结启示

淘宝深耕电商领域10多年，具备完善的电商生态，转型直播电商后重构人、货、场模式，迅速形成强大的先发优势。凭借其完善的直播电商行业生态，头部主播队伍强大的创富效应，品类丰富的商品类目与超强的供应链体系，以及众多合作机构与高效的平台治理能力，将持续巩固淘宝在直播电商行业的领军地位。

（资料来源：笔者根据多方资料整理而成）

第一节　直播时代的到来

在搜索引擎输入“直播”，一连十几个页面，不是直播平台的广告，就是直播用品的广告，可谓此起彼伏，一浪更比一浪高。

直播，顾名思义，是可以在同一时间、不同网络空间交流平台观看，属于一种具有互联网属性的新兴网络社交方式，更是一种全新的网络购物模式。

全民皆主播，万物皆可播。网络直播时代已到来，聪明如你，准备好了吗?

一、直播时代来临

直播，无论是从字面意思还是实际情况来说，是将画面、声音、影像等多种媒体元素融合到一起展现在直播平台上。本质上直播是媒体融合时代的新兴产物，是一种内容传播的展现形式，它既提供了一个网络平台，为所有用户乃至行业展现自我、展现才艺、展现商品等内容；又实现了用户与内容的交互，内容为用户服务，用户又反过来为内容买单。

直播行业，概括起来说是指所有涉及直播上下游的相关组织结构体系的总称，包括从事生产或服务的单位或者个体。对于直播这个新兴行业，我们了解得越是深入透彻，对引导行业发展、预测行业走势、把握投资机会越是重要。

随着技术的变革，直播也经历了不断的进化和迭代，从最早的 PC 端变成了现在的移动端，从游戏直播、社交直播到购物直播、教育直播，从素人到明星。这一切都宣告着：全民直播时代已经来临。

自 2016 年开始兴起的直播，顺应了视频化应用这样一个时代浪潮。这里面一个是媒介效率发展因素，使视频有非常多的呈现形式，短视频、直播都是其中的一种；另一个就是企业助推，企业从直播中发现交互对于模仿消费者线下的购物过程更接近、更有效。此两项是引爆直播的根本性影响因素。

1. 从媒介效率角度看直播的发展历程

信息传播存在多种方式，通过对比不难发现，视频比文字、声音、图片传播效率更高，看一小时的视频，很显然比听一小时广播或者看一小时书接触的信息量更多，这本身就是媒介发展的必然趋势，并使直播本身自带流量属性，从而也迎合了当前消费者接受信息的习惯。

研究表明，人和人当面沟通效率是最高的，这是信息收集和交换效率的特点决定的。直播的互动属性拓宽了人和人沟通的时间和空间，这是其他媒介无法取代的。消费者自身在感官体验方面、信息接收方面、习惯方面，更容易接受这样一种高效率的互动方式或交互方式，这也更加符合消费者自身接收信息的习惯，而这个习惯和交换效率，也正是直播发展的优势所在。

虽然直播和其他媒介在发展路径上大体相近，也没有超越人们的认知，但正是它本身让信息在传播中的交换效率越来越高的优势，推动了直播的快速发展。

直播行业的发展经历了四个阶段：第一阶段从 2005—2014 年，为直播探索发展期，也可以称作“直播 1.0 时期”；第二个阶段从 2015—

2017 年，为直播流量红利期，也被称作“直播 2.0 时期”；第三个阶段从 2018—2019 年，为直播商业变现期，也就是是“直播 3.0 时期”；第四个阶段从 2020 年到现在，为深度渗透期，可以说是“直播 4.0 时期”，如图 1-1 所示。

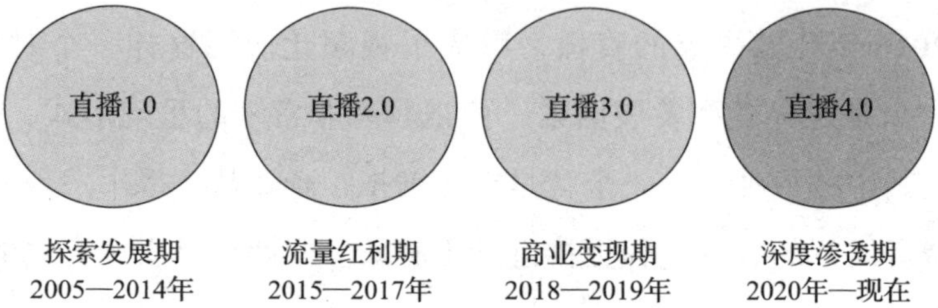

图 1-1　直播行业发展阶段

中国互联网络信息中心的调查数据显示，2016—2019 年期间，我国直播用户的规模尽管有所波动，但总体上增长了近 1 亿人，直播使用率也持续增长。另外，仅 2019 年 6 月—2020 年 3 月不足一年的时间里，直播用户涨幅达 30%，直播用户总人数达到了 5.60 亿之多，大约占中国总人口数的 40%，占网民总数的大约 62%。受 2020 年的新冠肺炎疫情影响，我国多个行业的直播使用率不断创出历史新高。

2020 年新冠肺炎疫情防控期间，用户居家、延迟复工复产等现实困境，激发出更多线上化需求，直播形式受到许多行业青睐，直接刺激直播行业的加速发展与渗透，使线上直播得到了进一步催化发展。例如，多个平台开发直播功能、开放直播流量入口、出台直播扶持政策；教育、房地产、汽车等一些行业也开始试水线上直播，颠覆了传统线下运营为主的模式；主播群体更加多元，除了直播达人，越来越多的明星、关键意见领袖（KOL）、商家等开始进入直播领域。

疫情防控期间直播平台对各产业的助力，在用户、企业、行业层面都具有重大的意义。

从用户层面看，一方面，产品服务向线上直播迁移符合人们当前消费结构与倾向的数字化转变；另一方面，直播平台也使得用户与各类企业的沟通更加便利、高效，即时性、交互性强的直播平台不仅成为企业与用户沟通的新渠道，同时也方便企业了解用户习惯，积累大量的用户数据。

从企业层面看，首先，由于直播电商操作运营门槛较低，平台对私域流量有足够的保护，不少普通商家也能进入电商生态，有效宣传和经营自身业务；其次，在直播平台的技术帮助下，企业与新型传播媒介的融合是新型数字化营销的重要模式。

从产业层面看，直播作为当前的新型传播手段，为各行业提供了一个新的增长途径与可能。通过线下消费场景的线上化，在抗击疫情期间，直播平台助力各行各业产业发展，实现数字化转型。

如今直播行业的重要地位逐渐得到了官方肯定，成为助推经济发展的新动力，体现了直播经济的新活力。

2. 从企业直播角度看企业助推直播服务市场的发展历程

中国信息通信研究院的数据统计显示，2016—2019 年期间，我国服务业数字经济领先发展，而且第一产业、第二产业和第三产业数字经济在渗透率方面都呈现稳定上升的趋势。直播经济从 2020 年开始以电商直播为代表逐步进入千家万户，为企业创造大量新的发展机遇，成为引领各行各业商业发展的核心动能。在这一背景下，企业直播成为新一代数字化转型服务供应商，输出解决方案给那些具有业务线上化转型需求的企业，积极发挥直播企业自身的技术及产品优势。

根据移动通信技术的发展和市场热度的变化，企业直播服务市场的发展历程可分为以下几个阶段。

第一阶段，PC 端企业直播雏形时期。2009 年年初，3G 移动网络在我国的应用发展开始正式转向商用领域。这一年，我国最早的企业直播服务商展示互动成立，推出面向企业的 PC 端的直播服务，打破了传统视频会议产品需要讲师与学员双方安装插件的形式，使观看直播轻松便捷。这一时期，企业直播的场景多用于内部培训和各种会议等，客户还是以大型外企为主。

第二阶段，直播服务遍地开花时期。主要以教育行业应用和直播服务商遍地开花为标志。2013 年年底，中国通信领域的移动网络增速降费，正式进入 4G 时代。随后几年 4G 用户数迅速增长，2020 年年末达到 12.9 亿户。2012 年左右，在线教育市场大爆发，直播成为线上招生营销利器，同时在大班课场景下增加了直播互动需求。受到教育市场的推动，其他行业对直播的兴趣逐渐提升，同时催生出对企业直播部署和 API/SDK（API 即应用程序编程接口，SDK 即软件开发工具包）开发的需求。

2015 年左右，大型药厂、金融行业客户激增，直播在线股评、解盘盛行，且对直播的清晰度、直播间观众承载量有了更高的要求。与此同时，国内 CDN（内容分发网络）厂商技术逐渐成熟，大大降低了直播的开发门槛，企业直播服务赛道诞生出更多新晋玩家。

第三阶段，私域电商直播兴起和大浪淘沙时期。2019 年 11 月，5G 在国内三大运营商推动下，正式进入商用时代。截至 2020 年年底，5G 网络在我国的终端连接数突破 2 亿，实现所有地级以上城市全覆盖。正是在 2019 年，直播电商全面爆发，企业直播市场迎来又一拐点，服务商加速开发适用于私域营销场景的直播产品模块，为更多 B 端企业打开了私域流量的大门。

2020 年上半年开始，各行业、各类型业务受新冠肺炎疫情影响，被迫转移线上，激活了大量新的企业直播场景，推动企业直播服务市场转入高速发展阶段。伴随国内疫情得到控制，线下生产和商业活动逐渐恢复常态，B 端企业由此对直播的价值有了更深的理解，越来越多的企业以直播为发力点开展直播营销活动。

2021 年，随着 5G 建设加快，云计算、高清视频码率压缩等技术不断发展，为直播行业带来新一轮发展动力。在新技术的加持下，中国现有市场大量的潜在用户被激活，直播行业正迎来又一个发展机遇期。

3. 直播电商与传统电商的对比

直播电商也就是电商直播，是数字化时代背景下以直播为渠道实现营销的新型电商形式，是直播与电商相互融合的新经济产物。

从传统的电子商务到直播电商的遍地开花，回望直播和企业直播的发展历程，实际上还是电商在移动通信技术和市场的驱使下不断演化的过程，它既没有超越人们的传统认知，也没有超越时代，其发展规律有迹可循。

与传统的“人找货”的售卖逻辑不同，直播电商行业是“货找人”的售卖逻辑。传统电商在设计呈现方式上，以单品、品类为主。直播电商则是基于人的需求，通过人格化的认同和信任，以人为核心促成商品销售；而且直播电商以内容为介质，以主播为载体，即商品以主播生产的内容呈现触达给用户，从而形成购买力。

作为新媒体时代的主流行业，直播电商与传统电商有着非常密切的关系。从本质上来看，无论直播电商还是传统电商，都是为了吸引流量、转化粉丝、创造盈利，这就奠定了直播电商与传统电商相结合的基础。相比较于传统电商，直播电商能较好地解决传统电商中用户、商家和平台的痛点，如表 1-1 所示。

表 1-1　直播电商对痛点的作用

	痛点	直播电商能产生的作用
用户	可选商品数量多、范围宽，难以充分对比	提高决策效率，缩短用户的决策时间和过程
	专业知识有限，对商品真假及质量好坏难以做出判断	激发用户潜藏的需求
	担心售后流程烦琐，以及没有全面的售后保障	立体化展示商品信息、售后服务，降低信息失真率

续表

	痛点	直播电商能产生的作用
商家	营销环节多、周期长，营销效果不好量化评估	用户的获取渠道更多，推广销售机会更多
	得不到客户反馈，或反馈链条长	减少商品、服务转化的链路长度，提高转化效率
	获取新用户的成本越来越高	通过实时反馈，迅速减少无效的营销投入，使后续营销更有针对性、更精准、更为有效
平台	整体流量增长在主流电商等平台后劲不足	能产生更高的交易撮合效率
	传统方式在促进交易效率上的作用已趋于极限	多样化的工具，高密度的信息能同时提高用户和商家的使用意愿和满意度
	用户时间被大量娱乐、社交等类型的 App 占据	贴近用户习惯的购物方式，既对新用户有吸引力，又能充分满足老用户的需求

除了解决传统电商存在的用户、商家和平台痛点，直播电商还有很多优点。其一，直播电商作为一种新兴的营销模式，充分利用人们的好奇心吸引了大量流量，成为新的流量池，可以解决传统电商获客难、获客贵的难题。其二，生活节奏越来越快，人们不愿意花费太多时间与精力浏览商品详情页，查看买家评论判断这些信息是否真实。在直播电商情景中，主播通过严格选品，代替观众验证把控商品质量，直播时将商品特性直接告诉观众，在一定程度上降低了购物的决策成本，激发了用户的消费欲望。其三，在直播电商模式下，通过主播介绍与试用，消费者可以获得更多与产品有关的信息，判断商品是否适合自己，降低购买风险。其四，在直播电商模式下，消费者可以和主播实时互动，所提问题能够得到详细解答，从而获得更好的购物体验，激发购买冲动。其五，明星、红人的加入可以带来巨大流量，为平台、商家带来超高人气，加速商品售出，提高交易额，甚至可以实现精准营销。

作为新兴业态的直播电商，以其形式的强互动性和内容的强交互性，搭建新的购物消费场景，创造新的流量入口，达到内容输出与订单支付更便捷的效果。同时，直播的强互动性和强交互性又进一步刺激用户购买欲望，创造新的消费需求，实现最大程度的变现。

直播电商主要具有以下三大特征。

第一，普惠：万物可播，人人可播，处处可播。

随着直播形式吸引越来越多的商家和直播用户加入，以及越来越多的商品和服务以直播形式连接消费者，直播电商正在向普惠方向发展。直播的发展突破传统电商人、货、场三个维度，突破达人、明星等特定群体，突破快消、美妆、农产品等特定品类的限制，突破购物、旅游、理财、外卖等商品和服务方式，让大多数消费者和用户受益，让大多数的网红、商家和平台能够赚到钱，这种新的经济业态若实现长期可持续发展，必须具有普惠性的特征。

第二，信任：重构消费者信任机制。

消费者信任是购物的前提和关键因素。主播就像线下购物的导购，把对商品的搜寻、比较、测试等工作交给专业人士负责，通过专业讲解商品功能和使用体验等，提供购物决策判断的依据。本质上，这是通过主播和消费者之间建立的一对一的信任关系，重构消费者信任机制，强化、补充消费者与商品、品牌之间一对多的信任关系。

第三，体验：提升消费者可视、即时、双向互动体验。

直播的实时性、互动性、双向性，用户通过主播用视频的方式了解商品的详情、优缺点、使用效果，对产品的属性和用途能够了解得更为直观、全面，降低试错成本，实现所见即所得，在很大程度上解除了用户对产品摸不着、看不到、无法感受的苦恼。而且，直播电商经常使用的瞬间秒光“抢到即是赚到”活动，增加了购物的乐趣感，让用户享受到成就感和“上帝般”的存在感。

总之，直播电商成为网络热词，并在众多资本和电商平台的助推下成功地改变了电商销售的格局。在传统推广方式很难获得足够红利的当下，直播带货成了帮助中小型电商顺利实现弯道超车的工具。专业市场调查机构数据显示，看好直播电商的未来发展的受访用户有27.12%，持中立或观望态度的受访用户占46.26%，不看好直播电商的受访用户为26.53%。此外，从未参与过直播购物的受访用户中，表示一定会参加的用户有15.33%，表示未来可能会参与直播购物的用户超过半数。由此可见，一个趋势或时代的到来，是没有任何一个人和企业能阻挡得了的，只有选择适应和拥抱，才能与时俱进。

专栏1－1

美腕科技：中国网红主播摇篮之星

随着直播带货的日益火热，许多个人转行当主播，企业向电商转型，都想要品尝流量带来的美味。直播界盛传的“Oh My God”和“买它”便是出自“口红一哥”李佳琦之口。对于还未步入直播行业或者刚进入直播行业的企业或个人而言，李佳琦的营销影响力着实让人羡慕。李佳琦的成功，除了机遇之外，不乏其自身的努力和坚守。直播与线下营销类似，注重用户的情感体验才是销售从始至终需要关注的焦点。

一、公司简介

美腕（上海）网络科技有限公司（以下简称美腕）于2014年成立，其法定代表人为戚振波，从事计算机科技、信息科技等领域内的技术开发等经营业务。

美腕旗下的美ONE，是一家聚集网红、模特等资源的在线服务平台，是基于互联网的推广工作网站，致力于与用户建立包括主播和电商分销等业务在内的合作机制。美ONE是目前最大的网红、艺人及模特服务平台，如李佳琦便是属于美ONE。2015年，美ONE移动客户端上线，目前服务于海尔、沙宣、蓝月亮、三星等一线品牌。

二、直播模式

美ONE能打造出李佳琦这样的网络红人，并非偶然，这源于其三大优势。

第一，创新理念——BA网红化。美ONE充分发挥MCN机构的作用，为帮助众多内容创作者解决推广和变现的问题，实现以“人”为主体完成销售任务，提出了要把“BA（即专柜导购）培养和孵化成拥有线上获客、营销能力的新零售人才”的创意。此外，辅以线上的运营，实现美ONE自身电商体系构建。

第二，靠山——资本投资。美ONE的资源成功地为其运营提供保障。一方面，美ONE旗下主播的飞速成名及美ONE突破障碍离不开资本投资的支持。2016年年初，美ONE获得天使轮融资1000万元。2017年第一季度，美ONE获得A轮融资。另一方面，美ONE采纳淘宝直播负责人的“全域网红”建议，开始了主流平台（包括抖音、微博等平台）运营，实现6个月内粉丝量指数增长。

第三，后盾——专业团队。专业化的团队奠定了李佳琦在网红直播界的地位，并让其在淘宝直播以外的平台也拥有大量粉丝。美ONE拥有大量经验丰富的互联网从业人员，具备丰富的网红孵化经验，其团队包括招商人员、内容制作人员、直播运营人员、QC质检人员。

美ONE旗下知名网红“口红一哥”李佳琦作为鼎鼎有名的美妆主播，曾在五分钟之内实现一万五千支口红的销量，证明了其带货的能力。李佳琦的带货能力是借助直播试用和评测美妆产品实现的，粉丝可在李佳琦对产品的使用、描述后有效地了解产品。其评测内容在美妆界的权威性和影响力帮助李佳琦获得大量高忠实度的粉丝。李佳琦是如何不断地刷新电商销售记录、不断吸引消费者呢？

三、总结启示

第一，以差异化捕获大量粉丝。李佳琦的定位差异化表现在两方面。一是相比较于美女主播，男士主播懂彩妆、试色口红具有一定的话题热度和特殊性，更能够吸引大众注意。二是李佳琦的专业化和接地气形象，让其直播事业风生水起。他在直播中总能对产品进行精准又逗趣的描述，其专业性让他对女性的需求及美妆产品了如指掌。同时，李佳琦直播中的热情和各种魔性的口头禅也帮助其成功捕获大量粉丝。

第二，以抓痛点、痒点和兴奋点满足用户体验。李佳琦的主播工作与销售的性质类似。因此李佳琦及其背后的团队想要实现销售记录不断突破便要致力于解决用户的需求及痛点。在直播中，李佳琦让女性消费者相信他的原因在于：一是面对消费者的痛点，李佳琦能够告诉女性消费者适合的美妆产品；二是面对消费者的痒点，李佳琦会通过产品试用和测评告诉女性消费者中意的美妆产品的使用效果；三是针对消费者的兴奋点，李佳琦会通过高质量的干货内容与消费者互动，满足女性消费者的用户体验。

第三，以用心赢得粉丝信赖。相较于其他主播商业化的带货行为，直播达人李佳琦在直播带货中，把消费者当作朋友，亲身试用产品给用户观看并对用户进行专业的解说与推荐，在推荐产品时也会理性谈及产品的不足，避免用户买到不适合自己的产品。他在直播中的真诚，为其赢得了大量粉丝的信任感和忠诚，助力其成为实至名归的头部主播。

（资料来源：笔者根据多方资料整理而成）

二、直播人才格局

直播行业作为新业态的异军突起，拓展了新冠肺炎疫情以来的经济发展和消费复苏空间，也创造了无数直播人才的巨大发展机遇。网络直播的去中心化、创新创意和自然生长的特征，再加上主播的“草根”特质，客观上为中小企业和人才的上升打开了通道。

我国快速发展的直播行业，不断聚集越来越多的人才。从对行业人才的统计分析数据来看，直播从业者的年龄结构也有着明显的年轻化、层次化趋势，从事直播的青年人才主要云集在中高端。20 ～ 35 岁的直播从业者在整个直播行业人才队伍中占比最高，达 87.74%，其中 25 ～ 30 岁占比 43.99%，20 ～ 25 岁占比 25.08%，30 ～ 35 岁占比 18.67%。

直播行业的就业核心层不仅包括主播等平台就业者，还包括直播平台内部从业人员，以及行业公会等主播运营单位。相关报告预测，在宽口径统计模式下，直播电商行业创造的就业数量约为 1020 万人，而在窄口径统计模式下，就业数量约为 450 万人。

一般来说，直播电商主播梯队大致可以分为专业主播、跨界主播和小众主播三大类。2020 年上半年，由商务部统计的数据表明，全国电商直播超过 1000 万场，超 40 万位活跃主播。为了对直播人才格局有更清晰直观的认识，我们不妨以直播电商的主播格局为主进行对比分析和阐释。

主播格局的特点，概括起来主要有：主播梯队在整个直播电商格局中出现变化；破圈关注吸引来了跨界主播，形成多元化主播矩阵；小众主播成为新兴力量。具体表现为以下几点。

第一，头部、肩部主播的带货能力愈发突出，淘宝直播集中了更多垂直类腰尾部主播。2020 年前三个季度，直播销售额 TOP100 的各平台主播中，头部主播的粉丝量超过 1000 万的占比有所提高，肩部主播的粉丝量在 100 万至 1000 万之间的占比也在提高。

第二，超头部主播名人化，“住”在热搜。个别明星主播凭借入局电商主播的先发优势，实现破圈，完成自身从红人到明星的蜕变，分享直播电商行业整体增长的红利。在直播间内，一些明星主播和各界知名人士互动，他们频繁出现在各类晚会、娱乐节目中。

第三，超头部主播机构赋能产业上下游，赋能品牌、货品、直播人才。比如，拥有杭州“超级供应链基地”的谦寻，正在打造新品发布中心，面向品牌，开展整合营销，同时挑选适配主播以支持商家，并以平台优势帮助主播简化选品流程，主动降低招商门槛，推出面向主播的直播课程体系。

第四，店铺型红人为全面赋能新品牌，提升商业价值，转型为全品类主播。例如，淘宝某红人主播从服装起家，不仅在美妆、美容仪等产品领域通过直播带货表现优异，还打造了全矩阵的女装、饰品、美妆、生活家居等品牌。2020 年双 11 期间，其借助直播引导，位居双 11 淘宝女装销售额前列。

第五，跨界主播入局，形成多元化直播矩阵。李诞、戚薇等明星跨界主播签约交朋友，其他跨界红人、主持人等一些新主播则加入快手、抖音等平台，扩大了直播业务规模，形成整个直播行业多元化主播矩阵。

第六，非电商达人相继转行，带货主要模式转向品牌专场。2020 年 4 月起，垂直类主播大量涌现在抖音平台。朱瓜瓜和剧情达人衣哥两位主播以品牌专场的形式，靠着稳定、可控的货品供应和专业的直播素养，直接与供应商、品牌合作直播，且都取得了不俗业绩。朱瓜瓜主攻美妆护肤，在 2020 年 5 月、7 月、8 月、9 月，单月销售额超过 1 亿元。衣哥转做服装，在 8—12 月期间，单月销售额均超过 1 亿元。

第七，红人主播直播间成了明星加速空降的宣发新战场。2020 年 5—10 月，电商红人主播直播间迎来了各路明星空降，与明星合作的各类淘宝直播总计有超过百场。

第八，各种小众主播成为新兴力量。2020 年，除了备受关注的头部和明星主播外，包括虚拟主播、“三农”主播和银发主播在内的新兴小众主播也开始出现。虚拟主播是以虚拟偶像洛天依为代表，开启虚拟 IP 直播带货。“三农”主播是以淘宝“村播计划”为代表，农村用户以田间地头为直播场地进行直播带货。据第三方监测机构的数据显示，银发族加入直播队伍中成为另一支新兴主播力量，在食品饮料、服饰内衣、运动健康、家具家装和个人护理、母婴等行业直播带货，平均每场直播时长为 3 小时，半年内累计高达 9.67 亿元带货总额，展现出强劲的带货力。

由于直播行业逆势猛增，发展太快，造成了直播人才的巨大需求缺口。加上专业知识、基本素养和统一行为规范的缺失，从业人员没有专业门槛，人才队伍良莠不齐，导致网络直播中的问题层出不穷。影响网络直播行业健康发展主要因素还是行业的不专业和不规范。为数不多的头部主播基本都是依靠自己的悟性自学成才，没有经过专业的培训。他们的成才之路无法规模化复制，依靠自学成才这样的人才成长模式和速度无法满足社会需求，因此系统地开展专业合格的直播人才培养工作，就具有了非常现实的紧迫性。

三、行业的竞争态势

网络直播在新冠肺炎疫情的推动下得到了迅速发展，进入全民直播与生活直播的新时代。传统的秀场直播和游戏直播的类型已沦为直播行业的过去时。综观整个疫情防控期间，市场推动下的数字化转型促使实体业务从线下转移至线上。

目前网络直播行业从直播类型来看，大致可以分为以下几类：电商直播、娱乐内容类直播、企业直播服务商、体育直播、财经直播和游戏内容类直播等。

电商直播有：淘宝直播、京东直播、拼多多、快手、抖音、小红书等。

娱乐内容类直播有：映客、YY 直播、花椒、KK 直播、六间房、一直播等。

企业直播服务商有：展示互动、云屏直播、目睹直播、有因、微赞直播等。

体育直播有：企鹅体育、新浪体育等。

财经直播有：新浪财经直播、知牛财经等。

游戏内容类直播有：斗鱼直播、虎牙直播、企鹅电竞、龙珠直播等。

电商直播伴随着我国网络直播的迅速发展，异军突起。特别是 2020 年以来，大多时候人们居家生活、办公，电商直播成为众多网络直播用户的选择，从而使得我国网络直播用户规模出现了大幅增长。

根据中国互联网络信息中心统计数据显示，截至 2020 年 12 月，我国电商直播用户规模达到 3.88 亿人，占中国网络直播用户规模 6.17 亿人的 62%，在所有细分直播形式中排名第一。

直播电商生态系统包括：供应链、网店、MCN 机构、主播、平台、用户、服务商及政府部门等。通过相互配合、相互合作，生态分工里的多种角色各司其职，共同为用户提供更好的购物体验，形成一个快速发展而又活力十足的专业化、精细化、垂直化新生态。

新一代信息技术的应用是直播电商变革的重要推动力量，带动行业加速升级，用户个性化时代的归属感，以及虚拟社群的真实体验，加速推动网络直播繁荣扩张，比传统电商更有效地赋能“人”“货”“场”。

1. 直播电商对传统电商中“人”的流量经济进行赋能

传统电商中的“人”实际是流量经济，即人 = 流量 × 转化率 × 客单价 × 复购率。直播电商则不同，对传统电商中的流量经济，从流量获取的方式、用户转化率、复购率方面进行赋能。一方面，直播电商通过综合技术服务商开展直播服务，拓宽流量获取的途径和场景；另一方面，提升用户转化率和复购率，加入 MCN 和 KOL 以增强用户黏性，将传统电商 0.37% 的用户转化率和社交电商 6% ～ 10% 的用户转化率提升到目前头部网红直播电商所能达到的 20%。同时，通过积分兑换、上新投票权和好友拉新等裂变分享，以及微信直播社群的私域流量等提升用户复购率。

2. 直播电商降低定倍率，提升了“货”的效率

传统的“货”的传播途径是：产品经过设计，由制造商生产出来，经

过供应链到达大商城，再经由小商城分销给消费者。直播电商改变了消费者购物模式，减少了生产制造商到消费者的距离，通过供应链服务商的加入和KOL的赋能，缩短了“货”的传播路径。消费者购物模式由传统的AISAS模式（Attention引起注意、Interest产生兴趣、Search主动搜索、Action消费行为、Share分享）转变为AFAS模式（Attention引起注意、Fans成为粉丝、Action消费行为、Share分享）。

直播电商中KOL的作用就是：通过分析消费者偏好和中间服务商赋能，反馈给制造商。这样，一方面，制造商在生产制造产品前就能确定产品形态或者生产数量，可以减少制造商在生产制造环节的仓储成本；另一方面，根据消费者的需求订单开发出的产品更受消费者欢迎，降低定倍率，能够大幅度降低定价，因此在直播中经常看到“全网最低价”的商品出现。

众所周知，定倍率 = 零售价 / 制造成本。直播电商通过两个方面降低了交易成本和制造成本，一是通过减少分销商和层级渠道代理商的营销成本降低交易成本；二是在一定程度上的反向定制，通过生产确定数额产品，减少仓储成本，从而降低制造成本。

3. 直播电商改变了传统电商“场”信息流体验差的劣势

在本质上，“场”是资金流、信息流和物流的组合。传统电商虽然也是线上购物，信息流的效率有所提升，但购物体验差。直播电商通过MCN/KOL和平台的加入创造和提供了场景升级，使传统电商信息流体验性差的特性在某种程度上得到弥补，相当于升级了消费者体验。

平台在提升信息流体验性上表现为两个方面。一方面，改变信息流传统方式。平台提供直播场景，更加直接地向消费者展现商品信息，直播的互动性在一定程度上增强了商家和消费者的沟通，使得消费者有更好的购物体验。另一方面，信息流传递场景升级。直播间开通场景升级、虚拟IP主播和虚拟试妆等，借助AR、VR等技术，让消费者体验新的购物场景和感受，同时开通商城店铺直播、工厂直播等，把线下场景搬到线上。

KOL 提升信息流的体验性表现在两个方面。一方面，头部和中腰部 KOL 通过自己拥有的选品团队，在消费者购物之前，提前帮助挑选高性价比产品，让消费者获知高性价比产品信息流，降低了消费者选择时间和选择成本；另一方面，满足消费者社交性、娱乐性体验，中腰部主播互动性较强，带给消费者社交性体验，而网红直播、明星主播的出现，满足了观看者的娱乐性体验。

4. 直播电商行业产业链

直播电商行业产业链由上游供应端、中游平台端和下游需求端构成，其中厂商、品牌商、经销商、原产地等商品供应方构成上游供应端；电商平台、内容平台、社交平台等渠道平台及网红达人、明星艺人、企业家和其他主播等构成中游平台端；消费者作为下游需求端，如图 1-2 所示。

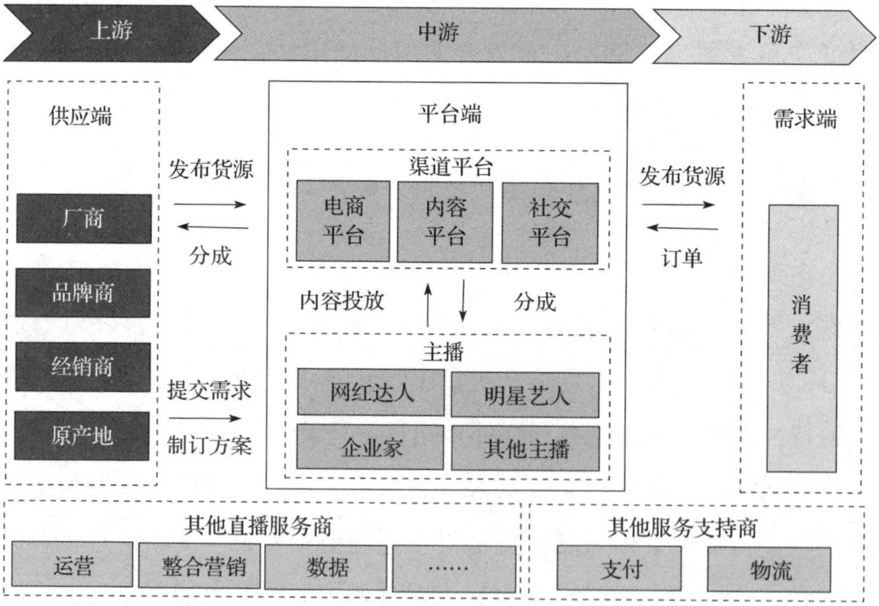

图 1-2　中国直播电商行业产业链

在直播电商行业产业链的中上游，由上游供应端通过在渠道平台发布货源，从而获取分成。同时，上游供应端又向主播提交需求、制订直播内容方案。在中上游产业链中，还有运营、整合营销和数据等其他直播服务商。

在直播电商行业产业链的中游，由主播群体通过把内容投放到渠道平台，从而获得渠道平台的分成。

在直播电商行业产业链的中下游，由下游消费者提供订单需求给中游渠道平台和主播群体，中游渠道平台和主播群体则负责内容输出。在产业链中下游，还有其他服务支持商，包括支付、物流等。

5. 梯队竞争格局基本形成

根据当前我国市场上网络直播行业的现状可知，除了电商直播，目前我国直播平台主要可分为三大梯队，如图 1-3 所示。

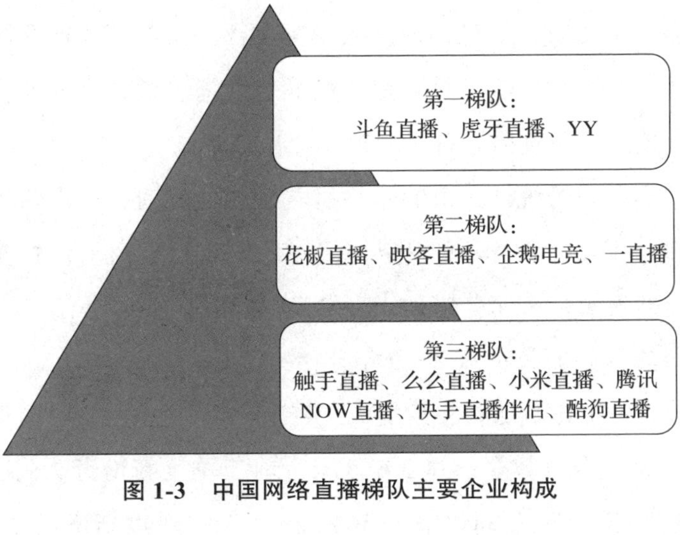

图 1-3　中国网络直播梯队主要企业构成

第一梯队网络直播以游戏直播为主，主要有斗鱼、虎牙和 YY，游戏直播还是直播平台的主要流量来源。

网络直播第二梯队和第三梯队主要有泛娱乐直播，还有部分“直播 +”平台。第二梯队主要有花椒直播、映客直播、企鹅电竞、一直播；第三梯队包括触手直播、么么直播、小米有播、腾讯 NOW 直播等。

2019 年，我国网络直播三大梯队中，第一梯队的收入大幅增长，占比超过 50%，达到 55.1%；第二梯队和第三梯队占比分别为 33.6%、9.0%，其他平台占比仅为 2.3%，如图 1-4 所示。

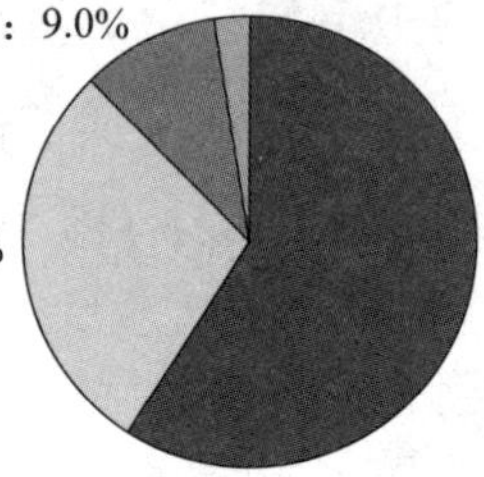

图 1-4　中国网络直播梯队结构

直播电商业态遍地开花，成为拉动消费新引擎，引领中国电商新常态。直播场景越来越丰富多样，新业态、新模式层出不穷，直播带货、生产直播大会、B2B 直播等已全面渗入中国实体经济的所有产业链条，包括批发、零售、生产等，老字号直播、产业带直播、教育公开课直播、文化旅游导览直播、非遗直播等纷纷涌现。

根据并不全面的统计，人们用手机看视频的时间在过去两年里增加近 1000 万分钟。从 2020 年国家权威部门对我国重点电商平台的监测中，公开发布的数据表明，累计有超 2400 万场直播场次。

中国直播企业的数量从 2010 年开始一直保持稳步增长，尤其是 2020 年受新冠肺炎疫情影响增长幅度更大。2020 年第三季度，中国直播在线行业共有直播相关企业数量超过 3.6 万家，前三季度新增近 2.5 万家与直播相关的企业，较 2019 年同比增长 565.32%。第三季度新增相关企业有 1.1 万家，环比增长 11.75%。至 2020 年年底，中国直播企业数量已达到了 44568 家，10 年间增长了近 120 倍。不断增加的入局者，说明直播前景被更多的人看好，预期将有近万亿元直播电商行业市场被激活。

越来越多的品牌尝试将红人种草与直播带货等新型营销模式相结合，

以相对较低的营销成本实现品牌触达和销量提升。抖音、快手、小红书等平台均加大直播电商布局力度，2020 年上半年，抖音新增主播 388.6 万，快手新增 49.42 万。

第二节 直播人才的市场需求

逆势崛起的直播行业，迅速形成了在人才需求方面的巨大缺口。直播人才有了新身份，不再是“新物种”。直播相关技能有了官方标准，并进行了系统化等级划分，提升了新商业人才的竞争力，直播行业相关岗位的人才需求进一步直线上升。

一、直播市场规模

处于爆发期的直播电商市场，不仅规模大，而且未来增长可观。根据专业市场调研机构发布的数据，中国直播电商行业总规模在 2019 年约 4338 亿元，在 2020 年同比增长了 197%，达到 1.2 万亿元。仅就淘宝直播来说，在 2019 年该平台成交总额突破 2000 亿元，带货能力全面爆发，且直播引导成交量连续 3 年增速超过 100%，是近 3 年全球增长速度排在首位的电商形式。淘宝年度交易额破亿的主播共有 117 位，直播用户累计总数超过 4 亿人，涌入直播间商品超过 4000 万件，通过电商直播获得了新增长的品牌商家超过半数。

快速发展的教育直播等细分领域，带动我国直播用户整体在线规模达到 5.87 亿人。首先是政策上，国家给予大力支持，推动行业积极发展，提供良好的发展环境给直播行业。与此同时，逐年上涨的居民线上消费支出也积极为直播电商提供社会消费的环境。相关行业被直播企业的兴起带动着一起发展，中国 MCN 机构数量不仅增长迅速，而且前景一片大好。

全球领先的新经济行业数据分析报告发布平台的数据显示，用户对直播认可度较高。非利益性和社会公益性是直播被用户接受的关键，认可度高居首位的是公益直播，达到65.6%。一样有良好社会认可度的，还有专职带货的电商直播。电商直播被认为是用户最常观看的直播类型，频繁观看的用户约占50%，而其中观看非常频繁的用户约占17%。未来，随着多元实时交互功能在线上直播平台的提高，直播的关注度及互联网用户的参与度将持续提升。

根据公开信息整理的网络数据，截至2020年12月，网络直播用户在我国的数量达到了6.17亿人，占整体网民的62.4%，和同年3月份比较，增长了5730万人。其中，3.88亿人为电商直播用户规模，占整体网民的39.2%，和同年3月份比较，增长了1.23亿人。

随着网络直播渗透率的不断提升，网络直播习惯在我国基本养成。直播市场总结起来具有三大特点：用户规模大，活跃性高，且保持平稳增长。直播作为一种新的娱乐方式，被越来越多的人接受，而且渗透到用户的日常生活娱乐里。未来，品牌和企业越是懂得直播营销，越是会获得更多用户。参与直播的品牌和企业，谁抢先入局，谁将搭建更多的私域流量池，拥有更多的用户红利。

学术界在解释我国电商快速发展现象的原因时，将其称为“巨国效应”。究其原因，不言自明，我国目前在电商直播单一市场方面遥遥领先，而且电商领域的市场模式也不断创新。这种基于互联网的统一直播大市场，不仅创新了数字商业模式，为传统产业转型升级提供了腾挪、辗转的空间，释放出内需潜力，而且激励大众创新创业，不断抹平东西部之间的“发展落差”。

这种现象的背后有四个因素，都具有明显的中国特色。

第一，智能手机的普及。据日本媒体报道，中国智能手机的普及率达九成。

第二，成熟的网上支付。中国人民银行官网2021年第三季度报告的消息称，中国移动支付普及率达 86%。

第三，价廉的物流系统。我国已成为全球制造业中心，拥有世界上规模最大、门类最全、配套最完备的制造业体系，随着我国物流智能化程度的加快，中国低端制造生产成本有望持续下降，在未来国际竞争中，中国制造和物流依然会占据明显的价格优势。

第四，统一的法律规则。通过不断完善的法律体系、加强行政监管等措施，引导直播带货良性发展。

二、直播平台数量结构

2020 年年初，直播行业迎来新一轮的野蛮生长，除了专业的垂直直播平台以外，电商、社交、短视频、综合视频等平台，也先后布局了直播业务。但是，如何进行平台调性匹配、主播选择、用户匹配、内容制作和流量推荐，又成为那些想选择直播开展线上直播营销的品牌要面对的一道难题。

在关于"你经常观看的直播平台有哪些"的公开调研中，淘宝直播以 55.6% 的绝对优势成为用户最爱看的直播平台；其次是抖音平台，占比 34.44%；此外，小红书、快手、B 站、斗鱼等也有一定占比。

在国内众多关于直播电商的研究报告中，由中国消费者协会颁布的《直播电商购物消费者满意度在线调查报告》相对比较权威。该报告对平台占有率的调查数据显示，淘宝直播处于绝对领先优势，有 68.5% 的消费者使用淘宝直播，其中 46.3% 的消费者为经常使用淘宝直播的忠实用户。其次为抖音直播，用户占比 57.8%，其中 21.2% 为经常使用的忠实用户。排在其后的是用户占比 41.0% 的快手直播，其忠实用户占比为 15.3%。

该报告对活跃用户数量情况的统计数据表明，2021 年 5 月，头部平台月活跃用户数量（MAU）排名前三位的分别是淘宝、拼多多、抖音。淘宝电商平台 MAU 为 75090.7 万，拼多多电商平台 MAU 为 70430.3 万，抖音直播平台 MAU 为 68647.9 万，快手直播平台 MAU 为 41351.5 万，京东电商平台 MAU 为 30218.1 万。

通过对相关行业的数据分析和调研，针对直播平台的月活规模、商业类型，结合平台的调性匹配、用户匹配、流量推荐、内容制作和主播选择等因素，我们将直播平台划分为三大梯队。

第一梯队，分别是淘宝、抖音和快手等。淘宝是强电商属性，通过建立直播入口，内容制作和主播选择是直播的关键，直播销售的品类又十分丰富，对于品牌来说是理想的线上平台。抖音和快手则是娱乐社交属性明显，具备高活跃和高流量平台优势，主打娱乐社交内容，对于品牌而言是一个新的电商营销场景。

第二梯队，分别是微博、拼多多、西瓜视频、京东直播、小红书、B 站等，平台类型以社交媒体、视频平台和综合电商为主，每一个平台都有自身的特点和直播定位。

第三梯队，分别是虎牙、YY 和斗鱼等游戏直播平台和电商平台的结合，游戏直播依然是这些平台的主要流量来源，游戏主播的主要带货方式是依靠个人影响力，转化游戏直播用户为电商品牌用户。另外，属于第三梯队的还有花椒直播、蘑菇街和苏宁易购等。

中国 MCN 市场规模自 2016 年起迅速扩张，2017 年 MCN 产业出现爆发式增长，2018 年市场规模达到百亿级，经过 2019 年直播电商带货的驱动效应，到 2020 年 MCN 市场规模又进一步扩展，达到 245.0 亿元。以新兴链路形成的内容产业，由原来数百家的机构数量，飞速猛涨到上万家量级，平均同比增长速度超过 100%。急剧增长的 MCN 机构数量，正带动越来越多的内容产业者入局，引发更加激烈的行业竞争。

据专业的企业官方备案机构提供的数据显示，截至 2020 年 9 月，我国 MCN 机构数量已达 28000 家，全网电商直播间数量约 700 万家左右，近 1000 个销售过亿元的直播间为 2020 年新增的。2020 年，我国累计注册直播相关企业有 44568 家，其中新增企业注册数量为 23308 家。与 2016

年直播企业注册数量相比，2020 年新增企业数量增长了 10 倍；与 10 年前的 2010 年直播企业数量相比，2020 年相关直播企业数量增长了 112 倍。

三、直播人员规模状况

直播电商带来的数字化营销业态模式，拓展了传统产业的营销渠道，创造了巨大的消费场景，也带来了“新个体经济”的互联网就业群体，围绕直播电商产业催生了一系列新就业形态。除了主播为大众熟知外，直播间还诞生了多种新就业岗位，如助播、选品、运营、场控等。据预测，在宽口径下统计的直播电商所创造的就业数量约为 1020 万人，窄口径下的统计数据也有 450 万人。知名大学的劳动就业报告显示，以淘宝直播为例，其带动的直播相关岗位就业机会达 173.1 万个，其中交易型就业机会和新型岗位就业机会分别是 102.2 万个和 70.9 万个。

直播类职位人才的需求，在各行业的分布并不相同。数据显示，排名前三的行业需求量总和占到了 93.60%。其中，排名最高的是互联网人才需求，遥遥领先其他行业，占比高达 70.24%；位居第二、第三的需求行业是文教传媒、消费品，分别占比 13.22% 和 10.14%，如图 1-5 所示。

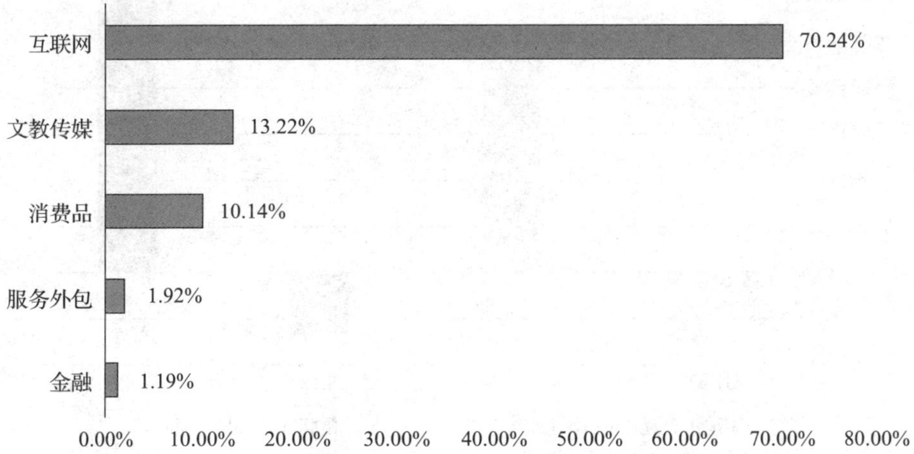

图 1-5 中国直播相关职位人才需求行业 TOP5（2020 年）

直播行业的人员规模状况呈现出如下几个特点。

第一，直播行业逆势发展，带动人才需求量猛增。

2020 年新冠肺炎疫情的突袭，使得就业形势更为严峻，就业压力进一步加大。疫情造成的停工停产，影响了求职者的求职计划和就业渠道。许多中小企业举步维艰，但仍有 70% 以上的中小企业为响应政府稳就业号召，选择适度减员或维持人员规模不变。然而，直播行业的人才需求量却与整体就业形势不同，呈现出逆势猛增的现象。

专业招聘网站的数据显示，最近两年在疫情影响下的整体招聘情况出现了不同程度的下降。以某招聘网站平台两年来春节复工后 1 个月内的招聘情况做对比，2021 年 2 月 11 日 — 3 月 12 日所有招聘企业发布的招聘人数，与 2020 年春节后的 2 月 3 日 — 3 月 3 日相比同比下降 28.12%，职位数同比下降 31.43%。但是，直播行业却与此形成强烈反差，人才需求量不降反增，春节复工后 1 个月内与直播相关的招聘人数增幅高达 132.55%，招聘职位数也同比上涨了 83.95%，如图 1-6 所示。

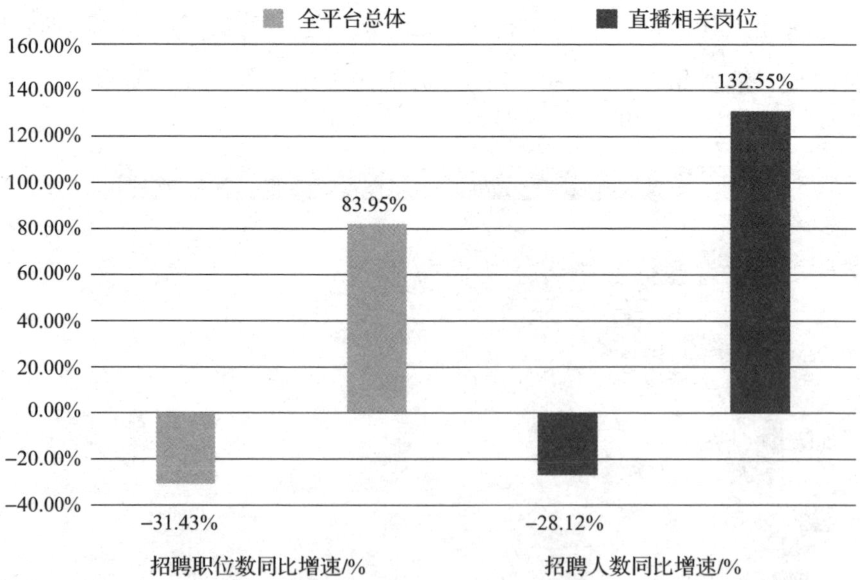

图 1-6　2020 年与 2021 年春节后复工 1 个月内直播人才招聘需求同比

快速上涨的招聘需求，因受疫情影响，造成求职者的投递行为滞后。因此，2020 年直播工作的竞争热度 14.2，远低于 2019 年同期的 32.8，招聘市场的人才主导局面凸显，竞争程度大幅回落。

直播类相关兼职岗位是全职岗位增速的 2 倍有余，成为灵活就业的蓄水池，岗位数量同比增长 166.09%。

薪酬对比方面，2021 年春节后 1 个月内，与全行业平均水平薪酬相比，直播类岗位的平均薪酬明显偏高，为每个月 9845 元，和 2020 年同期相比上涨了 1.63%。

第二，电商成为直播人才吸纳大户。

从专业招聘网站平台在具体细分领域的招聘职位数来看，2020 年春节后 1 个月，在所有招聘的直播岗位中，首先，以卖货为主的互联网、电子商务平台直播岗位的招聘数量比例最高，占 1/3。其次，以内容为主的媒体出版、影视、文化传播领域排名第二，所招聘的直播岗位占 28.58%。

除了招聘的直播岗位数量占比较高的互联网、电子商务这些平台，同样以卖货为主的一些其他行业也开启了商家自播模式，比如服饰、纺织、皮革、家具、家电等耐用消费品行业，对直播人才的需求占比 2.74%；食品、饮料、烟酒、日化等快速消费品行业占比 2.59%，以及零售、批发等行业占比 2.52%。

根据国家人社部及市场专业调研机构的数据显示，2020 年上半年中国互联网营销从业人员月增速达 8%，其中仅带货主播和直播运营两大核心岗位，在 2020 年 6 月 18 日前两星期，需求量是 2019 年同期的 11.6 倍。在对全国各地主播需求量排名前十的城市统计中，广州和深圳分别排名第一和第二，广东成为主播需求量最大的省份，如图 1-7 所示。

专业市场分析师认为，直播电商行业人才需求量火爆增长，说明行业仍处于快速发展期，直播电商未来的发展空间仍然比较大。而且，直播电商行业的主播市场需求近几年虽然有波动，但整体需求呈上升趋势。2018

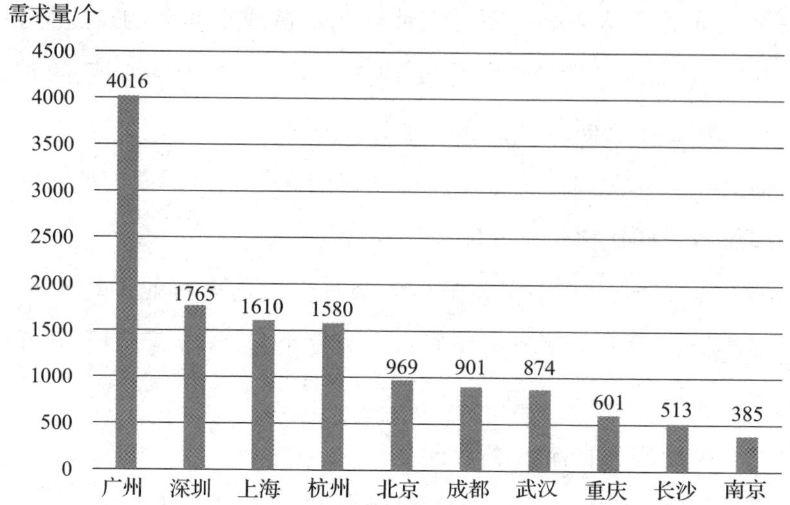

图 1-7　2020 年直播需求量排名 TOP10 城市

年至 2019 年间，主播岗位需求不断增长；2020 年 3 月至今，主播市场需求持续上升，但未到达峰值点。专业市场分析师预测，主播岗位市场需求的持续增长，将吸引更多品牌与企业入局，直接推动中国直播电商的火爆发展。

专栏 1－2

广州——以城之名推直播带货

广州要打造“直播电商之都”绝非虚名。在公认的一线城市中，北京、上海、广州、深圳居于全国各大城市综合排名前四位，且各有所长，但若论起直播带货，排名第一的恐怕非广州莫属。2020 年底，淘宝直播发布了“2020 十大直播之城”，商家直播数量排名第一的也是广州。根据广州市商务局的公开数据，在 2020 年新冠肺炎疫情防控异常严峻的情况下，广州仍实现了网上实物商品零售总额 1937.42 亿元，逆势增长 32.5%，直播带货功不可没。人们不禁好奇：在全国新一轮直播电商的发展大潮中，为什么广州这座“千年商都”能挺立潮头？

一、广州概况

广州作为广东省省会，是国家中心城市、超大城市，也是国际大都市、国际商贸中心、国际综合交通枢纽、国家综合性门户城市、国家历史文化名城。广州历朝历代一直是国家南部重要的政治中心、经济中心、军事中心及对外贸易大港。广州被全球最权威的研究机构评为世界一线城市；五次被福布斯评为中国大陆最佳商业城市第一位。广州总部经济发展能力居中国前三，在广州投资的外资企业达2.7万家；世界500强企业288家，其中120家把总部或地区总部设在广州。

广州互联网企业超过3000家，诞生了微信、唯品会、YY语音、酷狗音乐、网易、UC浏览器等。2020年新冠肺炎疫情防控期间，广州市政府推动直播电商与专业批发市场融合发展，积极促进复工复产。2021年4月19日“广州直播电商选品交易会”带动更多商家参与直播电商，广州致力于打造“直播电商之都”，促进直播电商行业迅猛发展。

二、直播电商之都的发展历程

广州在历史上素有“千年商都”之称，在直播电商风生水起的时候，广州自然也是与时俱进。在直播电商的新兴赛道上，广州携区位优势、广货品牌，以及背靠珠三角制造业基地的强大供应链体系，积极构建直播生态系统，线上线下销售渠道全覆盖，推动广州实体经济的数字化转型。

2020年3月23日，广州抓住新冠肺炎疫情防控期间全球产业链布局调整的时机，发布《广州市直播电商发展行动方案（2020—2022年）》，引发社会关注。该行动方案提出了广州到2022年直播电商的“个十百千万”工程发展目标（见图1-8），同时从5个方面提出了具体政策措施。随后，广州花都区、从化区、越秀区等分别结合各区情况，发布了扶持直播电商发展办法。

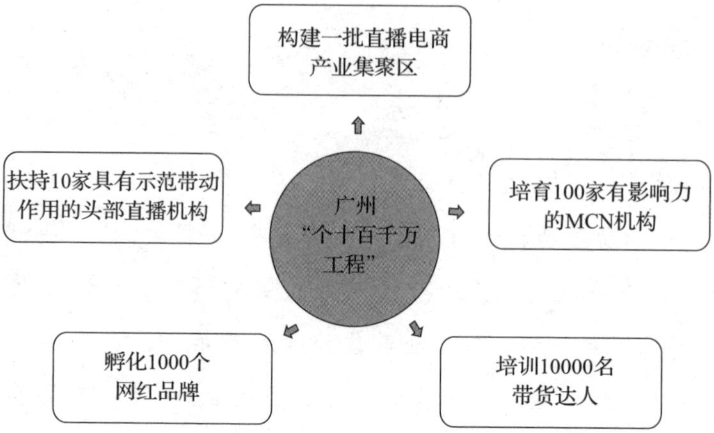

图 1-8　广州“个十百千万”工程

2020 年 6 月 6—8 日，广州首届直播节成为我国第一个以城市为平台举行的直播带货节，有来自全国的主要电商平台或栏目、80+ 家 MCN 机构及 10 万 + 品类的商品在超过 20 万场直播活动中亮相。

2020 年 9 月，广州市商务局加码发布了 11 条直播电商产业政策，从头部企业、项目支持、直播人才、金融支持、税收支持 5 个方面，对直播电商产业提供政策支持。

2021 年 9 月 9—28 日，广州市政府主办了第二届直播电商节，采取线上线下相结合的模式，范围大、时间长、领域广。线上“1+N”，即 1 个主专区、N 个分专区覆盖 10 多个国内主流电商平台；线下“1+12+N+M”，即 1 个主会场、12 个区级分会场、N 个市直播部门分会场、M 个特色品类分会场。整个直播电商节突出了品质直播带货、助农兴农带货与跨境直播带货的活动亮点。

三、总结启示

广州借助直播电商的风口之势，打造“直播电商之都”，以其深厚的商贸基础和服务业基础，从传统的商贸中心向新时代国际商贸中心转型，这既是机遇也面临许多挑战。政府部门一方面要做好顶层设计，完善政策支持体系，推动行业发展与政策规范；另一方面推动传统产业链转型升级，建立相关行业标准及人才培训与认证体系，逐步构建完整的直播电商生态系统。

（资料来源：笔者根据多方资料整理而成）

四、直播生态的人才分布

在直播行业快速发展的驱动下，直播带货已经变成新时代最重要的营销工具之一，呈现出爆发式增长。事实证明，直播带货拉动整个电商行业的发展主要通过专业的营销和轻松的互动，增强用户的信任感和参与感，及时呼应大众的消费习惯和需求，另外再送上大额的优惠，因此直播带货在转化率方面才一直居高不下。具体而言，直播带货给商家带来多重效益，销量方面，通过直播提升产品销量的商家超过 70%；获客方面，通过直播获得新客户的商家超过 66%；产品推广方面，通过直播推广产品和服务的商家将近 60%。

1. 直播电商生态图谱

正是电商直播以直播为手段重构“人、货、场”三要素，推动直播电商产业全面发展，形成了直播电商产业生态集聚效应。近年来，靠着产业链上所有参与者的共同努力，推动直播电商行业得以迅速发展。直播电商产业链的主要参与者，不仅包括主播、电商平台，还有 C 端用户、品牌商、短视频平台等。

从直播电商生态图谱中，我们不难看出，整个直播电商生态圈包括原产地、工厂、品牌商、经销商、其他供应商等上游供应商；MCN 机构、网红主播等中游直播商；淘宝、拼多多、京东等电商平台，抖音、快手、B 站等内容平台，小红书、新浪微博、微信等社交平台这些中游平台商；用户等下游消费者；运营商、移动支付、物流快递、数据服务等直播电商服务商；监管部门、各级政府、广电总局、税务局等政府职能部门；MCN 机构直播基地、产业园区直播基地、产业带直播基地等园区载体。

我们简化直播电商生态图中直播电商的服务流程后，其主要包括服务需求方、核心服务提供方和服务支持方。其中，服务需求方包括品牌方、工厂、农业生产方、服务供应方、批发 / 经销商、网店和店面 / 专柜等，通过直播带货的形式，他们把产品销售给消费者。服务支持方包括数据分析、代运营、整合营销、代播、系统商、云平台、支付渠道、物流等，这一系列专业公司负责为直播带货的每一个流程提供便捷、快速的服务支持，打通产品到消费者的流通渠道。

在直播电商服务流程里，最核心的环节还是中间的核心服务提供方。核心服务商提供方包括社交平台、内容平台和电商平台等主播承载平台，谦寻、宸帆、美 ONE 等 MCN 机构，以及达人主播、店铺主播、企业家主播、明星主播等主播群体。

整个电商直播核心环节里，主播可以说是核心的核心，他们依托团队和平台的力量，对商品进行立体化的展示与描述，充当商品与消费者之间、商家与用户之间的桥梁和纽带。主播以轻松的方式、专业的介绍和用户的信任，借助自带的流量或平台的流量及营销场景，增强用户的参与感和获取质优价廉产品的成就感，成功创造了产品销售的一个又一个奇迹。

2. 直播新生态：“人”的多元化

直播电商发展的过程，伴随着电商主播人数的不断增长。主播群体作为电商生态的核心，其发展呈现出明显的几大特征。

第一，跨界融合、多元化特征明显。主播类型从单纯网红，到如今集结企业家、明星、普通人等共同参与；从化妆品、服装等单一品类主播，逐渐发展为全品类主播，主播类型出现跨界融合及日益多元化的特征。在这些主播的周围，又包括选品、直播服务、物流、仓储等不同职能岗位和人员，由此创造大量的就业机会。

第二，主播带货的马太效应越来越突出。据调研测算，头部主播占据带货市场份额的55.75%，其他大量的中尾部，尤其是小主播的状况并不好，卖货能力一般，人气不高，很难找到商家。

第三，网红人数多。从各大直播平台的网红人数来看，抖音与快手占据主要优势，抖音的网红人数最多，达5.5万～10万人；快手的网红人数达5.5万人以上；淘宝的网红人数最少，仅为1.6万人以上。从各大直播平台的网红结构来看，快手的头部网红及腰部网红数量上比淘宝、抖音多，而尾部网红人数则要少于抖音，如表1-2所示。

表1-2 淘宝、抖音、快手网红人数及网红结构比较

平台	网红人数/人	网红结构/人		
		头部	腰部	尾部
淘宝	1.6万+	12～22	1000～2000	1.5万
抖音	5.5万～10万	12～22	1000～2000	5万～10万
快手	5.5万+	50～60	3000～4000	5万

第四，头部带货主播相对集中。截至2020年12月，从不同平台的头部带货主播数量对比看，差别较大。淘宝、抖音、快手排名前三的平台商，GMV超过百亿元的直播带货主播总数量只有两个，都是淘宝平台主播；GMV在1亿～10亿元之间的主播总数量有317个；GMV在10亿～100亿元的主播总数量有26个。而且，三大平台的主播分布也各不相同，在头部带货主播的数量上，淘宝最优，快手、抖音没有；在GMV 100亿元以下的肩部主播的数量上，快手的优势明显高于淘宝和抖音，具有较强的带货潜力；在整体主播的数量上，抖音排在淘宝、快手之后，如图1-9所示。

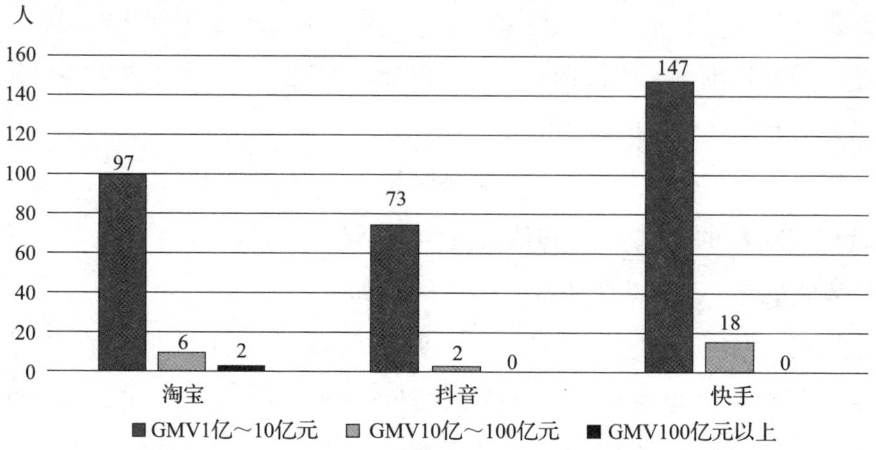

图 1-9　2020 年 12 月中国各平台不同销售额区间主播数量

第五，中腰部网红成为广告主投放重点。尽管有数据显示直播市场新增主播达 439 万人，新增直播企业 2.5 万家，但是从广告主在主要平台不同量级网红处投放广告的占比来看，中腰部网红成为广告主投放重点。主因是头部网红选择少、档期有限，而中腰部网红选择多、性价比高，触达的消费圈层更加丰富。

第六，新农民主播异军突起，成为直播带货的新群体。直播带货把曾经与销售环节距离最远的田间地头、村镇地区也带动了起来，大批的新农民成长为直播带货的一支新的生力军。淘宝推出的“村播计划”最为抢眼，仅仅 2019 年在全国 100 个县，扶植培育的月收入过万农民主播就有 1000 名。截至目前，在全国 2000 多个县城已开播农民达 11 万，卖出农产品累计 150 亿元。自村淘建立以来，阿里巴巴利用自己庞大的互联网资源及大数据的支撑，不断创新模式，到现在村淘已经覆盖全国大部分地区。由此可见，在可以预见的未来，无数的新农民主播将通过村播平台把田间地头的农产品直接送到消费者的餐桌。

第七，灵活就业带动直播平台成为“斜杠职场人”首选。在国家各部门和地方政府出台的一系列支持政策和市场快速发展的双重驱动下，直播行业得以迅猛发展。因受 2020 年新冠肺炎疫情影响，国家各部门和地方政府为了复工复产，又推出了一系列“稳就业、保就业”的灵活用工政策，灵活就业市场活力不断释放，市场规模高速增长，使得越来越多的职场人选择想要或者已经成为“斜杆职场人”。根据快手所做的用户调查结果显示，64%的用户想要成为或已经成为“斜杆职场人”。网上公开数据和调研结果显示，直播平台成为灵活就业行业中招聘人数增长最快的平台，也是众多职场人最钟爱的“斜杆”渠道和第二职业选择。

五、城市抢人大战

根据统计的网上公开信息，全国出台专门直播电商扶持政策的城市至少有11个。各省市围绕着直播产业，分别从政策支持、创业奖励、人才引进、税收优惠、租金减免和行业联盟等多个角度、不同层面相继推出扶持措施，展开地区之间、城市之间的“抢人大战”。

在杭州余杭，直播电商人才最高可享受国家级领军人才优惠政策。例如，杭州的人才政策，对于国家级领军人才，可享购房补贴。

在广州花都，满足条件的网红主播，可获购房奖励，还可享有入户、子女入学等优惠政策。

为什么直播电商人才能在短短几年内，从名不见经传的新职业到“国家级领军人才”？政策频出背后又透露出各个城市怎样的雄心？

从城市竞争维度，留住关键行业的关键人才，就有了底气和基础。加码直播，就是加码未来。事实上，直播电商讲究的是所需的“人、货、场”配套，发展直播行业，更关键的是当地的产业配套。每个城市的产业资源和电商基因不同，自然发展有别。淘宝的直播平台，广州的服装批发市场及美妆产业资源，浙江义乌的小商品，山东菏泽的演出服，福建泉州的运动鞋等，其产业带都是全球隐形冠军的实力，并且很好地给电商打下了基础。

客观上来说，对于头部主播，真的不是培养出来的，只能是靠吸引来。因为为数不多的头部主播都是有深厚积累的“先天条件”，本身就是稀缺资源。在每个城市，这样的销售精英可能都不好找，也不是一个城市或机构能短时间培养出来的。

目前的一个显而易见的事实是，一个成功的主播背后起码要有 4 ～ 10 人的运营团队配置。而大部分直播基地缺得更多的是职业化的基层运营团队。直播运营人才本身也是稀缺人才，特别是经验丰富、专业能力强的直播运营人才。

由此可见，城市“抢人大战”的背后，一方面，希望通过政策和营商环境的改善，提升当地直播行业在竞争中的优势，进一步优化城市产业配套，促进经济发展；另一方面，通过吸引头部主播落户城市，利用明星效应带动数量更多的中腰部主播群体的发展和成长，以及主播背后运营团队、机构的进入，为本地直播基地和直播行业的发展带来更大的社会效益。

第三节　直播人才的画像和结构

直播人才如何定位？目前还没有明确的结论，主播作为新经济环境下催生出的人才群体，其对社会的作用还有待进一步得到大众的认可。社会大众对主播人才的定位，多数还停留在直播电商领域对促进消费、拉动经济及乡村振兴等方面的作用，这其实只是对直播带货方面的主播定位。但是直播人才的定位远远大于直播带货主播的范畴，其背后还有直播团队的核心人才。

一、直播人才画像

直播人才作为新业态下的新职业、新人才，究竟该如何定位？目前还没有一个明确的结论。2020 年 7 月 6 日，人力资源和社会保障部、市场监管总局、国家统计局三部门联合发布的 9 个新职业中，“互联网营销师”最引人关注。让整个直播行业都期盼已久的“直播销售员”一职，赫然成为“互联网营销师”新职业下面的新工种。这份文件的出台，让“电商主播”“带货网红”这类大众所熟知的网络身份，终于有了国家认可的正式称谓。

主播作为直播电商“人、货、场”的核心，排在了第一位，其重要性不言而喻。一般来说，主播可分为娱乐主播和电商主播，二者都离不开网红经济的发展。2019 年娱乐主播还有明显粉丝优势，由于 2020 年新冠肺炎疫情的影响，很多线下业务转到线上，带货主播逐渐占据了直播行业的领先地位，不断吸引越来越多的其他各类主播直播带货。

目前，我国直播行业的主播等级分类，总体来说，具有明显的层级分明和“二八效应”特征。以 2020 年带货主播的等级分布情况为例，头部主播数量较少，占比仅为 2.16%，但能发挥资源渠道与品牌影响力上的引领作用；肩部主播相对数量稍多，占比为 5.93%，凭借自身专业度，成为垂直领域专家；腰部和尾部主播可以用海量来形容，占比分别为 53.53% 和 38.8%，由各种个体小主播、店播、导购及在线客服组成。值得一提的是，腰部主播里有一部分比较优秀的会上升到相对专业的肩部主播阵营，其中大部分腰部主播和小主播一起形成长尾主播阵营。

头部主播：吸引关注。头部主播的优势是粉丝规模较大，号召力强；但劣势是成本比较高，用他们在活动早期进行吸引造势比较合适。

肩部主播：传播信息。肩部主播的优势是性价比相对较高，可把他们作为主力军，用来覆盖领域，进行营销信息传播。

腰、尾部主播：分发扩散信息。长尾主播的特点是影响力方面有限，在内容创作力方面也有限，用他们来辅助分发渠道，进一步加强营销信息扩散。

二、主播人群画像

对主播人群的画像，需要结合目前我国直播电商行业主播群体的典型特征。从各种数据分析来看，主播群体呈现出年轻化、女性多、分布集中、普遍学历不高、收入较高等几个方面的显著特征。

（1）年龄。专业市场调研机构的统计数据显示，中国电商直播行业主播的年龄跨度非常大，从60后到00后都有，相对来说，90后的占比最大；从知名招聘平台的数据可知，直播从业者以90后为主，年龄在30岁以下的超过半数，占比为54%；年龄在30～40岁的从业者为第二大主体，占比35%，如图1-10所示。

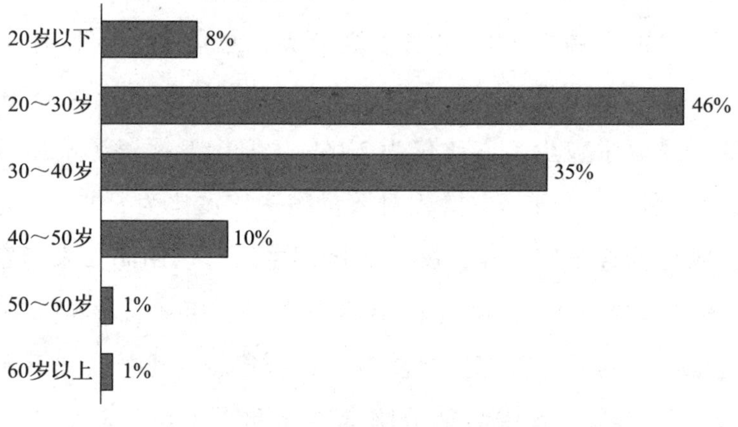

图1-10　直播行业当前主播的年龄分布

（2）性别。根据知名招聘平台对直播领域求职者性别的统计数据，2019年以来中国直播领域女性占比超过半数，为60%，男性占比为40%。另外，专业市场调研机构的数据也显示，在直播行业主播的性别分布中，女性占比近70%，基本符合行业现状。至于求职者中男性占比有所增加，主要是因为随着直播行业的火爆，除主播之外的其他岗位吸引了越来越多的男性加入，尤其是平台运营、技术支持和数据分析方面的人才，如图1-11所示。

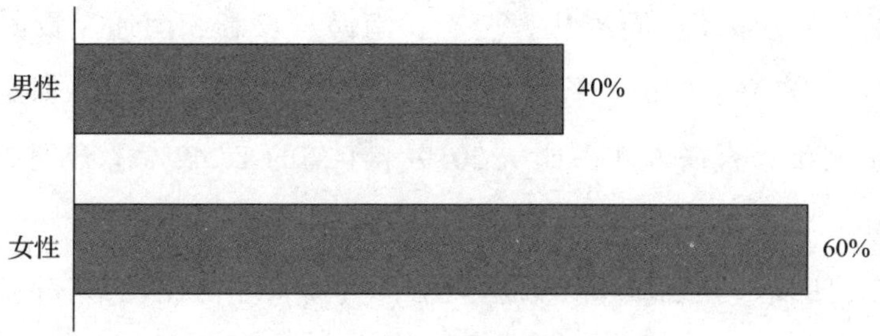

图 1-11　直播电商行业求职者的性别分布

（3）地域分布。按照城市的性质和标准的大类分布，依据某知名招聘网站平台对直播人才的地域分布情况所做的统计结果，具体如图 1-12 所示。

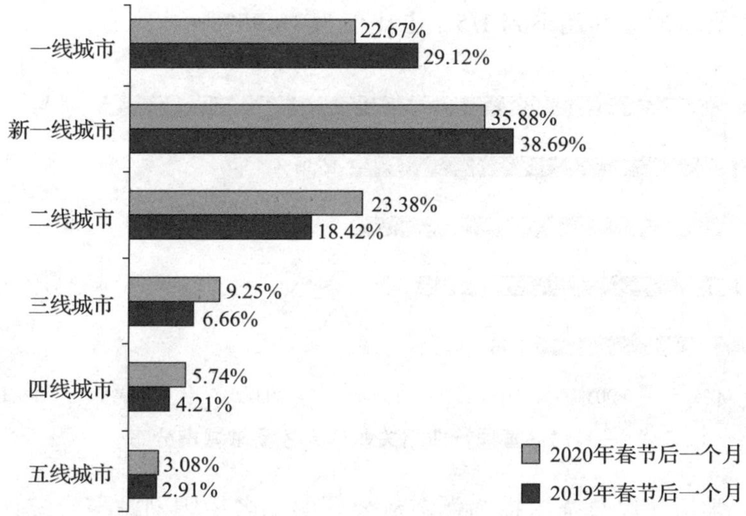

图 1-12　直播人才城市分布

一线城市，包括北京、上海、广州、深圳，直播人才占比从 2019 年年初的 29.12% 下降到 2020 年年初的 22.67%。

新一线城市，包括成都、杭州、武汉、重庆、西安、南京、郑州、长沙、天津、青岛、苏州、东莞、合肥、沈阳、佛山 15 座城市，直播人才占比从 2019 年年初的 38.69% 下降到 2020 年年初的 35.88%。

二线城市，包括宁波、福州、无锡、昆明、厦门、济南、温州、大连、泉州、哈尔滨、金华、石家庄、南宁、南昌、长春、南通、贵阳、常州、徐州、惠州、嘉兴、中山、绍兴、太原、珠海、兰州、烟台、保定、台州、廊坊 30 个城市，直播人才占比从 2019 年年初的 18.42% 上升到 2020 年年初的 23.38%。

三线、四线、五线城市，数据显示，直播人才占比也都有所增长。直播人才地域分布的统计数据基本符合直播行业向二线及以下城市下沉的行业特征。

按照直播行业相关职位人才需求城市分布的数据，根据国内知名的招聘网站平台数据，具体如下：北京占比 26.52%，杭州和广州均占比 15.91%，上海占比 14.75%，深圳占比 7.96%（见图 1-13）。其余城市直播行业人才需求的总和还不到 1/5，占比仅为 18.95%。

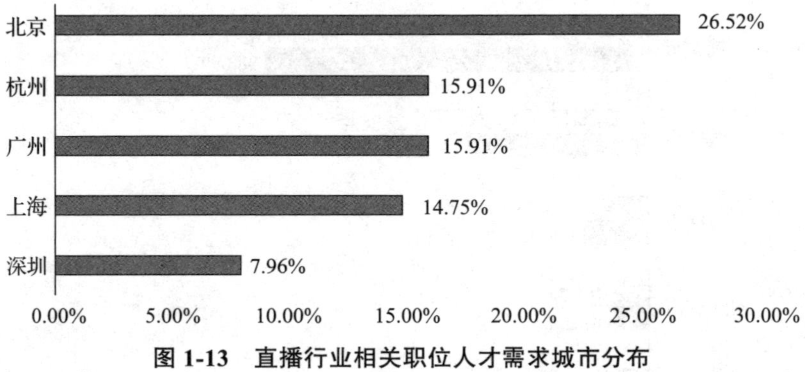

图 1-13　直播行业相关职位人才需求城市分布

（4）学历。以直播主播为例，从公开的知名招聘网站平台统计数据来看，有近半数主播招聘需求中对学历不做要求，有大专以上学历的总计为 38.59%。主播的学历分布数据具体如下：不限学历占比 43.57%；硕士占比 0.04%；本科占比 9.33%；大专占比 29.22%；高中占比 8.29%；高中以下为 9.55%，如图 1-14 所示。

在招聘网站平台对直播相关岗位学历要求与全平台的学历要求对比中，我们不难发现，直播相关岗位在学历要求方面“不限学历”的占比远远高于全平台的对应数据。这也间接说明作为互联网新兴行业的直播行业，经过近几年的野蛮生长，一方面没有太多的专业人才积累，另一方面还没有形成行业人才对应的相关专业或学历标准，所以我们看到直播行业对人才的学历没有太多要求，如图 1-15 所示。

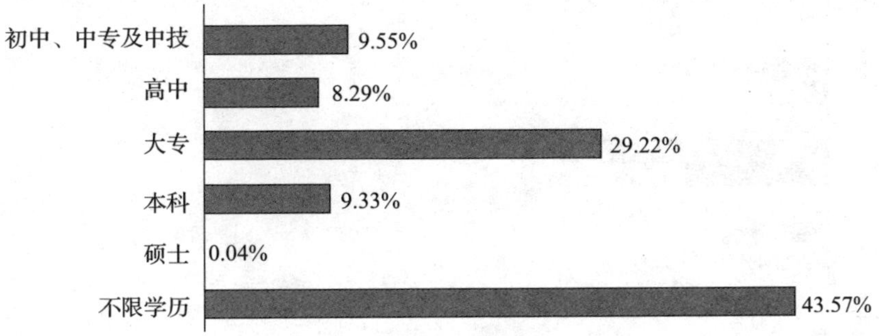

图 1-14 直播主播学历分布

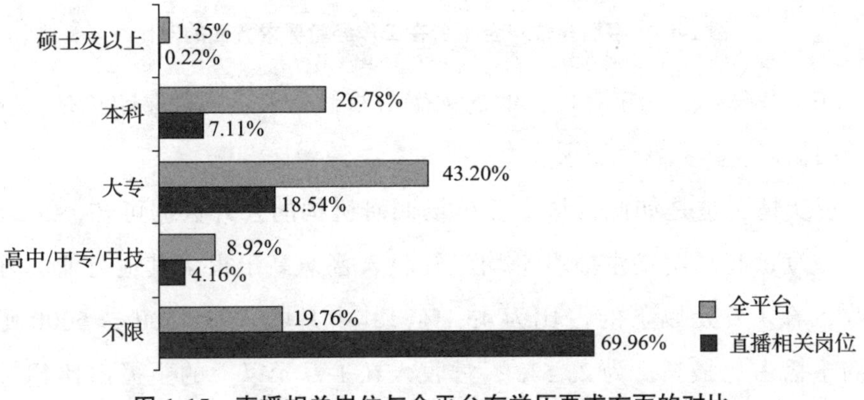

图 1-15 直播相关岗位与全平台在学历要求方面的对比

（5）工作经验。直播行业作为新业态模式，还处于刚刚兴起的阶段。因此，直播行业从业的各类人才还都在成长过程中，尽管全行业对直播各个岗位的人才需求有很大的缺口，但是实际上有相关经验的人员依然供不应求。

在知名招聘网站平台对直播相关岗位工作经验要求与全平台要求的数据对比中，“不限工作经验”的比例占到了七成以上，达到 72.61%。对直播各岗位人才的要求还主要靠实操技能取胜，对综合能力要求高，如

图 1-16 所示。

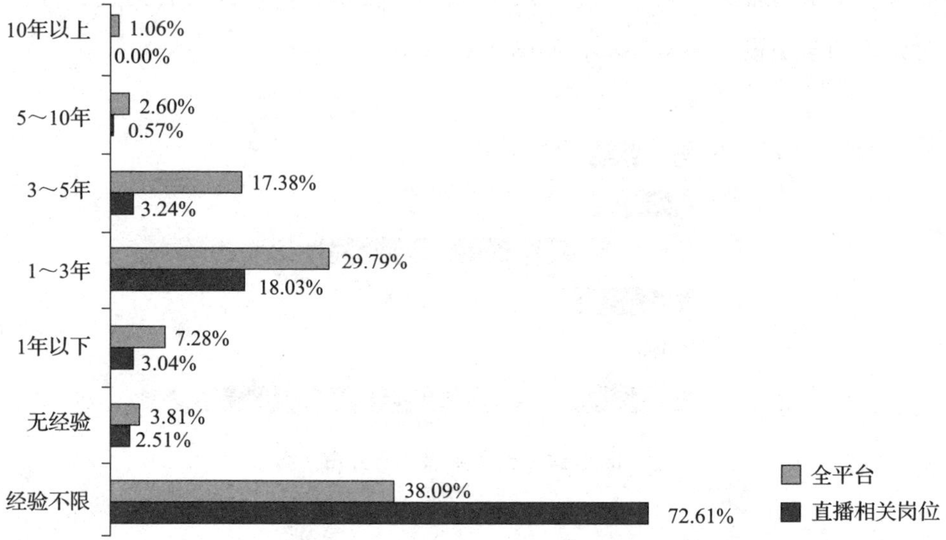

图 1-16　直播岗位与全平台在工作经验要求方面的对比

（6）薪酬。近几年直播行业的火爆带给社会大众的普遍印象是，直播行业门槛低、薪资高、需求大。

现实情况也是如此，从专业市场调研机构的公开数据可知，2020 年第一季度，我国网络主播月平均工资收入普遍高于很多其他行业。月平均收入在 1 万元以下的占比为 45.1%，其中月收入在 4500 ～ 6000 元之间的主播占比最高，为 23.5%；月收入在 1 万元以上的主播占比超过半数，为 54.9%，其中部分主播收入较高，有 4.1% 的主播月收入在 5 万元以上。

另据知名招聘网站平台发布的数据，直播细分领域在平均招聘薪酬和竞争指数方面都存在着很大差异。在教育、培训与高校类直播细分领域的平均薪酬为 11577 元，比快速消费品类直播细分领域的 7691 元高出了将近 51%。虽然头部主播收入较高，但由于主播收入的马太效应，各层级差别很大，根据相关分析，直播主播的平均月薪超过 1 万元，还有 71% 的主播月薪在 1 万元以下。

三、团队的人才结构

直播电商在催生新的就业形态、扩大就业的同时，也因为分工的不同形成了直播行业新的团队构成模式。

通常来说，一个完整的直播团队，大体由 5 ～ 6 名运营人员组成，团队中每个人的具体分工和岗位各不相同，具体如下。

主播一名：负责平台直播、商品导购、客户互动及直播策划等工作。

助理一名：协助主播进行直播，参与策划及开展直播间预告等工作。

场控一名：配合主播与客户互动，以及从事直播间调试、产品上下架、释放权益和对后台的协调管控等工作。

策划一名：负责策划制作直播脚本、产品内容、促销脚本，以及直播内容的制作和分发等工作。

专业 BD（商务拓展）一名：负责对产品进行整理招商、对接店铺、佣金管理及对产品信息归类整理等工作。

数据分析一名：负责对直播的各种数据进行收集汇总，对数据进行挖掘分析，以及根据数据提出优化建议等。

其实，在实际的直播工作中，直播团队的人数不是一成不变的，而是根据公司的预算和规模进行配置，是机动设置的。一般来说，成熟的直播团队在 4 个人左右，标准的团队在 2 个人左右。明白了直播电商团队是如何进行人员配置的，也就能知道他们各自的岗位职能了。

直播电商带动的就业机会大体可以分为两种类型：一类为交易型就业机会，即与传统电商相似的由商品交易带动的相关行业上下游的生产、物流、交易等环节所蕴含的就业机会；另一类为新型岗位及相关工种就业机会，主要包括 MCN 机构和主播就业机会，以及直播间相关的助播、策划、选品、场控、数据分析等多种不同岗位的新就业机会。

数据显示，直播带货、网络零售等新业态，对人才市场稳定就业发挥了重要作用。从 2019 年 8 月到 2020 年 8 月的 1 年间，共有 2097 万人通过抖音从事直播、创作等工作获得收入。而淘宝直播 1 年带动超过 173 万人直接就业，互联网营销师更是细分成多个工种。

国内某知名大学负责发展与战略研究的研究员认为，互联网营销师背后有非常长的就业拉动链条，可能 1 个人背后有 4 个人，甚至更多的人跟他配合，而新冠肺炎疫情更加放大了就业的拉动作用。

四、主播成为绝对主体

网红是数字经济发展的产物，互联网技术的发展与直播技术的不断演变，造就了网红群体，随着一部分网红在寻求流量变现的过程中越来越强大，逐渐转变为达人主播。以头部大主播为代表的一大批网红凭借惊人的带货能力，通过内容创新、精细化运营与玩法迭代等形式，依托互联网信息时代的 5G 网络、AIoT、算法、云计算设备等技术手段，推动直播产业高速增长。直播主播一跃而成为新个体经济的代表，围绕直播形成了 20 余种新兴职业，包括直播电商、运营管理、直播服务、辅助后勤等，打开了就业消费的新空间。

达人主播在具体细分领域又分为两种，主要是内容创作类主播与电商卖货类主播。内容创作类主播即 KOL（关键意见领袖），他们在各自的专业领域有着丰富的经验，结合自身专业领域，输出有较强娱乐属性的内容，比如知识、影评、美妆、漫画、穿搭等。电商卖货类主播有点像导购或商品销售员，他们依靠对产品的专业讲解，加上各种推销技巧，把过去一对一的线下商场销售方式，变成网上的一对多模式。

如果对直播电商生态下的达人主播进行等级分类，基本上有头部主播、腰部主播和尾部主播这三类。而且，具体到产品带货和品牌营销方面，不同级别的主播又具有不同的功能。

可以预见，直播行业的竞争将会越来越激烈。因此，大多数主播为了保证平台和自身收入及粉丝数的稳定，都不得不在昼夜颠倒的高强度状态下工作。观看直播的受众在晚间比较集中，直播时段集中在晚 7 点到凌晨的主播占很大一部分。通常情况下，以每日的直播时长来进行对比的话，头部主播日播时长基本为 3 ～ 4 小时，但是腰尾部主播的日播时长可能长达 7 ～ 8 小时，更有甚者，全年几乎无休。除了上线直播，主播每天还需要和团队一起花费大量的时间用于直播内容准备、选品、设备调试，以及直播后的复盘等工作，平均每天的工作时长基本都远超常规的 8 小时。

由于直播行业主播级别的马太效应特征，尽管是不同级别的达人主播也可以形成主播矩阵，在营销上互为补充。但数量很少的头部主播却占据了近 80% 的市场份额，与之相对应的，数量上占决定优势的长尾主播则生存艰难。这种情况下，为了缓解主播市场的两极化趋势，商家、店铺启用自播模式，在一端省下红人主播的投放成本，在另一端则直接让利给消费者，激发店播人员积极性。两相对比，主要依靠自身影响形成 IP 的红人直播，其直播用户由情感和货品双向驱动。商家直播则不同，主要依靠的是品牌价值和货品进行驱动。

基于这种原因，商家自播逐渐兴盛。2020 年“6・18”购物节期间，仅在淘宝平台开直播的商家数量与 2019 年同期相比就增长了 160%，天猫直播间有超 90% 场次为商家自播；而且，过亿的直播间在淘宝仅有 15 个，其中，商家自播直播间就有 9 个，主要为小米、华为、海尔等国产 3C 品牌。

达人主播也好，商家自播也罢，这些直播电商容易为大家所接受。但是，还有一支不可忽视的力量，也自带流量加入直播电商队伍，那就是一众明星也纷纷下场开启直播带货。从 2019 年下半年开始，明星主要以与头部主播合作，做客头部主播的直播间一起直播带货，这种把明星的粉丝效应和主播的专业度相结合的强强联合形式，确实为直播创造了更大的流量和销售奇迹。随着 2020 年上半年新冠肺炎疫情形势严峻，线上直播成为流量高地，明星、名人带货逐渐步入常态化，直接以个人账号开播，无论在选品方面，还是直播过程及宣传手段方面，可以说与真正意义上的带货主播已经没有差异了。

2020年“6·18”期间，淘宝邀请了300位明星开启了明星带货潮。京东启动“明星盛典”，助阵直播的明星嘉宾多达数百位。快手、抖音等平台也都邀请明星做电商代言人。聚划算以百亿补贴携手明星，全线入局直播生态。

与此同时，一些针对明星带货的争议也随之出现。一方面，明星直播带货提升了直播电商的影响力和行业关注度，某种程度上来说，加速了直播行业的发展；另一方面，明星并非专业主播，很多明星由于缺少品控、场控等专业团队支持，在直播过后出现大量退款退货，以及产品质量问题等“翻车”现象。

因此，从带货主播的角度来说，不管参与直播的是红人主播、商家自播，还是那些明星主播，要想成功一般还需要具备以下三个条件。

第一，人设契合。主播人设要契合品牌形象。例如，美妆类商品要符合主播的人设身份，快消品综合类要符合主播人设的直播间商品。

第二，专业知识。强营销属性是直播电商的基因，专业销售能力是主播的必备技能。主播首先必须对产品的专业知识要熟练掌握，其次才是通过各种销售技巧，“一对多”地向客户简明扼要讲述核心卖点、使用感受和消费场景等，取得客户的信任和对产品的认可。

第三，口才表达。在线沟通远比面对面沟通对人的要求更高，主播如何把握直播间观众的心理，通过具有感染力与共情力的语言，以及恰到好处的节奏感，在观众心里不知不觉地种草，让其心甘情愿地下单。

1. 直播电商行业主播的发展背景分析

互联网在我国的普及率远高于世界上很多国家，互联网经济催生了数字经济，网红正是在数字经济背景下应运而生的产物。网红作为一种职业，乃至由网红转变为主播，经历了从无到有、从1.0到3.0逐渐发展的过程。

伴随着互联网技术由图片到视频再到直播的发展变迁，我国网红的发展历程也与之相适应，可以划分为三个时代：网红 1.0 时代、网红 2.0 时代和网红 3.0 时代。

网红 1.0 时代——草根型：代表人物有犀利哥。特点是网红主要来自于社会基层，产出内容相对接地气；内容载体主要以文字、图片为主；没有专门的运营团队。

网红 2.0 时代——平台型：代表人物是王大锤、王尼玛。特点是网红主体主要还是来自底层社会，内容产出以搞笑、脱口秀等娱乐内容为主，但是网红已经归属于某一组织，是专门打造的 IP，内容产出方面以视频、动图为主。

网红 3.0 时代——内容输出型：代表人物是何同学、回形针等。特点是作为网红的主体来自各行各业，涉及社会各个层级；内容垂直类更加丰富，涵盖阳春白雪和下里巴人；互联网技术带来更先进的内容载体，主要包括短视频和直播；出现专门运营网红的 MCN 机构。

2. 直播电商带货主播的基本要素分析

直播电商带货主播应该具备哪些基本要素，直播行业虽然没有统一的标准，但还是有一些有代表性的观点值得探讨。

某专业市场调研机构的分析师认为，主播作为 KOL，有三个基本要素必须具备：在某一垂直领域有所建树，有内容产出的能力，有一定数量的粉丝基础和影响力。

直播行业也有一些常规做法可做参考。从各大知名直播平台对主播的要求来看，一般要求优秀主播必须具备四大要素。

第一大要素：角色认知、镜头感及心态疏导等基础要素。

一个好的电商主播，首先要对自己有清晰的角色认知，对从事的工作内容与工作目的有清楚的了解，讲解只是手段，卖货变现才是工作目的。直播间里主播要“一对多”，面对屏幕前的观众和粉丝，要像专业主持人一样有很强的镜头感。另外，主播的工作与销量息息相关，工作中面对观众或粉丝的不理解，或者销量不好等情况时难免会有很大的压力，因此，主播要学会自我解压和心态疏导，毕竟好的心态才能有好的状态。

第二大要素：坐位或站位的姿态，以及整体构图等直播间技巧。

主播在直播间做直播时的姿态很重要，无论坐播还是站播，都要结合不同商品的展示需要。需要展示细节或者体积比较小的商品，坐着播更稳定；需要展示全身的商品，站播最好。在整体的构图方面，有经验的主播都知道以占用镜头的 3/4 比例效果最好，且注意保持在镜头的中间位置。

第三大要素：讲解的风格、逻辑性，以及讲解的应用场景。

讲解的风格因人而异，不同的主播人设，不同的商品特性，要对应不同的讲解风格。讲解还要有逻辑性，把握整体的故事性，直播是为了让粉丝成交，不能为讲解而讲解，要有目的地做引导。应用场景最好选择粉丝比较熟悉的，能快速引发代入感，不要生搬硬套介绍商品。

第四大要素：引导互动、营造氛围、应对突发状况及把控节奏四项核心技能。

直播时主播是直播间的主导者，整个直播过程都要引导带动粉丝一起互动，回答粉丝问题，有效引导粉丝下单。在这个过程中主播要时刻注意直播间的整体氛围，用主播的亢奋状态影响和带动粉丝，营造出围观和抢购的氛围。同时，留意直播间可能出现的突发情况，冷静面对，及时化解和处理，非不得已不得随意中断直播。而且，因为主播通常直播时不止介绍一件商品，要把握好直播的时间和节奏，不要被粉丝带偏了节奏，影响直播效果。

3. 直播电商行业主播的发展挑战分析

火爆发展的直播电商行业，经常伴随着带货数据造假、产品质量问题、售后没保证等一些行业乱象。某专业市场调研机构的分析师认为，直播行业存在着某些浮躁气息，主要原因是很多直播新进入者看到头部主播的带货战绩，想当然地以为自己可以做到。在没有专业团队加持或能力达不到的情况下，就容易出现各种问题。因此，主播们在做直播带货时，不能只是完成销售业绩，更要注重保护消费者的合法权益，坚守道德和法律的底线。

该机构分析师还认为，直播电商行业的主播们目前还有几大困境有待突破：一是主播的粉丝量转化难题，很多主播都发现，粉丝量的高低和商业转化高低不一定成正比；二是主播的直播流量高低和销量高低没有直接相关性，主要还是看主播的分类；三是主播的流量和销量的高低与盈利也不直接挂钩，最终还要看商品退货率数据。

针对这种直播困境现象的调研访谈发现，有些主播即便费尽周折卖货成功，直播后算账也不一定赚钱。曾有一名主播讲述自己的亲身经历，明明有几场带货超过了 1 亿元，可是由于部分观众属于冲动性购物，直播过后又出现很高的退货率。主播没办法只好加大后续直播力度，以新收款缓解退款的资金压力，形成恶性循环，导致卖的越多亏得越多。

4. 直播电商行业主播发展趋势分析

某专业市场调研机构分析师认为，主播群体成也粉丝败也粉丝，因粉丝群体数量巨大，主播的言行与价值观的影响面也非常大，因此，需要接受国家相关部门的约束和社会的监督。随着人力资源和社会保障部推出的“互联网营销师”及下设的“直播销售员”等职业技能等级证书的推广普及，未来主播持证上岗、主播职业化都将成为必然趋势。这也符合一个行业发展的内在规律，往往都是前期野蛮发展，之后逐步走向规范，直播行业当然也不例外。

针对我国直播电商行业主播的未来发展趋势，不难预想，随着明星、企业家、主持人、新农民等跨界进入直播行业，成为新的主播红人，带货主播的身份将变得越来越多样化。加上直播行业在不断规范的同时，竞争必将更加激烈，身在其中的每一个主播都将面对来自各个方向的竞争压力。主播要想在激烈竞争中保持竞争力，就必须提升自身的专业素养和综合能力，同时还要注重直播带货的质量，提高内容质量水平，助力直播行业健康、有序、长期可持续发展。

专栏 1-3

李佳琦——淘宝直播“口红一哥”

李佳琦是直播带货行业的达人主播，同时也是“口红一哥”，以及30秒涂口红次数最多的吉尼斯纪录保持者。他的名字为大家所熟知，可能是由于他是美妆直播排名前三主播中唯一的男性，也可能是由于他那经典的“Oh My God”“买它买它买它”火遍网络，让人印象深刻。

一、直播模式

李佳琦直播带货取得骄人成绩，总结起来，具有以下几个特点。

第一，直播动作夸张，特色鲜明。众所周知，主播在直播间的有效互动直接决定直播带货效果。在李佳琦直播中，积极与粉丝进行互动，非常专业地解答粉丝的各种问题，参与她们的讨论。李佳琦在直播带货时的动作总给人有点夸张的感觉，还有他的经典口头禅：“Oh My God”“买它买它买它”等，这些都成为李佳琦直播的一个特色符号。

第二，个人IP独特，直播文案优秀。李佳琦作为男性，却在美妆方面积累了专业的知识与丰富的销售经验，这些帮他成功塑造了一个女性朋友“蓝颜知己”的形象。他这种独一无二的美妆直播带货主播的IP定位，再加上他优秀的直播文案与营销话术，使得他在直播带货行业中，尤其是在美妆直播带货行业中形成了独树一帜的个人风格。在李佳琦的直播带货中，他对产品的介绍文案都是非常专业的，始终围绕产品的优点，再加上场景化描述，能带给用户感同身受的愉悦体验。例如“番茄色”，“豆沙色”，“涂完像果冻”；“这只唇膏在嘴巴上会跳舞”；“啊！好闪，五克拉的嘴巴”；“这个颜色也太适合秋冬了吧”等。

第三，多平台的联合，深耕垂直领域。李佳琦为了增加曝光率，在多个平台都拥有直播间，如抖音、快手、小红书、B站等。他在各个平台都拥有粉丝和流量，这些平台的流量与粉丝包括微博上的预告等，都是为直播带货进行引流。尽管多平台联合推广，但是李佳琦的直播带货一直聚焦美妆细分领域，尤其是口红，占到75%。这种聚焦不仅有利于精准定位，获得独特标签认可，同时也让他获得了更多广大消费者的信任，最直接的实惠是提升了直播带货的销量。

第四，直播态度真诚，负责且敬业。李佳琦对待自己的工作非常认真，在直播间讲解和互动的时候，态度非常真诚，这也无形中吸引了不少粉丝。他的专业和敬业有目共睹，曾经因为一天上百只，反复涂口红、卸口红严重到嘴唇麻木，最多的一次，他在直播间连续试了380次口红，嘴都没了知觉，据统计他一年内做了近400场直播，已连续三年没有双休和节假日，停播一天就恐慌。这些执着的背后，是他比别人更多的付出。李佳琦的敬业与真实，使得他与其他热门主播一样，拥有一大批属于自己的忠实“粉丝”。

二、总结启示

首先，直播需要有专业的知识积累加努力才能赢得认可。李佳琦作为一个男性却拥有比很多女性都专业的美妆知识，这是从一个线下彩妆老师到美妆主播积累三年的结果。他的专业度，加上比别人付出更多的认真敬业精神，才是他获得信任与认可的根本。

其次，直播需要特色化定位与互动技巧。要根据主播的自身特点，量身打造适合自己的IP人设形象，强化观众与粉丝的人设记忆点，吸引更多关注。同时，直播时要做好文案设计，充分发挥经典话术与互动的造势作用，营造场景化和高级感体验，从而增强粉丝下单的可能性。

最后，直播带货要专注于垂直领域。随着直播带货行业竞争的加剧，构建垂直消费场景，抓住细分品类穷追猛打，实现直播带货精准定位才能赢得更多粉丝。主播们要在专业化基础上，专注于垂直领域，单点突破，深挖细分领域的独特优势，走特色化道路，提升主播专业度，获得粉丝与用户信任。

（资料来源：笔者根据多方资料整理而成）

第四节　直播人才培养

鉴于直播行业的迅猛发展，直播人才尤其是主播、网红，都是在发展过程中大浪淘沙自然选择的结果。对于直播人才的标准体系和技能界定，官方、行业和学界都有各自不同的看法。搞清楚这些问题，才能有助于我们继续探讨“培养什么人”和“如何培养”。

一、直播人才的标准体系

人才所具有的能力，与工作岗位所要求的能力匹配度越高，则人才在该工作岗位上获得成功、实现卓越绩效的可能性就越大。

人才的重要性毋庸置疑，那么，什么样的人可以称之为人才呢？

1982 年，原国家教委，也就是现在的教育部首次对专业人才做了界定，即具有中专以上学历和初级以上职称的人员。

2003 年 12 月，全国人才工作会议第一次会议上，对人才重新做了定义：有知识、有能力，能够进行创造性劳动，在政治、精神、物质三个文明建设中做出积极贡献的人。

2010 年 6 月，中共中央、国务院印发《国家中长期人才发展规划纲要》（2010—2020），再次重新定义人才：人才是指具有一定的专业知识或专门技能，进行创造性劳动并对社会做出贡献的人，是人力资源中能力和素质较高的劳动者。

以上关于人才的不同定义，让我们清楚了解不同时代对于人才的不同认识。可以说，机构不同，面临的任务和环境不同，对人才标准的界定也必然不同。

（1）什么是人才标准。

人才标准的确定，首先从工作岗位梳理开始，通过对工作岗位的梳理，根据岗位需求提出对人才的要求。也就是说，岗位对人才的要求就是我们想要的人才标准，人才标准基本可以等同于岗位任职资格标准或岗位胜任能力标准。

既然人才标准是基于岗位要求，那么不同职类、职种的岗位对应的人才标准也不相同。因此，需要根据战略规划，前瞻性地进行基于未来的工作分析，并根据工作分析结果，划分职类、职种，结合各类岗位的胜任能力标准或者岗位任职资格标准，建立不同岗位的人才标准。

那么，如何确定人才标准，人才标准包括哪些要素呢？

以往，企业选人主要以学历、工作资历、专业技能、专业知识、职称等为标准；而今，在学历、专业等门槛的基础上，有的企业主要以智商、潜力或素质能力（通用素质、专业素质和领导力模型）为标准，有的以能力与业绩、潜力与业绩或价值观与业绩来界定，有的以意愿（态度）、能力与业绩或企业文化（价值观）、能力与业绩来界定，还有的以综合知识、经验、素质、技能等形成任职资格标准等。

不同的人才标准适用范围不同，有的主要用于招聘，有的用于内部选拔潜力人才，有的用于晋升评价，有的用于人才发展，有的用于绩效考核。因此，可以根据公司需要，选择不同形式的人才标准。

（2）人才标准的内涵。

假设从最本质、最纯粹的角度去定义，一个组织或者公司无非是一个组织者和一帮愿意跟着他一起干活的人在做事。那么“愿意跟着他一起干活”，就是组织者的用人标准。在组织很小或者初创时，组织的创建者或创始团队的偏好就是组织的用人标准。当组织逐渐壮大、业务复杂、业务规模越来越大的时候，组织的创建者或创始团队的偏好与风格也跟着逐渐演化成整个组织的做事风格，与之相适应的愿景、使命、价值观等组织文化也随之形成。

因此，文化与价值观就是人才标准的最核心内涵。组织的价值观和文化一旦界定出来，组织的“人才观”才能由此界定，随后建立的人才标准也才能够准确、有效。

（3）人才标准的外延。

如果说，人才标准的内涵是文化与价值观，属于精神层面，那么人才标准的外延就是其表现形式了，想要真正把文化、价值观落到实处，必须要“看得见、摸得着”。所以，不同组织的人才标准就形成了各自不同的表现形式。

目前，我们经常见到的对于人才标准的表现形式，基本上都是能力素质模型、任职资格标准等，最近几年，又有一些新的概念出现，比如人才画像等。

这些表现形式不是一成不变的。人才标准的表现形式会随着使用场景的变化而改变。一个组织或公司要明白，面对不同的发展阶段与人才挑战，需要运用不同的解决办法，有些问题需要通过建立能力素质模型解决，有些问题则需要建立任职资格标准，也可能两个模型都需要。而且，不管是能力素质模型还是任职资格标准，并不是说在对接人才招聘或者人才培养时直接使用，还需要进一步转化为所谓的“招聘标准”“培养标准”或者“测评标准”等表现形式。

由此可见，人才标准的表现形式需要转化，才能与它的使用场景相匹配，也才能发挥更有效的作用。正所谓“万变不离其宗”，组织的人才标准在表现形式上无论如何变换，其组织文化、人才观、价值观等人才标准的内涵不会变。

二、直播人才的成长步骤

人才成长有规律可循，直播人才也不例外。无论哪一个人，要成为高手，都须从刻意训练开始，而且都必经四个阶段，即第一个阶段叫作产生兴趣，第二个阶段叫作变得认真，第三个阶段叫作全力投入，第四个阶段叫作开拓创新。当一个人走到最后这个阶段的时候，他已经成为真正的高手了。

人才成长除了要经历这四个阶段，还有促进个人成长进步的“成长循环”四步骤。这四步骤分别是明示标准、教育培训、提出要求、给予评价，可以看作是个人成长进步循环及人才培养的路径。

（1）明示标准。

明示标准是培养的出发点。标准是站在公司的角度对这个岗位或人才提出的期望。员工的部门与职务不同，阅历不同，公司对他们的期望也不相同。

关键是要给出因人而异的标准，属于公司通用的知识技能标准，必须每一位员工都要掌握和了解，如经营方针、经营理念、就业准则、规章制度等。除此之外，工作手册的制定要以业务流程和管理内容为基础，其中涉及的部门和岗位职责定义要清晰。

公司的标准可以作为公司或部门的工作目标任务的参考。例如，世界知名快餐品牌麦当劳的其中一个标准就是，新员工必须在 30 个小时之内熟悉业务的整个环节，这 30 个小时既是一个标准也是一个目标。

标准或目标是企业作为一个整体对外输出服务或产品的根本要求，无论是培训的师傅还是学习的员工，都要以此为参照开展工作，不会因人而异。

根据不同的业务和工作内容，明确相对应的岗位工作任务，对所在岗位的员工提出工作期望，才能把工作任务与考核激励结合起来，激发团队活力，达到预期的各个目标，汇总起来就是公司的总体目标。

明示标准也是区别不同岗位之间，以及同一岗位不同身份之间同工不同酬问题的依据，比如对兼职员工和正式员工的不同标准等。

（2）教育培训。

明示标准是第一步，接下来就是教育培训环节，一般由人力资源部门根据培训规划组织安排。可以在现场 OJT 指导（在工作现场内指导），也可以集中培训。培训可以安排外训，请行业内有经验的讲师授课，也可以组织企业内训，让入职时间较长、有丰富实操经验的老员工现场传授经验。

教育培训是员工成长最便捷有效的方法，把一些工作中积累探索出来的有效经验与方法通过培训传递给更多的人掌握，将个人经验上升为集体智慧，可以产生放大效应，提升整个组织的效率和竞争力。而且，公司还要将这种培训列为必知必会的知识和技能，如服装大卖场某品牌，针对每一种西装都总结出来一套独一无二的叠法，再进行教育培训，要求员工必须全部记住、会做。

教育培训的形式和内容同等重要，可以通过培训前的需求调查了解员工最关注的培训需求和比较喜欢的形式。在教育培训的形式上，不管是外训或者内训，现场教学还是集中培训，都要根据不同技能和工作需要进行安排。管理者真正需要关注的是培训的效果和结果。

（3）提出要求。

员工通过参加教育培训并在实际工作中能够运用，且起到实际效果才有意义，如果不能将所学的知识或技能运用到实践中，那就没有任何意义。所以，对培训的效果进行跟踪，提出相应要求，才能形成工作的闭环管理。前面提到的那家服装大卖场品牌的创始人曾经说过："没有要求，下属就没有反馈。"然而忽视这一问题的企业数不胜数。不论是集中培训还是 OJT，半途而废的情况比比皆是。这种状况会严重影响教育培训的效果和积极性。明示了标准，意识到教育培训对员工成长的必要性，对教育培训的结果就应该有所要求。

人力资源部门在结合公司需要进行规划设计“明示标准”与“教育培训”时，需要从“全员提升”的角度出发，在培训后进行复盘或相应调查访谈，评估培训效果，再改进完善，这里可以借鉴PDCA循环管理法。

PDCA是英语单词Plan（计划）、Do（执行）、Check（检查）和Action（处理）的第一个英文字母，其概念是美国管理专家戴明博士提出的，因此又叫“戴明环”。PDCA循环管理法认为，无论是任何专业事务、生活事务，正式、非正式、有意识、无意识等，任何一切活动都会按照这个永不停止的循环进行。PDCA循环的四个阶段，适用各类培训、教学、宣讲场景。

（4）给予评价。

给予评价极为重要。评价不是漫无目的地下结论，是结合明示的标准、开展的教育培训及提出的要求，进行相互印证和检验。没有评价，标准再好、培训指导再到位、提出的要求再合理，也没有任何价值。通过在工作中不断评价员工的工作输出效果，把“给予评价”紧密联系“明示标准”，及时的评价和反馈，将有效提升下属的管理能力和员工的技能水平，给予评价对人才培养的鉴定作用主要体现在两个方面：一方面是树立典型，通过“放大优点”吸引更多的人效仿，起到激励的作用；另一方面是“拨乱反正”，通过“改正不足”，纠正工作中存在的问题。判断评价对象合格与否、水平高低、优劣程度等，应依据一定的标准进行鉴定优劣、评选先进、排列名次、资格审查、区分等级。

直播人才的评价都是通过消费者网购评价进行反馈。从当前的直播行业实际情况和行业发展来看，直播带货的网购评价系统在管理上越来越规范，发挥的市场监督作用也越来越明显。但值得注意的是，直播平台上目前还依然存在着部分虚构交易甚至编造虚假评价、诱导粉丝进行不客观好评，以及部分粉丝滥用评价权等问题。

专栏 1－4

宝岛眼镜——私域＋社群直播做大流量

拥有 800+ 人的直播团队，1233 个群，总覆盖用户 15 万左右；250 万＋企业微信顾客，600 万＋微信公众号会员，3200 万可触达会员；8000+ 大众点评账号 Lv6 以上约 3000 人，800+ 小红书账号，200+ 知乎账号，20+ 抖音账号。凭一场私域直播，在 1000+ 社群单日销售额轻松几百万元。乍一看，好像是某家 MCN 机构的数据。事实上，它是来自我们经常在路边看到的门店招牌——宝岛眼镜。

宝岛眼镜作为有着 30 多年历史的华人眼镜界知名品牌，是典型的线下实体店连锁模式，却通过私域＋社群直播模式做大流量，把一个客户比员工还懂产品的行业做得风生水起。

一、公司简介

宝岛眼镜于 1981 年成立于台湾，拥有近 40 年历史，在华人眼镜界有着较高的知名度。目前市场主要集中在中国大陆与台湾，其中，大陆连锁门店近 1200 家，遍布 200 个城市。宝岛眼镜一直以“用专业的心，做专业的事”为宗旨，积极与国内重点高校合作，逐渐形成企业、高校和视光产业三位一体的眼镜零售企业。公司自 2015 年开始向专业化与数字化转型，从主要卖眼镜转变为医疗服务提供商，从传统零售的以门店为中心转变为以视光师为中心的赋能模式。

二、直播模式

首先，宝岛眼镜明确的直播电商组织架构。

总部设置专业的事务部，负责关注和研究眼视光的相关知识，增强用户的消费体验。

MOC（Member’s Operation Center），即会员运营中心，也是赋能中心，

负责社群的运营、会员的管理和互动，增加用户的黏性。

品牌营销部，负责品牌管理、营销管理及内容输出，提升品牌知名度与美誉度。

支持部门，包括营运中心、商品管理中心等。

主播管理机构，以前属于客服范围，后来独立成专门的部门，现在还在不断完善发展中。

其次，宝岛眼镜公司直播电商的运营管理分析。

第一，主播管理方面，赋能员工成为KOC（Key Opinion Consumer，关键意见消费者）。一方面，将公域流量引导至私域流量池，沉淀自有用户池；另一方面，对私域粉丝进行会员运营，激活用户，增加复购及粉丝黏性。主播以直播积分作为考评依据，获得奖励或优先资源。

第二，直播电商产品方面，打造可信赖的产品与服务。主播在直播时除了推介眼镜产品，还要重点引导用户体验购买无形的服务，如视光师的医疗服务、眼部健康服务及时尚顾问的优质服务等。通过在直播中科普、种草，引导用户理解时尚品牌，认知产品功能，把流量尽可能转化为更多的销量。

第三，直播电商价格方面，以发放优惠为主。例如，返红包、点赞、刷评论、抽奖等。

第四，直播电商渠道运营方面，公域发声、私域运营。宝岛眼镜8000名员工全注册激活了小红书、美团点评、抖音、快手等App账号，成为公司的账号矩阵。通过培训员工在公域平台种草，穿插眼镜知识进行科普，吸引用户关注公司品牌。宝岛眼镜主要以微信生态圈为承载平台，将公域的矩阵流量导入以小程序、微商城、社群、门店号、云店等为入口的私域流量池，精细化运营。

三、总结启示

第一，突破认知，去平台化，以用户思维运营私域流量。

第二，赋能员工，激活组织，线上线下相结合。

第三、强大的运营能力需要组织的变革，与数字化系统做支持。

第四，企业，不仅要以用户与市场为核心，还要应时而变、顺势而为。

（资料来源：笔者根据多方资料整理而成）

三、直播人才的培养开发

人的学习成长与发展是有规律的，人才的开发与培养也是有其内在逻辑的。在人力资源开发与培养中，思维居于核心与关键地位，然后是个性、性格，最外显的层次是知识与技能。

1. 人才培养的理念

第一，成就他人，成就自己。

我国传统文化讲究“舍得”二字，其意是“有舍有得、先舍后得”。老子提出的“将欲取之，必先予之”，说的都是“成就他人，成就自己”。企业只有帮助员工成长，才能持续成长。玫琳凯作为全球护肤品和彩妆品直销企业，其核心价值观就是“你要别人怎样对待你，你就要怎样对待别人”，从而不仅打造了全球最大美妆品牌，也改变了不计其数的女性命运。奉行“利他精神”的稻盛和夫，不仅创立京瓷，历经50多年基业长青，带领日航走出危机，创造高收益，而且他独创的“阿米巴”组织也是以“利他精神”作为能否成功复制的根基。

也许有人会问，辛辛苦苦劳民伤财培养出来的人才，被别的企业一个个地挖走，值得吗？

其实，这不是值不值得、要不要培养的问题，而是要反问我们自己，我的员工为什么这么容易被挖走？到底是哪里出了问题？可惜的是，总有一些企业在面对员工流失问题时，不懂得从自身查找是哪里做得有问题，找寻解决办法，而是过于强调现在的年轻人没有忠诚度，责怪他们缺乏感恩之心。

我们相信，并不是所有的年轻人都这样。如果一个企业招来的员工总是缺少忠诚度、没有感恩之心，那就需要问问自己：是不是企业的招聘选拔出了问题？就好比一个池子里有一条鱼或几条鱼出现问题，那可能是鱼的问题；如果一池鱼都出了问题，那一定是水的问题。只有问自己正确的问题，才能找出真相。

第二，人各有所长，用人要扬长避短。

管理学中有一种短板理论叫作“木桶理论”。大意是，假如组成木桶的木板长短不一，那么，木桶的容量并不取决于最长的那一块，而是取决于最短的那块。以前“木桶理论”的观点很有市场，基本逻辑就是要想做得好，就要补短板，不断弥补不足。而对于自己的所长，往往不当一回事儿。结果如何呢？我们会发现不论多么努力，进步总是很有限，在别人做起来非常轻松的事，轮到我们做却非常费劲。而我们原本所长的方面，却因为长期受到忽视而生锈。

用人所长，取长补短，也是很多富有经验的管理者的共识。著名管理学家德鲁克在其著作《卓有成效的管理者》一书中表达了相同的观点。全球知名的民意测验和商业调查咨询公司盖洛普公司曾经用了 25 年时间出版了《首先，打破一切常规》一书，在对 8 万多优秀经理人及 100 多万员工的采访过程中，总结出同样的用人观：用人所长，取长补短。

每个人都有自身的天赋所长，只是没有发现而已。专业研究表明，每个平常人平均拥有的不同技能和才干达 500 至 700 种。例如，每个人的大脑能够储存数据可达 100 万亿项，一秒内可以快速处理 15000 个决定。我们很多人以为了解我们自己，其实不然。

社会上还有一些人，尤其是一些年轻人不但不清楚自身所长、能做什么，甚至更不清楚自己想做什么。每当有人问：“你想要的工作长什么样子呢？”他们就会说：“轻松，不要有压力，收入也不错。不过，好像没有这样的工作。”然后又会补充一句：“看人家都在学习，也想学点什么。但又不知道学什么，提不起劲头。”这些话让人听着很无奈。因此，培养人才的方向，专业技能方面其实是容易培养的，引导人认识到自身所长，扬长避短、发挥所长才是更重要的。

2. 人才培养开发的五个方面

很多企业都认识到员工培训的重要性，希望通过培训员工技能，给公司创造更多的价值。但是通常情况是，企业在费尽心思培训后，员工只掌握了所教的知识和技能，而我们所期望的是员工还要具有独立自主分析问题、解决问题的能力，这种差距时有发生。究其原因，还是因为我们没有正确认识人才培养的关键所在。

人才培养分为五个方面：知识、技能、思维、自信心、价值观。

第一，知识的培养。

知识是人类在实践中认识客观世界（包括人类自身）的成果，它包括事实、信息的描述或在教育和实践中获得的技能。企业一般通过新员工培训，介绍公司的产品和业务知识，让其对公司有更多的了解。

第二，技能的培养。

如何划分知识和技能始终是一个难题，这两个概念也一直未得到科学解释。一般认为，技能与知识不同，技能可以看作是将知识加以利用的能力，是通过练习获得的能够完成一定任务的动作系统。就职场而言，随着职业的划分越来越细，每一个职业细分领域或模块都有需要掌握的技能。企业在进行内部技能培训时，一般都是先介绍相关的知识，随后再传授、培训相关操作技能。

第三，思维的培养。

思维以感知为基础，但又超越感知的界限。思维的培训比知识和技能培训更难。奥里森·马登在《这一生，为自己而活》一书中有一句经典名言被广为传颂，即“把自己的思想装进别人的脑袋，把别人的钱装进自己的口袋”，事实上也确是如此。通常意义上的思维，涉及所有的认知或智力活动。管理者通常采取类似“头脑风暴”的主题讨论，让骨干员工自由发表意见，引发思考，锻炼他们发现问题、分析问题及解决问题的能力。

第四，自信心的培养。

自信是成功的第一秘诀，自信的人更容易获得成功。自信来自于自身对知识和技能的充分掌握，这是一个经常被人们忽略的环节。根据“二八法则”，企业的优秀员工只是少数，少数的优秀员工并非都是自信满满，更何况大多数的普通员工们。如何通过培训调动和激发他们的自信心，激发每一个员工自身的潜能，这需要引起管理者和培训组织者的高度重视和认真思考。既不可只盯着优秀员工，“只见树木不见森林”，也不可一视同仁，对所有人只采用一种方法。

企业管理者要尽可能地通过多种途径调动每一个员工的自信心，除了有针对性地培训，还需要组织各种活动，调动和挖掘不同员工身上的潜力和自信心。研究表明，一个人自信与否和年龄、学历、性格等因素无关，而且在高度自信的前提下，企业里每一个员工的潜力都是无限的。

第五，价值观的培养。

企业的价值观看似很虚，但却是一个企业的文化基因。企业价值观通常是指一个企业及其员工的价值取向，是一个企业在追求经营成功过程中所信奉的基本理念和追求的目标。很多企业通过各种培训和活动，塑造企业的组织文化。企业的价值观只有与员工的价值观保持一致，企业和员工的努力才能输出最大的价值。

四、直播人才的能力变现

“能力变现”这四个字，总能让人想入非非。谁都想让自己的能力释放出最大的价值。可真正做到的人，却寥寥无几。究竟怎么做，才能让自身的能力变现呢？

其实，很多人的变现能力，是有限制条件的。很多时候，大多数人在公司所展示的能力，其实只是那个职位的具体技能。一旦离开了这个岗位或公司的平台，可能什么都不是。这种事，经常发生在公司的中层。曾经有一个牛人，之前在一家有名气的设计院工作，职位是项目负责人。行业内很多设计师慕名跳槽到他们设计院，而且明着说想跟着他干。像他这样有能力的人，自然不会满足于当下。适逢职业遇到瓶颈期，他毅然决然辞职自己开起了工作室。最终，在苦苦支撑了半年后又加入找工作的队伍中。用他自己的话说，是市场不好，没有机遇。他可能到现在还没有明白的是，他的那些所谓很牛的专业能力，只有在公司平台上才得以发挥。在平台做有专业能力就行，自己做需要的各项能力更多。换句话说，他的变现能力是受限的，或者说，不是所有能力，都可以变现。

从广义上来说，能力变现也就是一个人赚钱的底层逻辑。如果换一个概念，把“能力变现”换成“变现能力”，可能更容易理解。概括地讲，“变现能力”可以总结为以下三个关键点。

第一，变现技能并不仅仅只有单点技能，而要靠 N 个单点技能组合做支撑。

第二，单点技能组合中的每一个单点技能之间不能太过于分散，必须是围绕某个事件（或产品）形成有序的技能组合。

第三，组合产品化的技能对特定的群体是有价值的，并且愿意付费或参与。

1. 什么样的能力，才可以变现呢

变现，是一种能力。依托互联网与新媒体，结合市场需要成长起来的互联网数字经济模式，从一开始就带动了一部分人找到了属于自己的变现途径。很多人因此成为自由职业者，靠着自己“独有的能力”来变现、赚钱、养活自己。

有这么一个案例，讲的是一个女生。她勇敢地放弃了从事12年的建筑设计工作，转行做了一名保险经纪人。保险行业尽管在国外属于很风光的职业，赚钱多而且工作自由，但在国内这些年的表现一直存在争议。在众人质疑的眼光中，她别出心裁制作了一份海报，标题很吸引人的眼球，“连续加班60小时的建筑师为何不怕死？工作了12年的美女建筑师，为你解密”，然后利用自媒体渠道，群发在自己以前加入的建筑行业微信群里。海报内容也都是关于建筑师这一职业的竞争压力、职场困境，以及面对高强度加班和压力如何善待自己等，当然最后也顺其自然讲了保险的作用。随后几天，很多看过她推荐海报的人成为了她的保险客户。究其原因，就是她现身说法，让人明白了能力变现的底层逻辑。这个案例告诉我们，能让你变现的不是专业技能，而是专业技能背后的变现能力。

那么，可以变现的能力，到底是什么样的呢？可以变现的能力，类似洋葱，需要层层剥开才能显现。我们常说的能力，如设计、英语、演讲、画画、写作等，都可以说是洋葱的内芯，是变现能力的小内核。我们需要以此为原点，不断地扩大它。让它变成复杂的“变现能力”。

我们也可以说，这就是一个小原理：能力根据地原理。在原有核心竞争力的基础上，逐渐拓展和强化核心能力，通过合适的途径和渠道对外进行输出，只要能被外界了解并接受，就离变现不远了。

2. 能力变现战略

也许有人会问，作为普通人，在工作模式下的能力变现形式方面，时间风险的问题该如何破解呢？

金融学术语中，有一个词叫风险对冲，说的是投资中的一种思路，这种思维模式也可以借用在人生时间格局中。如果人的寿命按平均75岁来算，我们一生的时间就是75×365×24=657000小时，在这65.7万小时中只有约8万小时为工作时间，其他的非工作时间就可以充分利用，通过慢慢打造第二种属于自己的能力变现模式，用来对冲第一种模式的风险。网络历史小说《明朝那些事》的作者当年明月，真名石悦，他的本职工作是一名海关公务人员，他用3年时间在工作之余写作出版了7本历史小说，而且畅销10余年，仅仅版权收入就高达4千余万元。其3年工作收入与其写作能力变现收入相比差了近千倍！

有人可能会说自己没什么能力，更别说写作了，怎么去变现呢？

对于能力变现，我们不妨从以下三个关键的战略认知方面去理解。

第一，能力是可以提升的。

很多人会认为自己没法变现，是因为本身没有什么能力。乍一听有点道理，其实不然。没能力是借口，没想法才可怕；没能力是可以花时间去打造，没有想改变的意愿才可悲。如果我们想靠某项能力去赚钱，那就用3到5年的时间去培养这项能力，相信5年后绝对可以，怕就怕还没有去用心打磨，就拿自己零基础的能力去和别人积累了3到5年的能力相比较，显然是不行的。高手的战略是首先相信能力是可以通过打磨进行提升的，然后再通过持续不断地迭代，提升自己的能力到一个又一个新的高度。

第二，能力是相对的。

研究发现，世界上聪明人加上愚笨的人只有不足10%，普通人超过90%。这90%的普通人里，个人能力结构上也不是绝对相同的，如一位厨师不会说英语，一位音乐教授不擅长写作，一位画家不会修电脑。

这个世界上能力都是相对的，既没有一无所长的废人，也不存在什么都会的超级天才。每个人的能力优势都是相对的，我们只要找到属于自己的优势，持续地经营好它就很不简单了。即便拥有再平凡不过的蒸米饭能力，你也可以像日本的桥本隆志那样一年赚15亿日元。哪怕你的能力就是整理房子，也可以像“断舍离”教的“教主”、日本作家山下英子一样写出畅销几百万册的《断舍离》。

第三，变现才是关键。

很多人总是认为自己没有什么能力，信心不足，纠结于反复与别人的比较之中。其实能力变现的关键不是能力，而是变现。就拿打游戏来说，看起来这算得上什么能力呀！但是有一种叫作游戏代练的职业，一年的工资可以超过普通人的几倍。

互联网时代背景下，你只需要做好一件事：升维学习，降维变现。可以说长尾效应下，任何能力都有需求。学习成功的人，想办法提升自己，再寻找有需求的目标客户，将学习形成的能力和经验卖给他们变现。

总而言之，能力是可以提升的，能力是相对的，能力要变现才是关键。升维学习，降维变现，是变现的商业逻辑。同时，个人能力变现的两个核心是将能力产品化和打造属于自己的个人 IP 品牌。由于开展课程输出的形式是能力产品化的最佳路径选择，要实现能力定位和个人品牌定位，还要搭建自己的流量池，经常通过自媒体平台开展内容输出。然后，再凭借自有的流量池，提升转化率，初步完成好个人能力变现的系统搭建。

章末案例

当直播照亮疫情

2020 年新年伊始，突然而至的新冠肺炎疫情让全球蒙上阴影。人类在突如其来的疫情面前，陷入前所未有的恐慌之中，世界交往仿佛按下了暂停键，全球经济好像挂上了倒车挡。

人们在自保的同时，积极寻求自救的办法和路径。当线下活动空间受到限制，无限宽广的网络世界给我们的生活带来了希望。无数依赖线下客源的企业和商家开始寻找新的出路，借助网络直播刚刚兴起的直播带货被迅速燃爆，成为了疫情之下传统行业转型与自救的有效途径。

直播经济是一种数字经济下的新业态模式，借助移动互联网技术与直播相结合，从而产生经济效应的线上经济消费方式。直播带货、直播电商是常见的直播业态模式。

新冠肺炎疫情防控期间，线下活动受阻，人们的物质需求与精神需求均无法得到正常满足，线上活动成为解决问题的有效途径。各种形式的直播活动层出不穷，笔者就曾在疫情初期针对疫情防控期间企业与个人如何规避风险做了线上直播。

同时，商家和用户的需求在遥遥无期地等待中被激发，在与病毒进行斗争的过程中也被不断地放大，2019 年兴起的直播带货成为当时最合适的出口。线上直播间不受空间距离的影响，打通商家与消费者的购物连接。商家不用到处推销，还通过直播扩大了传统产业的销售半径；消费者不用出门，线上直接浏览筛选，省去了时间与交通成本。直播行业在疫情催化下成为复工复产复市的重要推手，带动就业、激发生产与消费，呈现出井喷式发展势头。

就直播经济的特点来看需要注意以下四点。

一是规模巨大，参与者众多。据相关机构统计，截至 2020 年年底，我国直播电商市场规模超 1.2 万亿元，直播电商用户规模 3.88 亿人，直播电商相关企业累计注册有 8862 家，企业自播成为直播电商新趋势。

二是重构了传统分销渠道，变革了供应链。直播电商重构了传统分销渠道，跳过中间商，直连工厂与消费，倒逼供应链提高定制能力，缩短了环节。制造商与上游的合作程度更深，倒推生产周期按需生产，压缩生产成本，降低库存风险，提高产品利润，形成按需生产的正向循环与三方共赢。

三是直播人才良莠不齐，专业人才缺口很大。据统计，直播行业主播的从业人数已经达到 123.4 万人，呈现年轻化、分布集中、收入高的特点，并逐渐趋向从一线城市向二、三线城市下沉。但大多数直播行业人才良莠不齐，专业人才缺口依然很大。随着国家人社部对直播人才职业分类的进一步细化，直播人才相关技能标准将更加完善，并逐步实现直播人才专业化和持证上岗。

四是行业发展有待进一步规范。随着直播电商运营的不断精细化，服务商不断细分化、垂直化，直播行业将摆脱快速发展过程中野蛮生长的阶段，在更加规范的政策引导和行业规范下，加快形成健康、有序、良性的发展局面。

“祸兮福所倚，福兮祸所伏”。新冠肺炎疫情突如其来，直播电商乘势而上。直播行业的发展在庞大的市场需求推动下，在技术和资本加持下势不可挡。未来直播电商的预期市场规模更大，2023 年估计将超过 4.9 万亿元。直播行业生态圈逐步完善，出现以企业自播崛起为代表的多元化直播业态变化。直播电商对供应链的赋能，将长期驱动供应链变革与产业链延伸。直播人才的专业化将是直播行业发展的必然，持证上岗为期不远。大数据助力直播电商运营和发展精细化的同时，将有效防止现有直播行业税务漏洞行为，行业规范势所必然。

（资料来源：笔者根据多方资料整理而成）

本章小结

直播时代的到来，催生了“全民皆主播”“万物皆可播”的直播行业大爆发场景。电商直播重构了传统的“人、货、场”购物模式，从“人找货”到“货找人”，看似简单的异位，实际上是突出了“人”的重要性。这里的“人”除了用户，还有可以带货的“人”，也就是主播。事实证明，一个优秀的主播通过一定时间内直播带货所带来的销售额，超过了很多传统门店和商场在相应时间内的销售额总和。这就是直播人才的魅力！

针对直播人才这一新业态下的新职业和新人才，总结直播行业的人才生态和规模分布，精准定位直播人才的群体特点和人才画像，方可探索长效的直播人才培养机制，助推直播行业可持续发展。

第二章

直播人才标准体系

直播只是带货？人才培养先要正本清源。

——《工人日报》

直播人才是直播经济的产物，客观上又反过来支撑和推动了直播行业的发展。直播行业的逆势增长吸引了越来越多的人尤其是年轻人参与其中，创造了大量的新增就业机会。在经过了前期行业野蛮生长和无序竞争之后，直播行业渐趋规范，直播人才也有了官方的认可。

开章案例

抖音——从社交内容平台到直播电商布局

当今社会，直播已经不再是新鲜事物，而是变成人们习惯的一种生活方式。抖音，作为今日头条孵化的一款社交平台软件，开始被越来越多的人关注，尤其是年轻人，这些年轻人群体构成抖音海量的、潜在观看直播的用户基础。目前移动互联网行业的众多平台里，抖音仍是保持持续增长的为数不多的平台之一，因为抖音以“内容＋娱乐社交”为特色，具有天然的流量优势。

在新冠肺炎疫情防控期间，抖音直播带货将平台庞大的流量进行商业转化，实现流量变现。随着平台用户出现爆发式增长，抖音 App 成为电商最热门的掘金地。

一、公司概况

抖音 App 上线于 2016 年 9 月，由今日头条孵化，软件定位为音乐短视频社交类，用户群体定位为年轻人群体。抖音由于产品定位清晰，短视频同时兼具娱乐性与创意性，产品一上线便迅速吸引大批年轻人关注，短时间内快速成为今日头条战略级产品，今日头条把最核心的算法优势用到抖音上助力其快速发展。

2017 年，抖音与今日头条斥巨资收购了北美同类平台 Musical.ly。

2018 年 6 月，抖音通过系统升级，吸引首批 25 家央企集体入驻；同年 8 月，抖音正式启动平台认证 MCN 及星图服务商的合作与认证计划。

2019 年，抖音与央视、新华社合作开展主题活动。

2020 年，抖音签约罗姓名人，成为其独家直播带货平台。

2021 年，抖音二次与央视春晚合作，并于同年 5 月官宣对未成年人实名认证。

二、抖音直播电商生态

直播带货为抖音提供了探索商业变现的新思路。抖音通过与淘宝、京东、唯品会等平台的合作，以线上流量扶持及线下自建供应链等形式，优化直播电商布局，构建抖音直播电商生态。

一是构建直播生态。

抖音平台为构建直播生态，一方面保证头部主播的稳定发展，在流量上扶持小主播与新主播；另一方面与公会联手，完善公会服务体系，打造公会生态共同体。事实证明，抖音平台在直播生态上，既兼顾头中尾健康发展，又提升了公会的运营功能。

2018 年，抖音与淘宝的联合，开通购物车功能，支持淘宝链接跳转，迈出抖音布局电商、推动流量变现的第一步。2019 年 1 月，“好物联盟”扶持达人，接入头条放心购平台。同年 4 月，开通上线小程序电商，连通京东、唯品会等平台。2020 年，建立上线抖音小店独立商家，直播间切断第三方平台链接。

二是解决布局难题。

抖音平台利用流量优势，构建直播电商生态闭环，是大势所趋。但是由于抖音平台自带的娱乐＋社交属性，在布局直播电商时还面临两大挑战难题，即如何实现优质内容与流量变现？如何解决独立供应链与商品 SKU（库存量单位）的矛盾？

抖音本质上是娱乐性社交内容平台，自带流量优势。根据专业机构提供的数据，抖音 DAU（日活跃用户数量）在 2020 年 9 月已达 5.27 亿人，DAU 与强大的流量赋予抖音较低的直播获客成本，形成平台天然竞争优势。

入局电商后，抖音持续探索流量变现路径，现形成以直播、POI（兴趣点）、购物车、抖音小店为核心的产品矩阵，连接线上线下，赋能直播商家，如图 2-1 所示。

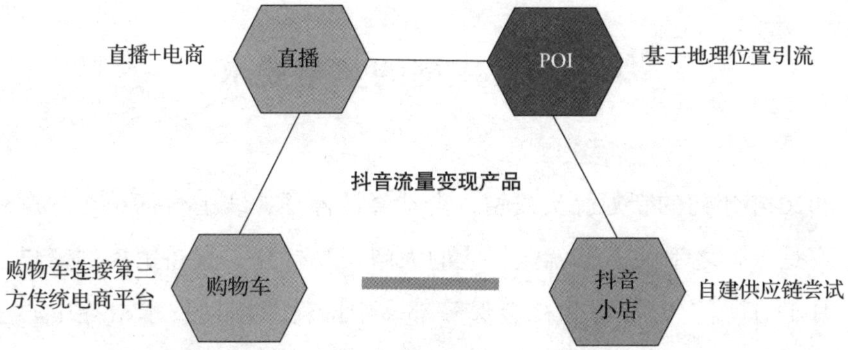

图 2-1　抖音商业变现产品矩阵

近期，抖音出台一系列举措，如出台针对抖音小店商家的政策，禁止第三方商品链接进入直播间等，全力布局抖音直播电商生态。从效果来说，也很明显。2019 年抖音红人商品橱窗前百位排名中，超过 80% 来自淘宝；2020 年第三季度，抖音直播商品链接中，来自抖音小店的份额将近 96%。

抖音在初建自有供应链时，商品 SKU 必然会受到影响。而抖音用户心智也需要有一个从娱乐内容平台到“娱乐内容＋电商”平台转型，或者是用户心智重塑的过程。从这一点来说，抖音的直播电商生态布局已初步完成，但还有待于进一步完善与成熟。

三、总结启示

从社交内容平台到直播电商，抖音顺应时势，依托平台自有流量及供应链闭环完成直播生态的布局，并明确了强化品牌自播的目标。2021年，抖音将全年GMV目标定为万亿元，而且将抖音小店成交目标定为要达到40%比例。此外，抖音提出了电商合作伙伴UP计划，全面应对直播电商行业平台大战。

（资料来源：笔者根据多方资料整理而成）

第一节　主播的基本要求

2020年年初的新冠肺炎疫情，全球经济停摆，线上直播销售却意外飙升。像是上帝之手关上了就业创业的大门，又打开了直播销售的窗户。同年5月11日，人力资源和社会保障部、中国就业培训技术指导中心、职业技能鉴定中心联合发布《关于对拟发布新职业信息进行公示的公告》，公告称拟发布新职业、新工种及调整的职业（工种）信息。拟新增职业“互联网营销师”下又增设“直播销售员”工种。这是“直播人才”第一次作为职业分类进入到官方的职业目录中。

经过1年多的专家评审论证与行业协会的共同努力，也是为了落实国家推行终身职业技能培训的要求，2021年6月17日，人力资源和社会保障部正式发布了《关于〈互联网营销师国家职业技能标准（征求意见稿）〉等21个职业标准公开征求意见的通知》，向社会公开征求关于“互联网营销师”等21个国家职业技能标准的意见。国家人社部的公告表明，经过市场初期的野蛮发展和探索创新，“直播人才”将拥有自己的人才标准，告别以往门槛低、鱼龙混杂的局面，成为具有国家职业技能标准体系的新型职业和新型人才。

参照2021年版《互联网营销师》国家职业技能标准，我们可以将互联网营销师做出如下职业定义：以数字化信息平台为载体，以网络的交互性为手段，借助传播公信力进行企业产品营销推广的人员。互联网营销师职业下设的四个工种为选品员、直播销售员、视频创推员、平台管理员。

互联网营销师共设五个等级，分别对应初级工、中级工、高级工、技师、高级技师。其中，选品员、直播销售员、视频创推员三个工种设五个等级。平台管理员设三个等级，只有五级对应的初级工、四级对应的中级工及三级对应的高级工。

对互联网营销师的申报条件，相关职业要求涵盖的范围包括电子商务师、营销员、广告设计师、管理咨询专业人员、会展策划专业人员等25种职业。[①]

对相关专业要求的范围涵盖市场营销类、电子商务类、工商管理类、播音主持类、设计与制作类等70种专业。[②]

---

① 相关职业：电子商务师、营销员、市场营销专业人员、商务策划专业人员、广告设计师、品牌专业人员、文化经纪人、播音员、讲解员、节目主持人、数字媒体艺术专业人员、网络编辑、摊商、经济与代理专业人员、管理咨询专业人员、数据分析处理工程技术人员、装饰美工、印前处理和制作员、制图员、商业摄影师、演出监督、陈列展览设计人员、导游、会展策划专业人员、会展设计师等，下同。

② 本专业或相关专业：市场营销、市场营销教育、电子商务、电子商务及法律、跨境电子商务、工商管理、计算机动漫与游戏制作、客户信息服务、网站建设与管理、广播影视节目制作、播音与节目主持、影像与影视技术、戏剧表演、动漫游戏、网页平面设计、数字影像技术、工艺美术、国际贸易实务、国际经济与贸易、国际商务、经济信息管理、商务经济与代理、市场营销、广告策划与营销、移动商务、网络营销、艺术设计、广告设计与制作、产品艺术设计、公共艺术设计、包装艺术设计、工艺美术品设计、动漫设计、游戏设计、人物形象设计、表演艺术、文化创意策划、数字媒体艺术设计、新媒体艺术、广播电视编导、播音与主持艺术、动画、网络与新媒体、戏剧影视导演、时尚传播、广告学、影视技术、影视摄影与制作、摄影、录音艺术、音乐表演、舞蹈表演、戏剧影视文学、表演、戏剧影视美术设计、美术学、绘画、包装设计、产品设计、视觉传达设计、环境设计、数字媒体艺术、艺术设计学、公共艺术、文化产业管理、导游服务、会展服务与管理、会展策划与管理、旅游管理、会展经济与管理等，下同。

根据国家人社部对互联网营销师的要求，结合市场的实际情况，直播主播的基本要求，可以分为职业道德、基础知识和工作要求三个方面。

一、职业道德

职业道德，顾名思义就是指从业人员在从事职业相关活动中应该遵循的行为准则和要求。首先，职业道德与人们的职业活动紧密联系在一起，是人们在职业活动过程中的非强制性的、基于职业需要的一种内在约束机制；其次，职业道德又离不开社会道德的范畴，是社会道德在职场的延伸和具体化，也是该行业应当承担的基于社会一般要求的道德责任与义务。

除了与社会道德及一般的道德有密切联系外，职业道德也有自己的特征：一是行业性特征。职业道德准则要体现职业行为上的职业责任与义务。二是连续性特征。职业道德既有发展、演变，又有连续及历史继承性。三是规范性、实用性特征。职业道德的具体要求要以规定的形式呈现，如工作守则、条例、制度、章程、公约等。四是时代性、社会性特征。职业道德不是独立存在的，是以社会道德为依托，具有社会性的道德规范，而且随着时代的变化，职业道德还具有时代性特征，并与当时社会道德的普遍要求相一致。

在职业道德特征的基础上，职业道德及职业操守还应当体现在四个方面：一是遵纪守法，诚实守信；二是恪尽职守，勇于创新；三是钻研业务，团队协作；四是严控质量，服务热情，如图 2-2 所示。

结合职业道德守则，职业道德的基本规范应包含以下五个方面的内容。

一是爱岗敬业。

爱岗敬业是中国特色社会主义职业道德的基本规范，具体体现是集体主义精神与为人民服务。爱岗就是热爱本职工作和岗位，是一种对工作态度的普遍要求。敬业就是尽职尽责、忠于职守，严肃认真地对待本职工作。爱岗才能敬业，敬业才能体现爱岗，热爱工作、敬业乐群是为人民服务精神在工作中的具体体现。

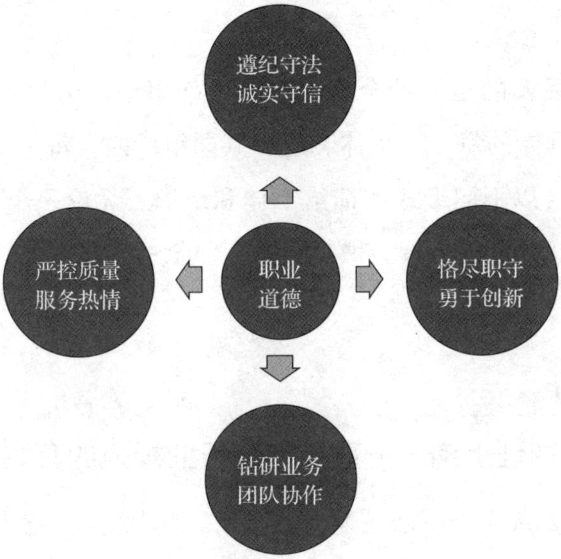

图 2-2　职业道德特征

二是诚实守信。

诚实，就是忠诚老实，不讲假话。诚实是做人的基本准则，忠实于事实，不篡改、不歪曲；忠诚于自己的真实思想，不隐瞒、不编造。反对口是心非，弄虚作假，趋炎附势，投机取巧。守信，就是言必行、行必果。信守诺言，勇于承担应尽的义务。诚实才能守信，守信才体现诚实。对于任何一个有自尊心的人来说，诚实守信是自我约束的基本，既是一种人生美德，也是一种社会公德。

三是做事公道。

公平公正是个人道德修养范畴，也是职业道德的基础。做事公道就是要在做事或处理问题时公平公正，以统一原则及统一标准办事。不能利用职权谋私利、徇私情，或者公权私用、打击报复、党同伐异等。

四是服务群众。

服务群众是中国特色社会主义集中表现的为人民服务精神。依靠人民群众，时刻为群众着想，这是职业与人民群众关系的体现，说明人民群众主要是工作的服务对象。

五是奉献社会。

奉献社会强调的是一种全身心投入工作事业，为社会做出贡献的精神。社会是由具体的每一个个体和组织共同组成的，每一个个体和组织对社会的贡献又会以不同形式回馈给个体和组织。无论一个人在哪个岗位，从事哪项工作，都可以为社会做出贡献，奉献社会是人类社会发展进步的共同基石。

专栏 2－1

持证上岗——直播电商行业规范的开始

2019 年被公认为是“直播电商元年”，全国各大直播电商平台相继推出直播带货模式，直播＋电商相结合迅速引发直播行业与销售行业大变局。在当年的双十一期间仅淘宝直播带货就接近 200 亿元，直播带货开始深度改变人们的消费习惯，成为营销新风口。2020 年被称为“圈外人入局直播带货元年”，受新冠肺炎疫情影响助推直播带货进一步火爆，除了各大平台主播，各路明星、名嘴、企业家、店铺等都纷纷参与其中。随着入局玩家大幅增长，直播电商行业开始乱象丛生，各类翻车现象频频发生，政府、媒体、行业协会针对直播带货的监管随之出台，对主播职业标准与持证上岗的呼声也与日俱增。

一、持证上岗的重要性

持证上岗，实际上是一种基于岗位技能标准或任职资格的管理模式，是对岗位从业人员提出的必须具备该岗位规定的政治、业务与技能条件的最基本要求。岗位证书就是岗位从业人员满足这些要求的资格证明或职业技能等级证书。

实行持证上岗制度，是对岗位专业人员的管理制度。持证上岗的重要性体现在几个方面：一是统一职业技能标准。针对岗位从业人员的资格准入条件，制定相关技能标准进行培训，保证从业人员的基本素质。二是可以提升从业人员的素质。通过规范的培训与考证，调动从业人员对专业知识的学习，有利于加强专业人员队伍建设。三是健全和完善专业人员评价管理体系。开展全国统一的资格考证认证，完善人才评价机制，有利于对人才资源的有效开发与管理。四是发挥市场在人力资源配置中的基础作用，促进行业进一步发展。

直播行业作为新兴行业，在推动经济发展的同时，创造了大量的就业机会。直播从业人员的年轻化是行业的典型特征之一，如何让这些年轻的从业者更加专业化，促进行业的健康、有序、可持续发展？这是全社会需要共同关心与关注的问题。

二、直播电商职业规范历程

从中国网络治理的大背景来看，直播平台“持证上岗”是实现常态化管理的必然趋势。

2016 年 9 月，《关于加强网络视听节目直播服务管理有关问题的通知》由国家新闻出版广电总局发布，是要求网络视听节目直播机构依法开展直播服务而制定的法规。

2019 年 1 月 28 日，《网络直播平台管理规范》由湖北省标准化学会、武汉市软件行业协会和武汉斗鱼网络科技有限公司联合发布，这是中国直播行业的首个标准规范。

2019 年 6 月 8 日，《视频直播购物运营和服务基本规范》和《网络购物诚信服务体系评价指南》由中国商业联合会媒体购物专业委员会牵头起草并发布。这两项标准对直播行业提出了五个方面的限制要求，包括直播从业资质、主播年龄限制、直播商品体验、视频保存时限和直播带货定性。

2019年7月1日，中国广告协会发布的《网络直播营销行为规范》正式实施。

2019年10月29日，《关于加强“双11”期间网络视听电子商务直播节目和广告节目管理的通知》由国家广播电视总局发布。

2020年5月11日，中国就业培训技术指导中心、人力资源和社会保障部、职业技能鉴定中心联合发布《关于对拟发布新职业信息进行公示的公告》。

2020年8月，《广州市花都区直播电商发展扶持办法（2020—2022）》由广州市花都区出台，和大部分约束性监管政策不同，这是地方政府扶持直播电商的鼓励政策。

2020年10月20日，《网络交易监督管理办法（征求意见稿）》由市场监管总局公布。

2020年11月12日，国家广播电视总局发布《关于加强网络秀场直播和电商直播管理的通知》。

2021年6月16日，关于《互联网营销师国家职业技能标准（征求意见稿）》由人力资源和社会保障部发布。

2021年11月25日，《互联网营销师国家职业技能标准》由人力资源和社会保障部、中央网信办和国家广播电视总局正式颁布。

人社部曾预测，到2025年，新职业“互联网营销师”的人才需求缺口可达4000万人。

三、总结启示

自2014年至今，国务院分批次陆续取消了400多种各类证书，但是同时也顺应趋势按程序对国家职业资格目录清单进行适时调整。社会上的考证热不仅没有降温，反而在一定程度上加深了考生对于证书的认识，职业资格的认定将越来越规范，新的证书也会越来越难考。《互联网营销师国家职业技能标准》的发布，将有利于为主播的信任进行背书，客观上引导和促进主播加强素质培训与法律法规知识学习；进一步促进直播电商行业扩大新职业认知；增加灵活就业人群；逐步引导及规范直播销售等从业人员持证上岗，推动互联网营销行业规范健康发展。

（资料来源：笔者根据多方资料整理而成）

二、基础知识

根据《互联网营销师国家职业技能标准》，结合直播行业的具体情况，直播人才的基础知识涉及以下几个方面。

1. 计算机及网络应用知识

（1）计算机及移动设备操作相关知识。

（2）网络应用相关知识。

2. 营销基础知识

（1）营销学基本概念。

（2）互联网营销定义和分类。

（3）互联网营销传播特点。

（4）互联网营销策略及主要方法。

3. 传播内容制作基础知识

（1）摄影、录像拍摄基础知识。

（2）图片、视频编辑制作基础知识。

（3）视听语言表达基础知识。

（4）新媒体应用知识。

4. 产品基础知识

（1）产品分类知识。

（2）产品质量知识。

（3）特殊产品宣传知识。

5. 安全基础知识

（1）网络信息安全知识。

（2）设备及操作安全知识。

（3）场地环境安全知识。

6. 相关法律、法规知识

（1）《中华人民共和国劳动法》相关知识。

（2）《中华人民共和国合同法》相关知识。

（3）《中华人民共和国劳动合同法》相关知识。

（4）《中华人民共和国网络安全法》相关知识。

（5）《中华人民共和国广告法》相关知识。

（6）《中华人民共和国商标法》相关知识。

（7）《中华人民共和国产品质量法》相关知识。

（8）《中华人民共和国消费者权益保护法》相关知识。

（9）《中华人民共和国反不正当竞争法》相关知识。

（10）《中华人民共和国价格法》相关知识。

（11）《中华人民共和国电子商务法》相关知识。

（12）《中华人民共和国知识产权法》相关知识。

（13）《中华人民共和国食品安全法》相关知识。

（14）《互联网直播服务管理规定》相关知识。

（15）《关于加强网络直播营销活动监管的指导意见》相关知识。

（16）《网络交易监督管理办法》相关知识。

三、工作要求

如果按照人社部“互联网营销师”的职业分类，直播主播的工作要求对应的应该是“直播销售员”的职业技能标准，结合直播行业的具体情况，其职业功能应当包含工作准备、直播营销和售后与复盘三个方面。根据直播销售员不同等级的划分和工作要求，可以看出，技能和知识相关要求从低到高依次递进，且高级别要求涵盖低级别。

因直播销售员为互联网营销师的职业方向之一，但又与其他三个职业方向有着密不可分的关系，为了便于表述和识别，特将互联网营销师的四个职业方向：选品员、直播销售员、视频创推员和平台管理员，分别以A、B、C、D标示。各工种单独考核项在表中用A、B、C、D标示，未标注的为共同考核项。

1. 五级 / 初级工

直播销售员考核第1、4、7项职业功能；选品员考核第1、2、3项职业功能；视频创推员考核第1、5、7项职业功能；平台管理员考核第1、6、7项职业功能，如表2-1所示。

表 2-1　五级 / 初级工的工作要求

职业功能	工作内容	技能要求	相关知识要求
1. 工作准备	1.1 宣传准备	1.1.1 能搜集产品图文素材（ABC） 1.1.2 能使用网络搜索工具核实、整理产品素材信息 1.1.3 能发布产品图文信息预告	1.1.1 产品图文素材搜集方法 1.1.2 网络搜索工具使用方法 1.1.3 产品图文信息发布技巧

续表

职业功能	工作内容	技能要求	相关知识要求
1. 工作准备	1.2 设备、软件和材料准备	1.2.1 能连接硬件设备（BCD） 1.2.2 能下载安装直播软件（ABD） 1.2.3 能下载安装视频平台软件（C） 1.2.4 能按照直播计划准备直播样品（A） 1.2.5 能根据直播计划选择道具、场地（BD）	1.2.1 硬件安装调试方法 1.2.2 直播软件下载安装方法 1.2.3 视频平台软件下载安装方法 1.2.4 直播样品搜集方法 1.2.5 道具、场地选择方法
	1.3 风险评估	1.3.1 能提出断网、断电等简单故障解决方法 1.3.2 能判断营销过程中法律、法规风险	1.3.1 断网、断电等故障的解决方法 1.3.2 营销过程中法律、法规的风险判断方法
2. 产品信息收集	2.1 市场调研	2.1.1 能收集和汇总销售产品相关信息 2.1.2 能收集和汇总产品营销方案的相关信息	2.1.1 产品销售信息收集和汇总方法 2.1.2 产品营销方案收集和汇总方法
	2.2 样品搜集	2.2.1 能选择销售产品的样品 2.2.2 能跟踪和查询样品寄送进度 2.2.3 能记录样品到达时的状态信息	2.2.1 样品选择方法 2.2.2 物流信息查询方法 2.2.3 样品到达要求的记录方法
3. 产品确定及规划	3.1 样品试用及分析	3.1.1 能试用样品 3.1.2 能对比分析产品信息与样品的差异点	3.1.1 样品试用注意事项 3.1.2 产品信息与样品的对比方法
	3.2 营销卖点分析	3.2.1 能汇总产品的优缺点 3.2.2 能根据产品特点编写产品介绍	3.2.1 产品优缺点汇总方法 3.2.2 产品介绍的编写方法
	3.3 商谈合作方式	3.3.1 能商议产品的报价 3.3.2 能与商家签订合作协议	3.3.1 产品报价商议方法 3.3.2 合作协议的主要内容和签订方法
4. 直播营销	4.1 直播预演	4.1.1 能将产品特性整理成直播脚本 4.1.2 能根据脚本进行直播彩排	4.1.1 直播脚本编写方法 4.1.2 直播彩排方案制定方法

续表

职业功能	工作内容	技能要求	相关知识要求
4. 直播营销	4.2 直播销售	4.2.1 能介绍销售产品的基本特性及卖点 4.2.2 能对销售产品进行展示 4.2.3 能引导用户下单	4.2.1 产品特性及卖点的介绍技巧 4.2.2 销售产品的展示方法 4.2.3 引导用户下单的技巧
5. 视频创推	5.1 视频制作	5.1.1 能根据脚本使用手机软件拍摄产品 5.1.2 能在拍摄过程中呈现产品的特征 5.1.3 能在社交平台上保存拍摄的视频内容	5.1.1 手机软件拍摄方法 5.1.2 产品特征呈现技巧 5.1.3 视频保存方法
	5.2 视频推广	5.2.1 能按照平台要求上传视频 5.2.2 能按照平台要求发布视频 5.2.3 能通过社交工具等方式推广视频内容	5.2.1 视频上传及发布方法 5.2.2 视频热词设立技巧 5.2.3 推广功能的使用方法
6. 技术支持与互动管理	6.1 技术支持	6.1.1 能测试网络环境 6.1.2 能测试直播设备 6.1.3 能发布产品链接	6.1.1 网络环境测试方法 6.1.2 直播设备测试方法 6.1.3 产品链接设置方法
	6.2 互动管理	6.2.1 能使用评论、回复等功能与用户进行沟通 6.2.2 能使用后台功能管理评论	6.2.1 用户沟通的原则及要求 6.2.2 后台管理功能的操作方法
7. 售后与复盘	7.1 售后	7.1.1 能查询产品的发货进度 7.1.2 能处理用户反馈的问题	7.1.1 发货进度查询方法 7.1.2 投诉问题的处理方法
	7.2 复盘	7.2.1 能采集营销数据 7.2.2 能统计营销数据	7.2.1 数据采集方法 7.2.2 统计软件使用方法

2. 四级 / 中级工

选品员考核第 1、2、3 项职业功能；直播销售员考核第 1、4、7 项职业功能；视频创推员考核第 1、5、7 项职业功能；平台管理员考核第 1、6、7 项职业功能，如表 2-2 所示。

表 2-2　四级 / 中级工的工作要求

职业功能	工作内容	技能要求	相关知识要求
1. 工作准备	1.1 宣传准备	1.1.1　能制定产品素材搜集计划（A） 1.1.2　能制作产品专属宣传素材（ABC） 1.1.3　能执行跨平台宣传计划（BCD） 1.1.4　能制定宣传数据监控方案（D） 1.1.5　能运用工具对素材进行转码（D）	1.1.1　素材搜集计划的制定方法 1.1.2　制作宣传素材的方法 1.1.3　执行跨平台宣传的方法 1.1.4　数据监控方案的主要内容 1.1.5　音视频转码的方法
	1.2 设备、软件和材料准备	1.2.1　能盘点样品库（A） 1.2.2　能制定样品（道具）搭配计划（ABC） 1.2.3　能制定出镜者形象方案（BC） 1.2.4　能根据销售需求选择硬件设备（D） 1.2.5　能完成多种设备的搭建与联调（D）	1.2.1　样品库的盘点方法 1.2.2　样品（道具）的搭配方法 1.2.3　出镜者形象方案的制定方法 1.2.4　硬件设备的选择方法 1.2.5　设备搭建与联调的方法
	1.3 风险评估	1.3.1　能评估团队协作风险 1.3.2　能制定并执行风险应对计划	1.3.1　团队协作风险的预判方法 1.3.2　风险应对计划的制定方法
2. 产品信息收集	2.1 市场调研	2.1.1　能收集产品的溯源信息 2.1.2　能根据产品进行用户调研 2.1.3　能对竞品进行调研	2.1.1　产品溯源方法 2.1.2　产品及用户调研方法 2.1.3　竞品调研方法
	2.2 调研结果分析	2.2.1　能对采集到的信息进行分类 2.2.2　能对采集到的信息进行比对	2.2.1　信息分类方法 2.2.2　信息比对的内容
	2.3 样品搜集	2.3.1　能根据营销方案提出样品的具体要求 2.3.2　能对收到的样品进行分类管理并制定试用计划	2.3.1　样品要求的提出方法 2.3.2　样品分类的管理方法和样品试用计划的制定方法
3. 产品确定及规划	3.1 样品试用及分析	3.1.1　能比对样品试用后效果与产品描述之间的差异 3.1.2　能比对产品在不同平台间的价格并进行分析	3.1.1　样品体验方法 3.1.2　平台搜索技巧
	3.2 确定营销卖点	3.2.1　能结合自身营销定位选择适合的产品 3.2.2　能结合自身营销定位编写产品的营销话术	3.2.1　营销定位的方法 3.2.2　产品营销话术的编写方法

续表

职业功能	工作内容	技能要求	相关知识要求
3. 产品确定及规划	3.3 确定合作方式	3.3.1 能根据产品特性提出合作建议 3.3.2 能设计合作方式的结算方案	3.3.1 合作建议的主要内容 3.3.2 结算方案的设计方法
4. 直播营销	4.1 直播预演	4.1.1 能编写团队协作的直播脚本 4.1.2 能根据直播脚本测试营销流程	4.1.1 团队协作的直播脚本编写要求 4.1.2 营销流程的测试方法
	4.2 直播售卖	4.2.1 能使用营销话术介绍产品特点 4.2.2 能介绍平台优惠及产品折扣信息	4.2.1 营销话术的表达技巧 4.2.2 平台优惠及产品折扣的介绍方法
5. 视频创推	5.1 视频制作	5.1.1 能制定拍摄方案 5.1.2 能对拍摄素材进行分类管理 5.1.3 能对素材进行剪辑并导出	5.1.1 拍摄方案的制定方法 5.1.2 拍摄素材管理方法 5.1.3 素材剪辑方法
	5.2 视频推广	5.2.1 能搜集整理互联网推广渠道 5.2.2 能用推广工具增加视频观看、互动等指标	5.2.1 推广渠道搜集方法 5.2.2 推广工具使用方法
6. 技术支持与互动管理	6.1 技术支持	6.1.1 能根据直播计划整理设备清单 6.1.2 能排除现场设备故障 6.1.3 能在直播界面配置功能 6.1.4 能将企业提供的产品素材上传至直播间	6.1.1 设备选择的要求 6.1.2 设备故障的排除方法 6.1.3 直播间功能配置方法 6.1.4 产品素材的上传方法
	6.2 互动管理	6.2.1 能制定互动管理规则 6.2.2 能建立互动常见问题库	6.2.1 互动管理规则的制定方法 6.2.2 问题库的建立方法
7. 售后与复盘	7.1 售后	7.1.1 能分析和汇总异常数据 7.1.2 能建立售后标准工作流程	7.1.1 异常数据的分析和汇总方法 7.1.2 售后标准工作流程的主要内容
	7.2 复盘	7.2.1 能对售前预测数据进行复核 7.2.2 能通过复盘提出营销方案的优化建议	7.2.1 数据复核方法 7.2.2 营销方案优化方法

3. 三级 / 高级工

选品员考核第 1、2、3 项职业功能；直播销售员考核第 1、4、7 项职业功能；视频创推员考核第 1、5、7 项职业功能；平台管理员考核第 1、6、7 项职业功能，如表 2-3 所示。

表 2-3　三级 / 高级工的工作要求

职业功能	工作内容	技能要求	相关知识要求
1. 工作准备	1.1 宣传准备	1.1.1　能建立第三方宣传供应商资源库 1.1.2　能计算预热投入产出比 1.1.3　能协调引流资源并扩大宣传渠道 ABC	1.1.1　第三方资源库的建立方法 1.1.2　投入产出比的测算方法 1.1.3　引流和宣传的方法
	1.2 设备、软件和材料准备	1.2.1　能建立样品出入库管理制度（A） 1.2.2　能根据营销计划选购硬件设备（BCD） 1.2.3　能制定道具采购计划（ABC） 1.2.4　能制定设备状态检测标准（D）	1.2.1　出入库管理制度的建立办法 1.2.2　设备采购要求 1.2.3　道具采购要求 1.2.4　设备检测方法
	1.3 风险评估	1.3.1　能制定风险管理奖惩制度 1.3.2　能评估风险防控方案的时效性	1.3.1　风险管理奖惩制度的主要内容 1.3.2　风险防控方案的评估方法
2. 产品信息收集	2.1 市场信息管理	2.1.1　能定期跟踪并整理产品销售数据 2.1.2　能维护供应商管理系统 2.1.3　能维护产品价格跟踪系统	2.1.1　产品销售数据的整理方法 2.1.2　供应商管理系统维护方法 2.1.3　产品价格跟踪系统维护方法
	2.2 市场信息分析	2.2.1　能依据调研信息做出产品选择 2.2.2　能分析产品价格设置的合理性	2.2.1　产品选择方法 2.2.2　价格分析方法
3. 产品确定及规划	3.1 竞品比对	3.1.1　能比对产品与竞品之间的价格差异 3.1.2　能比对产品与竞品之间的功能差异	3.1.1　产品和竞品价格的比对方法 3.1.2　产品与竞品功能的比对方法

续表

职业功能	工作内容	技能要求	相关知识要求
3. 产品确定及规划	3.2 确定合作方式	3.2.1　能根据企业需求制定产品营销方案 3.2.2　能判定不同营销方式的合作风险	3.2.1　营销方案的编写方法 3.2.2　风险预判方法
4. 直播营销	4.1 直播预演	4.1.1　能组织团队进行直播预演 4.1.2　能根据预演效果调整营销方案	4.1.1　团队配合技巧 4.1.2　营销方案的调整方法
	4.2 直播售卖	4.2.1　能对个人情绪进行控制管理 4.2.2　能调动直播间气氛 4.2.3　能根据用户反馈实时调整直播策略	4.2.1　个人情绪管控技巧 4.2.2　直播间气氛调动技巧 4.2.3　直播策略的调整原则
5. 视频创推	5.1 视频制作	5.1.1　能提炼产品的关键标签及卖点 5.1.2　能结合产品卖点设计视频创意方案 5.1.3　能运用多种拍摄手法展示产品特性 5.1.4　能对素材进行包装	5.1.1　产品关键词提炼的技巧 5.1.2　创意方案的设计方法 5.1.3　专业拍摄设备的使用方法 5.1.4　素材包装的方法
	5.2 视频推广	5.2.1　能确定投放对象 5.2.2　能筛选并确认流量资源 5.2.3　能使用数据监控工具实时监控推广效果	5.2.1　投放对象的选择要求 5.2.2　流量资源的筛选要求 5.2.3　数据监控工具的使用方法
6. 技术支持与互动管理	6.1 运维管理	6.1.1　能制定现场设备管理方案 6.1.2　能制定现场技术团队协作规则	6.1.1　设备管理的要求 6.1.2　协作规则的编写方法
	6.2 技术支持	6.2.1　能提供互动特效的技术支持 6.2.2　能提供动态网络舆论监控数据 6.2.3　能提供产品实时数据	6.2.1　互动特效的制作方法 6.2.2　舆论数据的查看方法 6.2.3　实时数据的提供方法
7. 售后与复盘	7.1 售后	7.1.1　能使用智能交互系统回复用户信息 7.1.2　能撰写售后工作报告	7.1.1　智能交互系统的使用方法 7.1.2　售后工作报告主要内容和撰写技巧
	7.2 复盘	7.2.1　能制定数据维度和分析标准 7.2.2　能制定数据采集操作流程	7.2.1　数据维度和分析标准的制定方法 7.2.2　数据采集操作流程的制定方法

4. 二级 / 技师

选品员考核第 1、4、5 项职业功能；直播销售员考核第 2、4、5 项职业功能；视频创推员考核第 3、4、5 项职业功能，如表 2-4 所示。

表 2-4　二级 / 技师的工作要求

职业功能	工作内容	技能要求	相关知识要求
1. 产品确定及规划	1.1 产品分析	1.1.1　能参照产品标准组织产品检验 1.1.2　能跟踪产品发展趋势 1.1.3　能分析产品转化率的变化因素	1.1.1　产品检验流程知识 1.1.2　产品跟踪方法 1.1.3　产品转化率分析方法
	1.2 选品策划	1.2.1　能根据主题活动设计选品方案 1.2.2　能监控选品规划的执行进度	1.2.1　选品方案制定方法 1.2.2　选品规划监控的方法
2. 直播营销	2.1 营销策划	2.1.1　能制定主题直播间搭建方案 2.1.2　能制定个人品牌方案	2.1.1　直播间搭建技巧 2.1.2　个人品牌塑造方法
	2.2 直播规划	2.2.1　能设定直播销售周期目标 2.2.2　能建立直播销售规范流程	2.2.1　销售目标编制方法 2.2.2　直播流程操作步骤
3. 视频创推	3.1 视频制作	3.1.1　能制定视频创作规划 3.1.2　能制定视频制作的流程	3.1.1　视频创作规划设计方法 3.1.2　视频制作步骤
	3.2 视频推广	3.2.1　能制造及传播热点话题 3.2.2　能分析投放效果数据 3.2.3　能编制投放预算	3.2.1　话题制造的技巧 3.2.2　投放效果数据分析方法 3.2.3　预算编制方法
4. 团队管理	4.1 团队架构设置	4.1.1　能制定团队考核标准 4.1.2　能解决跨部门协作的问题	4.1.1　考核标准设计方法 4.1.2　协作沟通技巧
	4.2 团队文化建设	4.2.1　能建立员工的评价体系 4.2.2　能建立员工相互评价机制	4.2.1　评价体系建立方法 4.2.2　互评机制建立方法
5. 培训指导	5.1 培训	5.1.1　能制定培训计划 5.1.2　能编写培训讲义 5.1.3　能讲授专业基础知识和技能要求	5.1.1　培训计划的编写方法 5.1.2　讲义编写方法 5.1.3　培训教学与组织技巧
	5.2 指导	5.2.1　能指导三级 / 高级工及以下级别人员工作 5.2.2　能制定培训指导规范	5.2.1　专业技能指导方法 5.2.2　培训指导规范编写方法

5. 一级 / 高级技师

选品员考核第 1、4、5 项职业功能；直播销售员考核第 2、4、5 项职业功能；视频创推员考核第 3、4、5 项职业功能，如表 2-5 所示。

表 2-5　一级 / 高级技师的工作要求

职业功能	工作内容	技能要求	相关知识要求
1. 产品确定及规划	1.1 产品分析	1.1.1　能预判热销产品 1.1.2　能根据复购率预判产品销量 1.1.3　能建立产品信息数据库	1.1.1　销售统计方法 1.1.2　复购率的计算方法 1.1.3　产品信息数据库的建立方法
	1.2 选品策划	1.2.1　能建立自有供应链渠道 1.2.2　能与相关企业共同开发新产品	1.2.1　供应链渠道的建立方法 1.2.2　产品开发的相关要求
2. 直播营销	2.1 营销计划	2.1.1　能制定多媒介传播计划 2.1.2　能对营销效果进行评估	2.1.1　媒介传播的方法 2.1.2　营销效果的评估方法
	2.2 直播规划	2.2.1　能制定直播用户管理方案 2.2.2　能制定提升用户购买率的计划	2.2.1　用户管理的方法 2.2.2　提升购买率的方法
3. 视频创推	3.1 视频内容	3.1.1　能建立视频矩阵 3.1.2　能孵化视频账号	3.1.1　视频矩阵的建立方法 3.1.2　视频账号孵化方法
	3.2 视频推广	3.2.1　能依据数据变化情况监控传播路径 3.2.2　能制定视频推广计划	3.2.1　传播路径监控的方法 3.2.2　视频推广计划的制定方法
4. 团队管理	4.1 团队架构设置	4.1.1　能根据业务需求搭建团队 4.1.2　能根据业务方向调整团队分工	4.1.1　团队架构的搭建方法 4.1.2　团队分工的调整方法
	4.2 团队文化建设	4.2.1　能建立团队文化理念 4.2.2　能制定团队管理规范	4.2.1　文化理念建立方法 4.2.2　管理规范制定方法
5. 培训指导	5.1 培训	5.1.1　能组织开展培训教学工作 5.1.2　能建立培训考评体系	5.1.1　培训教学工作的要求与技巧 5.1.2　考评体系的建立方法
	5.2 指导	5.2.1　能指导二级 / 技师及以下级别人员工作 5.2.2　能评估培训效果	5.2.1　专业技能指导的考评方法 5.2.2　培训效果评估方法

第二节　主播的心态定位

主播的心态定位是主播成长为优秀主播必须跨越的门槛和挑战。一个主播拥有良好的心态，能够延长主播的直播时间，至少可以增加和培养直播的耐心。很多主播刚开始直播的时候，如果没有一个良好的心态，又没有多少人观看自己直播，可能播了两三天就不播了。但是如果主播在开播前对自身的心态进行了有效的调整，可能主播可以坚持播一两个礼拜。而这一两个礼拜正是新主播快速积累粉丝的阶段。通常来讲，主播带货主要就是赚钱和出名。因此在坚持至少一两个月后，越来越多的粉丝给主播带来的直播动力就越大，信心也更足，成长也更快。

一、学会自信

自信是一个人做人做事成功的前提和充分条件。主播想要在激烈的竞争和高强度工作中保持良好的直播心态，首先就必须要学会自信。

“自信人生二百年，会当击水三千里。”自信是一种乐观主义精神，能带给人无穷的动力，尤其是在面对困难和挫折的时候。自信的人，能以乐观的态度与困难做斗争，从而走出困境；反观不自信的人呢，遇到困难与挫折就容易打退堂鼓。现在可能你还只是一个平台的小主播，但是你要相信你在某一细分领域的优势，总有一天你也可以成为你所在平台或领域的红人大主播的。

现在有越来越多的人支持长板理论，认为一个组织可以凭借自身优势和特色，发挥长板优势跳出大平台大集团的游戏规则，建立自己的核心竞争力。长板理论对于个人的成长也是如此，找到自己感兴趣的领域，发挥长板优势能让一个人更快达到专业的高度和深度。俗话说得好：尺有所短，寸有所长。每个人都有自身的优势和不足，每个人也都有无限潜能。自信的人善于发现和找到自身的长处和优势，把它们发挥到极致。

做主播同样如此。要从自己感兴趣的直播工作中发现和找到自身的长处和优势，学会自信，只有你喜欢自己了，别人才会喜欢你。自信带来的成功会一步步增强自信，如此形成正向循环，取得更大的成功。还有一点非常重要，自信不是自负，不是盲目自大，自信的人会以更严格的标准要求自己，以更专业的态度和技能对待工作，让自己越来越自信。

二、内心坚定

要想在主播的道路上做得更好，只有自信还是不够的，还必须有强大的内心，有坚定的态度，认准目标，迎难而上。面对直播时遇到的各种问题，积极寻找解决问题的方法和途径，始终相信办法总比困难多。

主播要学会欣赏自己，自我激励。如果做不到这样，可以想办法。例如，尝试积累自己收到打赏时的体验和经验，一次次坚持写主播培训摘抄及直播日记。同时，罗列自己的优点，不断强化使之深植于自己内心，也可以把自己的座右铭或励志名言贴在直播间自己方便看到的地方，每次直播时都看一看，以此不断激励自己。

内心坚定的人遇事不会慌，淡定从容，因为有信心和信念做支撑。总之，主播一定要在相信自己的同时，清楚自己的优势，了解和网红主播的差距，坚定从容地调整好心态，扎扎实实地做好每一次直播，一步一步迈向自己预设的目标。

三、积极的自我暗示

自我暗示早已被证明是一种心理学效应。通过积极的自我暗示训练，可以改变一个人的潜意识。当然凡事都有两面，自我暗示也分为积极的和消极的，不同的心理暗示会带来不同的选择和行为，不同的选择和行为又会带来不同的结果。积极的自我暗示是对自我的肯定，不断的强化训练将有效提升自己的信心和意志力，这对于直播间背负超强压力的主播非常有益。

直播千变万化，过程中会有很多不确定性，都会影响到我们的心情，这就需要主播有很强的场控能力。不管是事前、事中、事后，也不管事情有多糟，一定要学会及时调整自己，控制自己的情绪，用积极的心态去面对。粉丝的无理要求、商家的品质事故、无故的退款退货等，作为主播遇到这些情况都在所难免。最简单的做法就是，用积极的暗示替代消极的暗示，调整心态，学会换位思考和同理心思维，养成多角度考虑问题的习惯。

四、学会宽容

“金无足赤，人无完人”。直播也好，工作生活中也好；自己也罢，他人也罢，出现失误、存在问题都在所难免，除了要有积极的心理暗示，还要学会宽容。宽容自己，宽容他人。古今中外，宽容造就成功的例子不胜枚举。

大海不择细流，故能成其深；泰山不让寸土，故能成其高。宽容，是人类文化传承的美德。学会宽容，学会释怀，可以化解人与人之间的隔阂。历史上有无数宽容他人的事例，给后人留下了许许多多贤君能臣的佳话。一句“宰相肚里能撑船，将军肩上可跑马”，用形象夸张的修辞手法劝谏世人，宽大的胸怀与身居高位相互成就。曾有头部主播在所著书中也提到了转型电商过程中遇到的难题，先是运营人员的不给力，接着是摸索线上思维模式时服装厂合伙人出问题，她在书中坦言“这就是交学费的过程”。甚至为解决合伙人分歧不得不卖掉一套自己的房子，她都认为是必要的试错，足见她有多宽容。聚焦该做的事，不让无谓的事影响事业的发展。

所以，作为主播，一定要学会宽容，培养自己宽广的胸怀。深切地理解每个人，相信自己，也相信别人；严以律己，宽以待人。宽容他人，欣赏他人，自己在直播时的心态就能积极乐观，才能成就一番事业。

总之，做直播时我们要有良好的心态定位，学会自信，勇往直前；内心坚定，从容应对；积极自我暗示，乐观豁达；学会宽容，善待他人。

第三节　主播的直播技巧

在直播过程中，要想直播效果好，主播还需要注意以下几个直播要点：选品和定价要合理，场景化描述要精准，抓住消费者心理，保持高频的更新。

一、选品和定价要合理

主播团队一般都有自己的选品和品控人员，负责选择有足够利润空间的产品。我们都知道，直播间的售价常常比较低，在这很低的价格里，商家需要有利润，直播团队也要赚钱，该如何做到呢？正常情况下，基本离不开以下两种情况。

第一种情况，薄利多销，为量让利。商家为了打开市场销路或者处理积压货品，找到带货量很大的网红主播，而网红主播则携平台流量，和商家讨价还价压低价格，用很低的成本价吸引大量粉丝购买，完成约定的出货量目标。这就是为什么卖的明明是全网最低价，却还可以赚到钱的原因。但是从长远来看，这种模式存在一定的风险，商家并不愿意长久接这种单子，一是利润实在微薄，二是不小心就容易赔本赚吆喝。

第二种情况，特款专卖。常见的场景是，很多厂家为各大平台红人主播定制生产各种产品，然后在这些大平台的网店上架同款产品，红人主播再推销这款产品。

主播团队一定要把控好选品和定价，要对消费者、主播团队、商家三方均合适才能长久。

二、场景化描述要精准

随着新技术的广泛应用和传播业的发展，直播行业的未来趋势正在发生变化，逐渐进入 AI+ 数字化 + 场景化时代。主播在直播带货的时候，除了选品和定价合理外，还需对产品的场景化描述要精准。事实证明，描述产品时用一些适当的场景设置，可以给用户一种代入感。

在场景化描述方面比较经典的主播要数李佳琦了，他作为“口红一哥”在直播行业有着非常高的知名度，在做口红的直播时，总是可以透过场景化的精准描述，让消费者通过想象预见涂上这支口红的自己。例如，“今天这支梅子酱紫色调口，超级优雅，是贵妇风的首选，OMG！这也太好看了吧！所有女生，买它！”是不是很别致，很自然。接着，他还会说，“明天想走港式复古风，那就拿这支哑光正红色，绝对错不了”。“后天你想要走少女路线的话，那就来一支烂番茄色，记得薄涂它，你就是活力满满的青春少女”。这样的语言既真诚又真的很诱惑，很让人心动。

这就是李佳琦直播间深受女性追捧的缘故。由此可见，李佳琦在直播时很善于创建场景拓展想象，而且深谙女性心理，紧紧抓住每个女生都很爱美的心理。难怪有传言说“天不怕，地不怕，就怕佳琦 Oh My God”。

事实证明，场景化营销正在通过直播间主播的精准描述，将直播带货推向新的高度。

专栏 2－2

格力董明珠——企业家直播带货

新冠肺炎疫情，让 2020 年成为企业家拥抱直播的元年。在疫情阴影的笼罩下，国内大部分各类实体企业线下门店被迫关门歇业，线上销售成为企业复工复产的重要渠道。携程创始人梁建章、复星国际董事长郭广昌等企业家纷纷加入直播带货行列，向外界发出了求救信号，希望各种力量帮助自己企业多卖产品，以渡难关。

格力 CEO 董明珠女士自然也不例外，从 2020 年 4 月 24 日抖音首秀开始，开启了全国巡回直播带货之路。根据空调行业的数据显示，格力电器在 2020 年上半年的营收严重萎缩，对比往年下降了近 29%，仅为 695 亿元，而利润同比下降 53.73%。但是，通过各个平台公布的数据来看，截至目前，董明珠直播带货销售额累计达到了 330 亿元。

2020 年 4 月 24 日晚 8 点，格力电器董事长董明珠首次以主播的身份出现在抖音带货直播间当中，她首先带领网友们逛起了格力科技展厅，从企业创史的文化开始，再到格力旗下所经营的各类家电产品。但是由于网络原因，整场直播多次出现卡顿，导致整体直播效果不佳。从抖音销售后台数据可以看到，董明珠带货首秀当晚累计观看人数 431 万人，在线同时观看的人数最高达到了 21 万人次，商品销售额为 22.53 万元。

继抖音直播首秀后，董明珠在同年 5 月 10 日再次开启了她的第二场直播，这也是她在快手的首场直播。这一次，董明珠只用了 30 分钟，3 个产品的销售额就破了 1 亿元；60 分钟，单品销售破 1 亿元；全场 3 个小时，销量达到 3.1 亿元。这次快手直播累计观看人数超过 1600 万人，最高同时在线的人数超过了 100 万人。虽然 3.1 亿元的增收比起 300 亿元的损失，仍是杯水车薪，但这次直播带货的效果能让董明珠看到电商直播背后的巨大潜力，从侧面提升了格力电器在渠道改革上的决心。

第二次在快手的直播改变了第一次在抖音直播时边走边直播的形式，避免了因镜头晃动无法真实地展示其产品，同时观众体验感差的问题。场地的选择更加细致化，采取静态的拍摄手法，大大降低了网络不稳定的风险，同时采用更加真实的样品背景展示，使观众能够真实地感受到产品。而且直播最大的优势在于其能够及时与粉丝互动，拉近主播和粉丝之间的距离感。

两次直播在选品和定价上也有着较大差别，在第二场直播中，选择的大部分都是低价产品，大都是不会超过2000元的小型家电，更加符合大众的消费水平，快手方面“拿出了千万资金来做补贴”，直播中多款产品更是全网最低价，2499元的空调在快手补贴后直降700元，而原价15899元的金贝变频II空调更是低至8999元，比在拼多多、天猫、京东等电商上面的价格更低。

从首次直播带货23万元的销售额，到2020年数百亿元的惊人销量，董明珠不断刷新着企业家亲自带货的业界纪录。更重要的是，董明珠大力开展直播带货，向外界清晰传递了格力对渠道改革的决心。

需要特别指出的是，与直播带货常见的跳过经销商，直接以底价从工厂发货的模式不同，董明珠的直播带货并非绕开经销商，相反的，从某种程度而言，其推进直播带货给广大格力经销商开了一条新的活路。整体来看，董明珠的直播带货模式大概分为两类，一是消费者通过观看直播，进入“格力董明珠店”直接下单，后台将订单直接分发至消费者所对应区域的经销商，由经销商进行发货与安装；二是经销商线下引流至格力董明珠店，格力三万家门店同步直播，经销商让线下门店购买的消费者扫描二维码，引流至董明珠店上购买，系统会识别出二维码所对应的经销商。

董明珠的直播带货模式之所以有别于某些头部主播的直播带货，这与格力本身作为制造业主体及20年来董明珠一手建立的格力经销商体系紧密相关。从先款后货、返利制度、经销商区域自治，再到渠道紧缩，同归一家管理，无论董明珠的销售管理方式多么“铁腕”，渠道模式经历了怎样变革，经销商们都曾一路忠心相随。因此，董明珠的直播带货“血统不纯”也就不足为奇了。

尽管电商经济和直播带货的强势崛起，对格力固有的经销商模式造成一定的冲击。但是，董明珠通过这种捆绑经销商的直播带货模式完成了当前对于格力销售渠道的变革创新。通过直播平台格力董明珠店，推动线上线下渠道深度融合，推进新零售全面布局，打造线上线下共赢的全新营销模式。

格力直播带货的成功背后有三个主要的因素：一是完善的网络系统，二是清晰的区域划分，三是严格禁止跨区销售。另外还有各个渠道的配合，如直播中对格力文化、格力技术的大力宣传等。

（资料来源：笔者根据多方资料整理而成）

三、抓住消费者心理

众所周知，市场营销卖的是商品，质量是根本，价格是关键，但是还有一个很核心的要素，就是顾客心理。管理学中对市场营销的原则和策略有4Cs和4Ps理论等，无论哪一种理论或策略，都离不开对销售对象或顾客的研究。各种销售组合策略的推出实际上就是给顾客“占便宜”的感觉，不是说真的占便宜或销售便宜货。主播带货也是如此。

主播光靠低价做直播带货是不够的，还需要给粉丝“占便宜”的感觉。大多数人在买东西的时候，都会在心里进行评估，至少在感觉上会对价格与价值进行对比，权衡值不值。通过优限量、赠品、限价、惠券等方式，让粉丝满怀强烈的好奇心和冲动下单购物，本质上就是给客户制造占了很大便宜的感觉。而且，还要注意设计产品的价格结构，因为观看直播带货的很大一部分人是冲着价廉去的。合适的定价会有效影响转化，也直接影响利润，所以要取一个中间值，同时辅之以精心设计的话术及直播策略，给粉丝和消费者以“占便宜”的感觉。

还有一些操作方法，就是通过权衡对比让粉丝和消费者有“占便宜”的感觉。一是找出市场竞争对手那里价格较高的产品，权衡对比用户在其他方面付出的高成本，以这种高消费做参考拿来与自己的产品对比，让粉丝和消费者认为物超所值。二是在与竞争对手同等价格的情况下，突出自己的品质和数量，从而拉高粉丝和消费者心中平均认知价格，感觉捡了便宜。这些都是打价格和心理战，利用人们在看到多个价格选择的时候，为避免极端，一般都会舍去最高的和最低的这种心理。

还有一点很重要，利用客户“怕吃亏”的心理，在直播的时候，主播要善于利用时机刻意营造稀缺和限时抢购的氛围，让粉丝和消费者产生一种晚下单一秒就没货了，或是买不到就吃亏了的紧张感。

四、保持高频的更新

根据达尔文进化论，地球上的每次大变革，都会消失很多物种。而最终能够存活下来的那些物种，恰恰是那些积极应对周围环境变化、能适应环境变化的物种，它们既不是智力最高的种群，也不是最强壮的物种。

生意场上，营销一定要不断推陈出新，效果才更明显，直播带货也是如此。

随着信息传播媒介的多元化，消费者有限的注意力在面对过载的海量产品信息时，将会被无限地分散。直播带货也会和众多的营销模式一样，都存在被各类同质化的产品信息所淹没。因此，保持高频的直播更新非常必要。李佳琦曾在接受记者采访时说，一年 365 天他曾累计直播 389 场，也是够拼的了。他自己曾说不敢停下来，因为每一个粉丝的时间是有限的，原则上在同一个固定的时间只能看一个直播间，因此他担心自己的粉丝被别的主播抢走。这样高强度、高频率的直播就是为了保持高频的更新，培养粉丝观看自己直播的习惯，保持住粉丝的忠诚度。

高频的更新直播还有一个好处，就是可以及时答复粉丝的提问，增强主播与粉丝的黏性，通过互动拉近与粉丝的距离，产生情感上、心理上的共鸣，提升彼此的亲切度和信任感。这样一来，带货就顺理成章了。

第四节　主播的行为规范

直播是一种充满了机遇和挑战的职业，它可以让你走上繁华之路，也可以使你迅速跌落“神坛”。主播应当遵守国家政策和法律、法规的要求，遵守平台设定的规则，以及社会上约定俗成的道德底线等，否则一旦触碰这些红线，主播将会面临被降权、被限流，甚至被封号的结局，更有甚者还将被执法机关进行行政拘留。

一、国家政策红线

为保障消费者的合法权益，维护直播生态链健康有序发展，直播电商行业逐步开展规范治理。政府和行业协会一方面，科学把握直播电商的运营模式和发展规律，识别主要风险点和监管着力点；另一方面，在鼓励和扶持直播电商发展的同时加强监管，坚持发展和治理两手抓。

国家相关部门陆续出台一系列法律法规，加强对直播电商的规范和监管。2018 年 8 月，全国“扫黄打非”办公室、工业和信息化部、公安部等多部委联合发布《关于加强网络直播服务管理工作的通知》，进一步强化网络直播服务基础管理，加强网络直播备案管理与服务许可管理，建立健全长效监管机制。随后，全国各地在响应和执行国家相关部门直播管理规定的同时，也出台了地方的直播管理规范措施。其中，武汉市软件行业协会于2019年年初正式实施了《网络直播主播管理规范》与《网络直播平台管理规范》，积极开展主播监控、平台巡查等直播服务清理工作。

2020年6月至今，市场监管总局、国家网信办等部门又先后出台多部直播电商规范政策文件，政策管控进一步收紧。例如，2020年4月的“扫黄打非·新风”，2020年6月发布《网络直播营销行为规范》，2020年7月《关于支持新业态新模式健康发展激活消费市场带动扩大就业的意见》，2020年8月国家网信办、全国“扫黄打非”办等8部门推进网络直播行业专项整治，2020年10月发布《网络交易监督管理办法（征求意见稿）》，2020年11月发布《市场监督总局关于加强网络直播营销活动监管的指导意见》，2020年11月发布《关于加强网络秀场直播和电商直播管理的通知》，2020年11月发布《互联网直播营销内容信息服务管理规定（征求意见稿）》，2021年5月实行《网络直播营销管理办法（试行）》。

针对直播在快速发展过程中存在的一些风险点进行分类管理，比如说赠品不兑现、延期发货、货不对板、商品被夸大或虚假宣传、税收缴纳不规范等问题。针对不同类型的网络直播，综合考虑网络直播的应用场景、应用领域和消费者消费目的、传播信息内容种类、场域的开放性等多种因素，结合不同直播的风险点和风险等级进行分析，并对风险高低进行综合评估，分类管理，对平台提出相应要求，达到政策针对性和治理有效性的统一。

为了进一步维护消费者合法权益，规范网络市场秩序，促进直播新业态健康有序发展，2021年4月国家七部门联合发布《网络直播营销管理办法（试行）》（以下简称《办法》）。《办法》自2021年5月25日起正式施行，规定了多项保护消费者权益的硬性要求，并将网络直播“线上线下”各项要素、“台前幕后”各类主体等纳入监管范围，尤其对直播间运营者、直播营销人员服务机构、直播营销人员及直播营销平台等主体分别做了进一步的责任划分，明确各主体责任，客观上有助于消费者或者商家等不同主体进行维权起到了引导作用。

《办法》第十八条对直播营销活动除了要求遵守法律法规和国家有关规定，还要求遵循社会公序良俗，真实、准确、全面地发布商品或服务信息，不得有下列行为。

一是违反《网络信息内容生态治理规定》第六条、第七条规定的。

二是发布虚假或者引人误解的信息，欺骗、误导用户。

三是营销假冒伪劣、侵犯知识产权或不符合保障人身、财产安全要求的商品。

四是虚构或者篡改交易、关注度、浏览量、点赞量等数据流量造假。

五是知道或应当知道他人存在违法违规或高风险行为，仍为其推广、引流。

六是骚扰、诋毁、谩骂及恐吓他人，侵害他人合法权益。

七是传销、诈骗、赌博、贩卖违禁品及管制物品等。

八是其他违反国家法律法规和有关规定的行为。

《办法》第二十条还对于直播间管理做了相关规定，要求在下列重点环节的设置应当符合法律法规和国家有关规定，不得含有违法和不良信息，不得以暗示等方式误导用户：一是直播间运营者账号名称、头像、简介，二是直播间标题、封面，三是直播间布景、道具、商品展示，四是直播营销人员着装、形象，五是其他易引起用户关注的重点环节。

2021 年 8 月 18 日，商务部发布通知，公开征求《直播电子商务平台管理与服务规范》行业标准。根据征求意见稿，应建立主播主体的黑名单制度和退出机制，在直播主体发生违反法律法规或直播营销平台规则等情形时，应采取警示提醒、限流或暂停其直播服务等不同措施，将严重违法违规或造成恶劣社会影响的直播主体列入黑名单，必要时应注销其账号。

在国家各部门联合发布一系列政策之后，直播带货相关法律法规逐渐完善。这是规范直播行业发展的第一步，也是关键一步，从制度层面护航直播行业健康发展。未来，直播行业将结束以往野蛮生长、无序竞争的状态，开启有序、规范、健康、可持续发展模式。

专栏 2－3

直播电商行业热点透视分析

我国直播电商行业的飞速发展，是互联网经济的延伸，是数字化、智能化时代数字经济在社会生产生活的体现。直播电商行业在推动社会经济发展的同时，形成了不同直播平台之间、各类主播之间、各地区之间的跨界竞争。目前，国家相关配套政策还不够完善，没来得及跟上新经济发展的节奏，行业内各类现象级事件频发，既有积极、正向的突破性事件让人兴奋，也有负面的相关“翻车”事件时有发生，引发舆论热议。

一、热点介绍

热点事件没有严格的定义，一般是指各种引发广泛关注与讨论的社会现象或社会性事件。直播电商行业热点事件也就是在直播电商行业出现的各种吸引人眼球的轰动性或敏感性事件。与社会热点事件一样，直播电商行业的热点事件也具有其一般性特征，包括时代性、挑战性、普遍性、敏感性、流变性等特征，也是新经济时代发展过程中，在一定时期不断出现且变化的，关系社会发展及群众利益的各种新动向、新趋势，或者新问题、新矛盾等现象。直播行业的相关事件，无论是直播模式的变化、主播的各种刷新纪录、直播行业的销售规模及参与人数，还是主播各种的“翻车”事故、直播商品的各种纠纷等，从直播诞生的时候起至今都没有间断过。

二、热点特征

盘点最近几年直播电商行业的热点事件，我们不难发现，直播电商行业从来都不缺少热点。不仅如此，热点的热度指数排行也总是在不断刷新。这既是因为直播电商行业作为新兴行业容易引发人们关注，也是因为这个行业关系国计民生，和老百姓的生活息息相关，尤其是后疫情时代，网络购物成为很多人生活中不可缺少的一部分，任何风吹草动都容易触达人们敏感的神经。尤其是这个行业还是年轻人的聚集地，他们的创新意识、求新求异的禀赋、追求网络认可的心理都可以创造和引爆热点。总结起来，直播电商行业的热点表现为以下几点。

第一，平台类热点。在平台类热度排行榜上，无论在直播电商平台热度与GMV榜热度方面，还是传统直播电商平台与社交直播电商平台的热点对比方面，淘宝直播都稳居首位，热度指数为43.57；平台热度排名第二位、第三位的分别是抖音和快手，热度指数分别为39.23和32.55。

相关研究机构的统计数据显示，比较热门的直播电商平台除了传统的淘宝、抖音、快手，以及天猫、京东等，时下比较热门的小红书、微信、哔哩哔哩等社交平台，也在积极探索入局直播电商市场。

第二，主播类热点。2020年，直播电商主播的职业身份被国家层面的认定，成为整个直播电商行业的热点和焦点，“互联网营销师”被纳入职业范畴，增设的“直播销售员”成为人社部正式认可的工种。

尽管主播们向社会展示的不再是单纯的“网红”光环，而是常态化和平民化的职业人员，但是主播们在直播电商行业创造的销售奇迹依然为人们津津乐道。

第三，监管类热点。如果说前两类平台热点与主播热点属于现象级事件的话，那么，监管类热点则属于敏感类话题了。直播电商行业出现的一系列“翻车”事件，既不乏头部主播，也有明星带货翻车现场，更有甚者，还有各种打着直播名义进行违法犯罪活动的实例。这类事件事关群众利益，引起关注、关心、评论理所当然，也能起到一定的警示作用。

三、总结启示

直播电商行业这些事件，既有积极的一面，推动行业发展和商品流通，促进良性竞争与人才就业，同时也暴露了一些问题和矛盾，引发社会广泛关注。一方面，说明直播电商行业还需要进一步在扶持发展的同时加强行业监管，维护消费者权益；另一方面，作为新的经济业态，必然要经历成长中的痛，需要直播行业生态里的所有参与者共同维护，需要遵守国家法律法规及社会良俗，需要社会各界积极支持，共同努力打造良性发展的直播生态环境。

（资料来源：笔者根据多方资料整理）

二、熟悉直播规则

随着被称为“行业史上最严”法规的《网络直播营销管理办法》于2021年5月正式实施，直播带货行业以前频发的不规范行为得以规制，国家开始逐步加强直播带货行业的监管。各个直播平台的从业者们除了要熟悉和遵守政策，还要遵守平台规则和社会公德良俗，只有这样才能在直播的道路上走得更远。

1. 警惕直播过程中的潜在风险

近几年来，电商直播的发展速度很快，产生了很高的经济效益，然而新生事物的发展往往伴随着一系列的问题。辛辛苦苦做了一场直播，结果却不幸踩中了“雷”，导致被平台扣分，甚至封禁，这种情况并不少见。说到底，直播也是有风险的，我们必须要知道潜在的风险，避免一不小心摔了跟头。

各个直播平台的主播们是直播的发布者，需要直接面对观众，在网络平台上发布内容，因此成为网络直播风险的直接面对者。很多主播风险意识淡薄，在不经意间做出了十分不恰当的举动，有时甚至不顾道德底线，触犯了法律。最典型的案例就是少数主播以身试法，在直播平台从事违法犯罪活动，或者恶意传播负能量与低俗文化以达到吸引流量的目的。由于网络传播的公开性和范围广，这些违法行为影响恶劣，不仅对社会文化环境造成污染，更有甚者对于网络上围观的那些涉世未深的青少年造成毒害。

各种直播“翻车”事故提醒我们，要想在直播行业长期做下去，就必须谨慎对待身边可能出现的各种潜在风险。除了加强团队的约束以外，主播还应当加强自我学习，熟练掌握直播行业的各项规则，使直播节目逐步走向规范和成熟。

在直播过程中，主播一定要谨记避开以下几个禁区。

（1）使用或者变相使用中华人民共和国的国旗、国歌、国徽，以及军旗、军歌、军徽。

（2）使用或者变相使用国家机关、国家机关工作人员的名义或者形象。

（3）使用“国家级”“最高级”“最佳”等用语。

（4）损害国家的尊严或者利益，泄露国家秘密。

（5）妨碍社会安定，损害社会公共利益。

（6）危害人身、财产安全，泄露个人隐私。

（7）妨碍社会公共秩序或者违背社会良好风尚。

（8）含有淫秽、色情、赌博、迷信、恐怖、暴力的内容。

（9）含有民族、种族、宗教、性别歧视的内容。

（10）妨碍环境、自然环境或者文化遗产保护。

（11）法律、行政法规规定禁止的其他情形。

这些情形是最常见的直播禁区，需要坚决杜绝，不要存有侥幸心理。淘宝直播官方平台对这些内容的处罚也十分严厉，主播一旦被发现做出了不合规的行为，就会面临扣分、下线直播、冻结直播权限等处罚。

除了以上这些法律明文禁止的行为以外，还有一些行为同样不宜出现在直播间内。例如，一些主播的行为与社会的主流价值观背道而驰，甚至公然挑战人类道德底线，即便能在短时间内带来流量，也不利于主播的长远发展。

2. 违规直播可能被封号

为了维护直播环境，以淘宝为代表的各类直播平台设定了相关的规定，主播不要触碰这些平台设定的“红线”，否则极有可能被封号。

（1）主播换人。

淘宝直播对主播的身份认证十分严格，一旦认证完毕之后，就不允许将账号外借，认证的主播本人必须经常出面，不得出现经常更换认证主播的情况，否则就会面临被永久封号的处罚。如果遇到特殊情况，如品牌代言人、明星等参与直播，可以与淘宝的客服提前沟通，说明情况，避免被封号。

（2）空播。

空播，就是指直播开着，主播没在镜头里；或者是主播直播时只顾玩手机，不说话；或者是离开镜头 10 分钟以上，不介绍商品，而是在直播间的屏幕上滚动播放优惠信息；或者主播长时间不在线，直播间只播放歌曲等。淘宝官方对于这种行为也是绝对禁止的，因为这意味着主播在抢占他人的直播流量，却没有带货。淘宝对空播的处罚很严厉，只要发现就封号 7 天左右，或做降权处罚。假如发现一个账户多次空播，将可能面临直接被封号的处罚。

（3）引导线下交易。

为了防止出现虚假交易、诈骗等行为，淘宝官方规定，一切交易行为都只能通过淘宝直播平台进行，严禁主播在直播时故意泄露 QQ、微信、微博账号及手机号、二维码、银行卡号等。一旦出现此类行为，淘宝将会对直播账号处以 7 ～ 30 天的封号处罚，屡次违规会面临被永久封号。

（4）违规标题。

关于标题也是有些规定的。《中华人民共和国广告法》规定，有些极限词和特殊词是不能使用的，比如“全国第一”“全网最低价”等。除此之外，被列为违规行为的，还有诸如夸大其词，或者标题与事实不符等。

（5）设置专拍链接。

我们在观看淘宝直播间的时候，会发现有的直播间设置有专拍链接，但是并不是所有的主播都可以设置这个链接，它有一定的条件约束。比如，对于一些买手型直播间可以允许开通专拍链接。而其他直播间如果没经允许发布，就可能被查到，然后按照滥发信息进行违规处理。

（6）违背店铺承诺。

淘宝直播的违背承诺主要有两种情况：一种是主播违背了与买家的承诺，另一种是主播违背了与平台的承诺。前一种情况主要有：不兑换抽奖，虚假承诺发红包，不兑现“关注减 × 元”的承诺，或未能兑现买一送一的承诺等。后一种情况则比较棘手，比如店铺与平台承诺七天无理由退换，直播时却告诉观众不许退换，一旦发生售后问题，官方是不会承认的。如果引起纠纷，可能会被官方关停直播。

（7）其他违规行为。

淘宝直播平台就是带货平台，在这一点上，淘宝直播对自身的定位非常明确。因此规定主播只能从事带货行为，一切与此无关的行为，或者会影响平台声誉的行为，都有可能被视为违规。例如，主播穿着低俗、讨论政治敏感话题、抽烟、吸毒，或者播放企业宣传片、广告、电视新闻，或者多平台同时开播等情况，但凡被发现就将被永久封号。

3. 三观不正易被封杀

随着物质生活的极大丰富，人们开始越来越注重精神生活层面的追求。作为公众人物，主播或多或少都会对围观的粉丝产生一定的影响。无论从事何种形式的直播，主播都应当保持正确的三观，在享受流量带来的红利时，也要担负起传播正能量的社会责任。

（1）三观不正将惹风险。

什么是三观呢？三观通常指人的世界观、人生观与价值观。世界观是你处在什么样的位置，用什么样的眼光去看待这个世界。一个人的世界观建立在他对客观世界的认识上，包括对自然、人生和社会的认识。人生观是一个人对人生目的和意义的看法。价值观是一个人对客观事物的总体评价，是认定事物、辨别是非的思维或取向。

总体来说，一个人的三观受多种因素的影响，包括并不限于生活环境、教育水平、成长经历等因素。

由于直播门槛较低，很多主播的素质不高，并对自身修养问题没有清楚的认识，在直播中满嘴污言秽语，以粗俗不堪的行为博取关注，甚至不惜触碰法律的底线，引起众多网友的不满和投诉。还有一些主播盲目拜金，并在直播时大肆进行宣扬，同样容易引起人们的不满和投诉。这些行为都是三观不正的表现，随时都有可能对主播的职业生涯产生致命的打击。

在实际操作中，很多主播因为三观不正、造成不良影响而被封杀，其中不乏当红主播。例如，某平台的一位当红主播，由于在直播节目中被人指责作弊，结果他大发脾气，在直播中大骂脏话，并且煽动粉丝对质疑自己的人进行威胁、辱骂和人身攻击，引起众多网友的不满和投诉。尽管该主播很快意识到了这种行为的不妥，并且向网友道歉，但还是遭到了直播平台的封禁。

（2）不要传播负能量。

树立正确的三观是主播的必修课，主播应当向观众传递正确的价值观，而不是整天传递负能量。任何人都有消极的一面，会情不自禁地产生很多负面情绪。也有一些主播刻意传播负面情绪，以此为噱头，吸引一些粉丝。

且不说道德良俗，仅仅就从营销学的角度来看，让观众保持积极的情绪，也能够激发观众的购买欲，所以主播学会控制好自己的情绪非常重要。每个人都有各自不同的情绪表达方式，不懂得管理情绪不仅易伤他人还可能累及自身。只有积极的言语，才会给粉丝带来无形的力量。

树立正确的三观，也是为了主播的个人成长。用正确的眼光看待世界上发生的一切，永远保持积极向上的心态，能够让我们有足够的信心与能力去战胜任何困难。

主播除了要有正能量，还应当学会感恩。因为观众花着自己的时间来直播平台观看，并且花钱购买主播推荐的商品，主播的流量都是观众累积起来的。因此，主播一定要对粉丝和消费者怀有一颗感恩的心，学会尊重直播间围观的受众。无论何时，都不应该跟观众发生争执，哪怕看到特别不客气的谩骂，也不能发脾气。

4. 侵犯版权易惹官司

版权问题一直是销售市场的老大难问题，争议不断，直播行业自然也不例外。往往因为一些主播的法律意识淡薄，会在直播过程中不自觉地侵犯了他人的版权。直播平台上关于知识产权的侵权行为，一直是电商维权的重点。主播应该多了解和掌握关于版权的相关知识，避免在直播时不小心出现侵权行为。

如今，随着市场经济的高度发展，相关的法律制度逐步完善，国家对版权问题的重视程度也在日益上升。直播作为新业态模式，要想平稳发展，必须重视版权问题。根据现有法律规定，直播过程中一旦出现了侵权等违法行为，不仅仅是主播要负法律责任，就连作为雇主的电商，乃至直播平台，也应承担相应的后果。

比较常见的主播侵权行为有：在未取得授权的情况下播放音乐（包

括背景音乐）、影视剧，使用他人的照片，擅自转播未经作者允许的视频等。

关于直播中的侵权问题，中国音乐著作权协会曾公开声明，网络直播不属于《中华人民共和国著作权法》中“合理使用”的范围。只要涉及公开表演，不管是否以营利为目的，都需要获得授权。况且，很多主播都有“打赏”收入，这已经涉嫌非法牟利。

很多时候，连主播都没有意识到自己已经侵权了，只不过由于运气好才没有被告而已。但是直播是一条漫漫长路，要想走得长远，最好不要对版权问题掉以轻心。

淘宝官方对版权问题非常重视，对侵权的店铺打击力度很大。如果主播直播的内容侵权，或者为侵权的产品做直播，也有可能会遇到麻烦。

淘宝的一位头部主播曾经就遇到过这种情况，该主播的店铺中上架了几款女鞋产品，并且开始销售，获得了不错的销售成绩。然而好景不长，很快就有一家品牌宣称该主播带货的产品涉嫌严重抄袭，以侵权为由将其告上法庭，并且将全部过程发布在网络上。最终，该主播选择与品牌方和解。由于把关不严，该主播不仅需要下架产品，付出赔偿，还要面对信誉受损等一系列风险。为了避免这种情况再次出现，该主播决定对其他品类的合作供应商进行严格的检查。

除此之外，很多平台在直播中发布新闻、游戏、电影、电视剧、综艺节目等内容时，也有可能遇到版权问题。如若违规，主播将受到警告及下播处理，更有甚者可能面临暂停直播，以及永久禁播等处罚。

5. 谨防走进直播误区

消费者在购物时具有从众心理，其实电商直播也一样，也存在盲目从众的问题，容易走进误区。直播要想做好，必须扎扎实实，一步一个脚印地去摸索。根据自己的实际情况去做，不存在适用于所有人的模板。很多主播之所以没有达到理想的收益，是因为他们已经走进了直播的误区。

（1）误区一：没有网红就不做电商直播。

很多电商从未涉足过直播领域，缺乏经验，也没有粉丝，但是又想快速见效，于是喜欢寻找网红来帮自己做直播。其实，头部主播只有寥寥数人，在所有的直播平台中，拥有大量粉丝的网红也是稀缺资源。这些网红都有自己的成功经验，外人很难照搬。反观占绝对多数的中小型主播，同样也能做得很好。

还有很多电商选择从零开始做直播，自己培育主播，主要宣传自己店铺内的商品，偶尔也与其他店铺合作，替别人宣传商品。这样做的优势很明显，让店铺工作人员做主播，他们都是专业的产品介绍员，对店铺也很了解。因此，充分挖掘自己店里专业店员的潜力，做好店面和产品的包装，也可以做好直播。

（2）误区二：盲目投入大量资金。

有些主播急于求成，希望在短时间内获得成功，于是照搬大主播的经验，投入很多资金去包装主播，或者投入宣发渠道。其实，现实情况没有这么简单，投入多可能让你更快成功，也有可能让你走向失败。对于一个初入直播行业的店铺来说，前期只需要投入两三个店员做直播，慢慢摸索。这样的直播方式最大的好处是不需要太大的投入，只要产品质量没问题，主播再用心介绍，适当降价促销，也能够保证直播带货的效果。

（3）误区三：没粉丝就不投资。

这种做法和盲目投入资金刚好相反，迷信大主播的带货力量，不愿意在小主播身上投资。事实上，绝大部分主播都缺少粉丝基础，如果战略方向不对，就算开了直播也很难积攒粉丝。很多中小型主播，或许只有几百、几千个粉丝，但是他们依然能够取得不错的带货成绩。其实，直播平台还有一大特点，就是通过直播开展同城引流，引导转化线上粉丝进行线下消费。这样的操作目前有很多成功案例，尤其是一些美妆服饰店面的转化效果非常好，线上直播助推线下业务取得翻倍的业绩。

（4）误区四：自建平台，加大经营成本投入。

随着直播行业的发展，很多商家决定搭建自己的直播平台，这样做有很多好处，如可以自由实现直播间的功能设定，自主控制实现直播过程，会有更好的直播效果显现等。但是劣势也很明显，那就是对技术和成本的要求过高。

企业自主开发视频直播平台会大大增加企业的难度，它需要商家建立软件开发部门，以便进行平台研发，而且成本太高。实际上，能够满足企业直播要求的平台有很多，在实力不足的情况下，不妨借助其他平台的力量进行直播。

三、提升自身修养

一个成功的带货主播，不只是要懂得基本操作知识与技能、直播销售技巧，还要具备良好的心态，遵守政策与规则。不仅如此，主播在成长过程中，还要不断提升自身修养。

主播的基本修养不仅表现在直播时的妙语连珠，还在于对直播间的节奏把控上。能够根据选品次序依次讲解，与直播间现场人员高效协同配合，及时自如应对突发状况等，都可以看出一个优秀主播的修养。

主播在直播过程的把控力方面，节奏和氛围的把握非常重要。产品讲解的节奏太快，产品太多，粉丝跟不上，影响下单。直播间氛围太松弛，消费者容易失去激情，没有耐心。

如何找到适合自己、有自己风格的带货方式，这需要主播长期的实践去积累总结。既不能一个劲讲选品，让消费者感到乏味，也不能总是闲聊，导致粉丝抓不住重点。要清楚知道自己的优点和不足，扬长避短，同时通过互动了解和掌握直播间粉丝群体的心态，把二者结合起来，打磨出一种自己能轻松驾驭，粉丝和消费者又能接受和喜欢的直播带货风格和模式。

总而言之，一个优秀的主播，其自身修养所承载的除了对产品的熟悉和了解，还有产品背后的生产逻辑，对消费者心理的深切把握，以及基于消费者需求的强共情能力与换位思考能力。

章末案例

九洲数智——第四代直播电商基地

2020年，面对新冠肺炎疫情的冲击和宏观经济下行的影响，各地纷纷兴建直播产业基地。在这样的时代和产业背景情况下，在九洲集团领导的指示和关心下，“九洲5G数智产业创新中心”作为集团的前沿创新试点板块，结合已有的产业基础和行业发展趋势，同时培育孵化了创新项目“九洲数字电商直播基地”和“九洲跨境电商直播产业基地”，作为数字电商直播产业的新兴力量，融入大湾区数字经济的建设大潮中，不断夯实基础、研发技术、引进配套、打造团队、培养干部，促进数字经济产业新增长。

深圳市九洲电器有限公司（以下简称九洲电器）成立于2001年7月，由上市公司——四川九洲电器股份有限公司控股，位于深圳市南山区高新技术园九洲电器大厦，注册资本3.2亿元。公司具有广播电视领域的科研、生产、营销和服务优势，以DTV（数字电视）和IoT（物联网）为核心业务，是国内第一批从事数字电视技术开发与应用的国家高新技术企业，专注于向全球客户提供数字电视和物联网云、边、端的解决方案和服务。深圳市作为九洲集团智慧多媒体版块的桥头堡，集团拟立足深圳，建设九洲集团深圳总部，打造九洲集团5G数智生态基地，力争成为九洲的科研前沿阵地和先行示范区，到“十四五”末，营收突破100亿元。

一、企业概况

在依托九洲集团深厚的行业背景、先进的科学技术、强大的供应链管理系统和前沿的商业模式，以海量的企端资源为基础，以自有的全球营销渠道为载体，将互联网技术与供应链生态服务相结合，构建一个企业数智增长的加速生态载体——九洲5G数智产业创新中心，如图2-3所示。

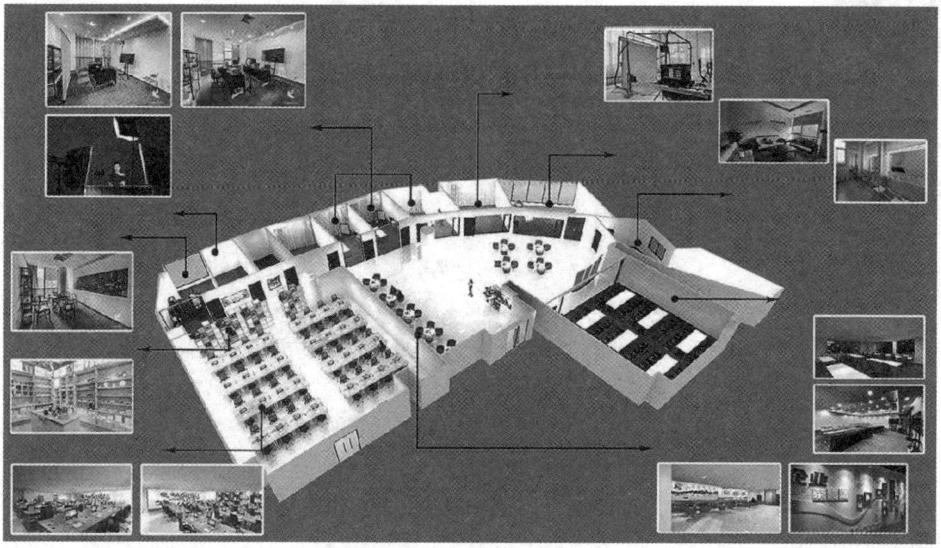

图2-3　九洲5G数智产业创新中心

九洲5G数智产业创新中心位于深圳市南山区深圳九洲电器大厦，建筑面积5万平方米，包含了直播基地建设、直播空间、产业及直播专家、直播设备和直播服务。

九洲5G数智产业创新中心将整体形成独具深圳特点的“数字商业运营+数字经济人才培育+软硬件集成服务”的数字化直播基地，重点打造“直播人才标准化、直播设备智能化、电商运营数字化”的细分业务场景，赋能实体产业带的数字化、智能化发展，从而形成深圳市数字直播电商产业的孵化器和路由器，创造社会价值及新经济效益增长点。

二、直播产业服务

九洲5G数智产业创新中心是拥有领先的行业创新技术或商业模式的直播服务平台，集直播空间、直播场地、直播技术、直播人员提供、直播设备租售等业务，并通过供应链、产融结合、企业资源的对接，实现个人和企业的数字化营销直播服务体系，集聚创新创业领军人才，推动科技发展和直播创新的经济效益增长。数字直播电商基地服务包括以下几个板块：供应链分发业务、供应链金融业务、单项业务资金扶持、打造基地自主品牌、教育培训业务、直播智能软硬件销售业务。

九洲5G数智产业创新中心通过行业领先的直播设备智能化和直播间运营数字化的解决方案，赋能直播间高质量运行，提升直播间的单位运营经济效益，最终拉动GMV良性增长。其中，包括直播设备销售业务、直播间数据运营SaaS账号业务、电商平台流量分发业务。

一是直播设备销售业务。直播设备包括MR直播间、CC数字直播机（含搭建及培训）等。MR数字直播间实现现实与虚拟信息交互，能够做到实时在三维立体环境中直播推广成本低，虚拟现实场景切换，成实现上百万乃至上千万曝光。CC数字直播机，一屏五分，多平台同时直播，AI提词器集成区域。

二是直播间数据运营SaaS账号服务。内含运营数字化电商中心——供应链SaaS数字中台，支撑源头产地云仓、直播供应链及全流程数字化管理能力，为中小微电商企业建立全链路支持能力，通过数字化质保件运营分析中心和智慧城市区域直播大数据监测中心，提升新零售时代下电商企业的智能化运营效率，有效支撑数字商业业务拓展。

三是电商平台流量分发业务。基地成为国内外各大知名网络平台（如抖音淘宝、快手等平台）的官方服务商及合作基地，向入驻基地的企业进行平台流量集采和分发，调动所覆盖的商家积极参与平台级的线上直播销售活动。通过直播分发的模式赋予分销商 / 代理直播能力，发挥分销商流量优势，提升团队作战能力，创造直播变现新路径。

此外，九洲数字电商直播基地提供直播服务，为不同客户的直播需求，提供直播服务，以及设备、技术、人员的支持。

它能实现直播分发技术（通过直播分发的模式赋予分销商 / 代理直播能力，发挥分销商流量优势，提升团队作战，创造直播变现新路径），还结合了 5G+AI+4K+MR 直播。

同时，还有直播全面融合实景营销展示功能，将实景复制到线上直播，结合公私域流量运营，发挥线上线下融合优势，形成 10 倍以上的转化效果。

其直播间租赁（带设备和服务）和 5G 云发布厅直播发布厅租赁业务，具有直观的可操作性和可落地性，已经有成熟的样板和案例在行业中发挥出示范效应。

2021 年 12 月 21 日，九洲数字电商直播基地被指定为"互联网营销师职业能力评价基地"，负责互联网营销师培训信息咨询服务及市场业务的拓展和管理工作。互联网营销师是 2020 年 7 月 6 日，人社部联合国家市场监管总局、国家统计局发布的新职业。

三、总结启示

九洲 5G 数智产业创新中心由国资上市公司、著名数字科技公司、直播产业龙头联合打造，专注于双域流量直播方法论、数字展示技术、数字直播黑科技的创新研究与落地应用，赋能品牌、实体与消费者的超级链接，推动 5G 数字直播技术及产业链相关产品、解决方案在国内外的落地应用，构建基于 5G 数字直播产业合作共赢的创新增长新经济、新模式、新业态。

（资料来源：笔者根据多方资料整理而成）

本章小结

“互联网营销师”与“直播销售员”是国家对直播人才的正式称谓，反映了国家对数字经济业态和数字化人才的重视。伴随而来的是根据职业道德、基础知识和工作要求进行的不同等级人才的划分，这是直播人才认定的基本要求。面对直播行业激烈的市场竞争，主播的心态定位和直播技巧才是考验他们的制胜法宝，决定了他们在这一行业的收入和地位。除此之外，随着国家对互联网行业监管的力度越来越大，相关主管部门对直播行业划出了政策红线，主播和直播平台都必须严格提升自身修养，严守行为规范。不仅仅是国家政策红线，主播在进行直播时还要熟悉各个平台制定的规则，在规则内做事以免“翻车”。

第三章

直播人才的成长步骤

直播电商是大势所趋，商家自播才是直播电商未来真正的主角，网红直播的优势在于拥有粉丝经济的红利。

——千园直播创始人　吴　聃

对于整个行业的直播人才来说，因直播行业从2005年至今历经十数年，经历了几个不同的发展阶段，因此不同时期的直播人才也表现出各自不同的特点。对于每一个投身直播行业的主播来说，都要经历从入门、锻炼、成长到熟练的过程。“江山代有才人出，各领风骚数百年”。综观直播行业发展的这十几年，也正是直播人才成长的黄金时期。

开章案例

快手——KOC 直播带货模式

2020年5月11日，董明珠入驻快手直播间，成功带货3.1亿元。2020年6月11日，网易CEO丁磊在快手带货，开播4小时实现成交额7200万元，观看人数达到1600万人。还有很多像他们一样的企业负责人入驻快手直播间，为品牌助力，正是看中了快手平台强大的带货能力。其实，这是快手带货的底层逻辑发挥的巨大作用。

一、平台概况

快手是北京快手科技有限公司旗下的产品。快手的前身叫“GIF快手”，诞生于2011年3月，最初是一款用来制作、分享GIF图片的手机应用。2012年11月，快手从纯粹的工具应用转型为短视频社区，用于用户记录和分享生产、生活的平台。后来随着智能手机、平板电脑的普及和移动流量成本的下降，快手在2015年以后迎来直播市场的兴起。

2019 年 11 月，快手短视频携手春晚正式签约“品牌强国工程”强国品牌服务项目。快手成为中央广播电视总台 2020 年春节联欢晚会独家互动合作伙伴，开展春晚红包互动。

2021 年 2 月 5 日，快手正式在香交所上市，首次公开募股融资规模为 54 亿美元。同年 3 月 23 日，快手发布 2020 年第四季度及全年财报。快手 2020 年全年营收 587.8 亿元，市场预期 593.82 亿元。

二、快手直播带货模式

与抖音相比，快手的 DAU 与 MAU 明显偏低，且头部主播数量明显低于抖音，但是快手平台直播的成交额却远远高于抖音。这就是快手直播带货模式的基础：内容生态、老铁经济、产品故事、平台特性。

内容生态：快手主播更加注重与粉丝互动，如向粉丝倾诉主播故事、展现砍价采购等过程，向粉丝展现主播生活真实的一面，让粉丝感受主播的真诚与亲切，主播与粉丝打成一片，减少与粉丝的距离感，从而增加粉丝的好感与信任度，极大增强粉丝黏性。

老铁经济：主播实行老铁制度，在直播过程中通过粉丝互动增加粉丝黏性，主播越让粉丝感觉亲切、越没有距离感，粉丝对主播的黏性、忠诚度也就越高。老铁经济的突出表现是秒榜机制。粉丝通过给主播刷礼物获得第一之后，主播感谢榜首的礼物，会呼吁粉丝去关注该粉丝，从而该粉丝可借助主播的人气进行卖货。快手的秒榜制度，使得主播与粉丝互惠互利，利益关联。

产品故事：将产品从原产地的生产流程、采购、制作、包装到销售环节，全部展现在消费者的面前，跑工地、去工厂、奔赴农场，从而围绕产品生态构建独特的生长故事。

平台特性：快手用户使用关注页和同城页的比例高于抖音，说明快手视频主动权掌握在人手中，更多地关注人而非内容；而抖音内容大多由算法过滤后推荐，抖音主动权掌握在算法（平台）手中，更多关注内容而非人。

从整个快手的主播属性上看，快手中有大量工厂、原产地、产业链上的主播，而他们的直播内容也与他们的属性相连。产业带直播电商的核心是围绕品类选择与质量把控、丰富的产业链资源、第三方服务等环节来运作，形成了“源头好货”的模式。所谓源头好货就是让主播省掉了中间环节，直接对接优质工厂与原产地，从流量和金钱两方面提升商户的产业价值与信任度。快手产品大多较为低廉、性价比占主导，由于市场下沉，用户多来自二、三线城市，网红多数为草根，另外由于快手的老铁文化，更容易形成“老铁经济”，粉丝们大多对主播有着天然的信任。抖音的使用者大多来自一线甚至超一线城市，低价商品难以获得稳定客源。

快手直播的撒手锏是信任关系与私域流量。与抖音等平台的公域流量的分发机制不同，快手是普惠+基尼系数的社区实现去中心化的分发机制。普通个体的特定内容能获得相对应的目标用户流量，视频推荐更分散、下沉，更容易沉淀私域流量，私域流量的价值在于推动目标粉丝的精准度与信任度，而信任关系则能推动高效的转化。

基于原生态内容的真实性、私域流量的信任价值衍生出的KOC（关键意见消费者）营销模式，则助推着主播的带货效果。他们分享的内容多是自己亲身体验，营销过程更注重与粉丝的互动，虽然内容粗糙但是因为足够真实，带来的信任价值与互动价值很高，可以将平台曝光（公域流量）实现极高的转化（私域流量）。

当然抖音和快手直播带货都是各有各的特色，虽说快手和抖音都是短视频平台的翘楚，用户重合度也在不断上升。但是快手的转化率高于抖音，抖音娱乐性更强一些。

快手直播的玩法完全不同于淘宝直播，快手独有的“老铁经济”能够带给消费者绝佳的情感体验。

快手有大量工厂、原产地、产业链上的主播，他们的直播内容也紧紧围绕自身属性。比如，很多主播会直播自家的果园、档口、店面，强调产品源自“自家工厂”，这种直接展现产品源头、产品产地的卖货方式，可以让消费者对产品有更直观的了解，从而提升他们对产品的好感度和忠诚度。

快手下沉市场的用户黏性极高，有助于提升转化。而且对于下沉市场的高渗透率，恰恰避开了一、二线城市的流量红利，使得快手在三线及以下城市的带货力得以充分发挥。

因为快手本身是一个短视频平台，而直播是衍生品，只是因为目前直播比较火热，所以快手的直播电商现在也进入到白热化的竞争阶段。

从大的方面来看，抖音、快手更像是一种引流渠道，最终的变现平台都会在淘宝或者微信，淘宝货源多，微信流量大。

快手带货能力确实远强于竞品平台，主要原因是它对于私域流量的保护，鼓励内容创作者与消费者结成互相信任的关系，鼓励内容创作者在带货时考虑更长远，符合商品销售的基本规律。

个人认为，快手带货更适合 to C 的产品，并非 to B 的产品。原因是 to C 产品的购买决策、受信任关系、情感价值等因素影响比较大，而 to B 产品通常价格很高，购买决策通常决定于理性分析与采购关系的建立。

三、总结启示

第一，平台要根据自身定位制定合适的算法与战略。例如，快手平台去中心化的算法是依据平台让所有用户拥有平等发展的理念所制定出来的，抖音流量推荐的算法是依据平台重视优质内容的理念提出的。不同平台定位不同，算法也就不同。因此，平台在发展过程中要明确自己的发展理念，并以此确定合适的经营战略，找准自身的定位。

第二，平台要重视社交属性，打造和谐活跃的社交圈。社交属性是互联网发展带给平台的一个重要特征，它可以在用户之间建立一种平等的关系，形成社交圈。社交圈可以增强主播的影响力，营造出活跃积极的营销氛围，带动直播效果的提升。

第三，直播带货时要根据用户定位选择合适的产品。快手上直播带货的产品专注于性价比是根据快手用户群体的特征所形成的。主播在产品选择时充分考虑了用户的实际消费能力与对产品的需求，实践证明也产生了良好的带货效果，体验了根据用户选品的重要性。主播选品时应该描绘用户画像，根据用户特征选择合适产品。

（资料来源：笔者根据多方资料整理而成）

第一节　直播的三个时代

每一个行业在发展的过程中，都不可避免地要经历从野蛮生长到无序竞争，再到逐渐规范有序发展几个阶段，直播行业也不例外。在直播行业的发展过程中，根据行业发展的规律和市场的变化，结合不同时期的标志性事件或里程碑事件，直播的三个时代可分为：带货达人时代、头部主播时代和商家店播时代。

一、带货达人时代

先来盘点一下带货达人时代，基本界定在 2013 年至 2015 年。

2013 年，张大奕签约如涵控股，预示着开始出现第一代带货达人。

2014 年，进入带货达人时代。

2015 年，淘宝直播正式立项。

直观地讲，带货达人就是某一领域的主播，由于其在该领域的长期积累与亲身体验，远比粉丝或一般人要多得多。带货达人模式下，主播不仅拥有某一领域相当高的专业度，还非常熟悉这一领域的产品，因此也被认为是这一领域的 KOL。例如，我们所熟知的“口红一哥”李佳琦，他作为男性，对各种口红了如指掌，远比众多女性还懂得各种口红的特点及优缺点，他甚至还能辨别出口红的气味，符合粉丝心中对口红达人的所有期待。因此，当他介绍一款口红新品的时候，可以准确无误地化解粉丝选择口红的烦恼，告知粉丝为什么选用这款口红，它和哪种特质的皮肤和气质更吻合。

带货达人模式下的粉丝，对达人主播的信任度都非常高，所以在产品的转化率方面自然也不差，因为粉丝能够通过这一模式下高辨识度的特征而快速识别并选择购买方式。也正是基于这一模式的特性，有些达人的直播间会忽视产品的高性价比，而过于关注自己的专业性优势。这样，有些粉丝来达人直播间的目的就不是冲着购买产品，反而是通过主播对产品的详细介绍和产品体验，提升丰富自己对该产品的专业知识，然后转向其他渠道下单购买高性价比产品。因此，带货达人模式下粉丝很难有非常高的成交冲动性，自然也就其产品的期待性不会高。

二、头部主播时代

头部主播时代的兴起，离不开移动互联网技术的创新升级和电商行业的突破发展。我国移动互联网技术继续保持4G领先优势，使用移动互联网的用户数进一步扩大，用户的需求已不再局限于传统的文字和视图，视频开始成为更流行的社交媒介，移动直播的兴起为直播和网红达人提供了更丰富的变现渠道。

移动直播火爆的标志性事件首推2016年的“千播大战”。当时，很多平台都嗅到了移动直播的商机，淘宝、京东、蘑菇街等都开始了将电商与直播相结合的直播电商布局。同时，数以千家的直播平台和短视频平台也蜂拥而起，吸引大量用户观看直播，直播带货火得一塌糊涂。

一些知名头部主播“总是被模仿，从未被超越”，已在直播行业达到了让人难以企及的高度。他们虽然在走红之前都是素人，取得的成功与自身的努力和积累密不可分，由于头部主播的示范引领效应，从而在很大程度上将直播带货行业带到了时代的风口。

2016年被认为是“直播元年”，当年全国一夜之间涌现了300多家网络直播平台；同年5月，京东直播上线。2017年淘宝直播包装头部主播，吸引MCN和红人入局，一些素人主播开始崛起。2018年6月，快手正式上线电商，同年11月老铁节，散打哥单场带货100亿元（宽口径）；淘宝直播手机版上线后DAU（日活跃用户数量）迅速突破千万；同年12月，抖音全面开放直播购物功能。

2019年，又被称为“直播电商元年”。淘宝直播上线独立App。同年，腾讯直播和拼多多直播电商先后上线，互联网巨头平台的不断加入，开启了直播行业春秋战国时期。

2020年新冠肺炎疫情突袭而至，隔离措施进一步助推了直播电商快速发展；同年4月抖音高调杀入直播电商，里程碑事件是6000万元签约某罗姓网红。

三、商家店播时代

自2019年直播电商元年以来，行业格局又发生了新的变化。一是头部平台以淘宝、快手、抖音、微信为代表，在抢占直播市场的同时，加强了直播运营。二是大批商家见识到了直播电商的威力，携产品优势加入直播电商阵营，直播行业由此进入商家店播时代。

店铺直播模式，对于大多数非直播相关从业者来说，可能并不清楚它和达人直播模式有什么不同。这两种直播模式给人最直观的印象就是名字不同、主体不同，但实际上二者有着很大区别。

第一，人格认同不一样。店铺直播基本是性价比认同，和主播比起来，大家更认同产品本身。店铺直播的人格认同更偏向IP化和品牌化，比如三只松鼠的IP就是三个松鼠。品牌化当然很多，大多数的店铺直播都是偏品牌化的。而达人直播则更偏向人格化和偶像化，那些头部主播和达人都是突出人设，而不是突出一家店，更容易从情感认同上吸引粉丝。

第二，人设标签不同。店铺直播的人设是根据店铺的类型各有不同，比如 MG 小象的人设就是学生群体喜好的淘品牌。另外，店铺直播的主播们颜值高、身材好、搭配专业，而且是直播间专属。而达人主播的人设则风格各异。

第三，直播的货品及更新不同。商家店播产品比较单一，不仅货品难找，而且更新不稳定。达人直播的类目就明显较多，而且可以做到每天更新货品。

第四，直播形式和灵活度不同。店铺直播属于主动型直播，可以自己安排和调配活动，而且可以多人直播一个账户，甚至 24 小时连轴转进行直播。达人直播属于被动型直播，既要取决于运营商，又受控于时间、市场和货品，而且一个人只能直播一个账户。

第五，粉丝的消费需求不同。店铺直播的粉丝是基于商品性价比认同，是购物需求驱动。达人直播的粉丝是喜好这个人设，没事就想来看看，是情感驱动。

当然，正如不同的达人主播人设不同一样，不同平台间商家直播的调性也会有区别。直播电商虽然还没有真正进入红利期，但是直播已不再是电商的选配，而是电商的标配。

总体上，直播经过这几年的发展探索，已经变得越来越成熟、稳定，通过与电商的巧妙结合，不仅探索出了变现的模式，也具有了更适合消费者与粉丝的表现方式。

第二节　主播的五个等级

在淘宝、快手、抖音、斗鱼等各个直播平台，直播都是分等级的。主播等级体现的是主播在直播平台影响力的级别高低。在所有直播平台的主播等级规则中，拥有五个主播等级的淘宝直播，其主播成长体系最为成熟。我们就以淘宝为例，分析主播等级的不同和相关规则。

淘宝主播的晋升规则主要通过积累经验值和专业分获得晋级。主播通过在平台完成相对应的任务获得经验值奖励和专业分奖励，并通过累计经验值和专业分晋升到下一等级。

（1）经验值。

经验值是影响晋级的必备条件，有两个决定因素。

一是开播时间。每天开播一分钟加一分经验值，封顶 200 分。

二是互动类数据。每天的互动类数据来自隐藏分值，包括关注、点赞、分享、互动等，封顶 100 分。

经过测算，就算没有直播间互动，拿到二级浮现权也就 16 天。假设互动隐藏分值为满分，那么拿到二级浮现权只需要 12 天。

（2）专业分。

为了让主播更专注在某几个领域，淘宝直播把专业领域划成 16 个。从二级主播开始，升级必须设置专业，而且二级以上的每个级别主播专业数量各有不同，三级、四级、五级主播可以设置的专业个数分别是 2、3、3。

专业分作为主播晋级的必备条件也有两个决定因素。

一是发布宝贝。每天发布一个宝贝加两个专业分，封顶 200 分。

二是引导用户进店。以每天引导进店粉丝的人（次）数加分，封顶 100 分。

经测算，就算没有直播间互动，晋升到四级主播也就 75 天。假设引导进店满分，晋升到四级主播仅只需 50 天。

（3）升级任务。

现在淘宝直播只有商家主播有升级任务，机构主播没有，而且只有一级商家主播有一个缴纳保证金的升级任务。二、三、四、五级还有待开放，升级任务大概率是任务成交金额、外部引流及活动策划等。

（4）等级特权。

浮现权只要达到二级主播就可以拥有前台浮现权加二、三、四、五级推荐奖励，这是一个对商家利好的消息。但是二、三、四、五级的具体推荐奖励，还有待官方数据。

（5）应用范围。

为什么每一个主播都这么在意等级？都在追求高等级呢？因为主播等级的高低与其粉丝数多少、收到的礼物多少及人气相一致，而且平台也是根据主播级别高低匹配相关的一些特权和优质资源。

一、一级主播

一级主播是主播的初始级，由于暂时没有专业，也就没有专业分。举例来说，主播甲是新晋的淘宝主播，此时甲的当前等级为一级，同时经验值为零，未设置专业，因此无专业分。

如果甲想要从一级晋升到二级，就必须具备两个必要条件，首先缴纳保证金5000元，完成当前的升级任务，并且同时需要获得3500点经验值，才能升到二级。

另外，关于缴纳保证金流程及退保证金流程都有详细的规定。

机构主播和商家主播又各有不同。前者不必缴纳保证金，因所绑定的机构已缴；后者晋升二级必须缴纳保证金，而且根据类目还有区别，珠宝类目至少须缴纳两万元，其他则须缴不低于5千元，保证金又分为淘宝的店铺消保保证金和天猫的店铺保证金两种。

如果同一账号身兼主播与商家双重身份，则以店铺保证金流程为准。

二、二级主播

二级主播是由一级主播升级而来。二级及以上的主播开始设置专业领域，而且必须设置专业才能升级。请注意：淘宝平台对主播的专业选择非常严格，一旦选择就不能修改，所以晋升到二级及以上的主播在选择专业领域时一定要慎之又慎。

二级主播开始享有的等级特权包括前台浮现权和二级推荐奖励。

二级主播想要升到三级主播，也必须同时具备两个必要条件，既需要获得7500点升级所需经验值，还需要7500点升级所需专业分。

由于二级主播是由初始级向更高级别晋升的必经之路，需要主播认真对待，尤其是从二级主播开始可以设置专业而且不可更改，还可以获得专业分为晋升加分。

三、三级主播

三级主播由二级主播升级而来，其支持设置2个专业。

三级主播享有的等级特权包括前台浮现权和三级推荐奖励。

三级主播想要升到四级主播，则需要获得15000点升级所需经验值和15000点升级所需专业分，而且经验值和专业分这两个条件必须同时满足。但是专业分方面需要特别注意的是，如果三级主播有多个专业，根据平台规定，这些专业对应的专业分不是相加，而是将按平均值处理。这样，同时满足两个条件对需要晋级的主播来说，无形中增加了一定难度。

举例来说：有一个淘宝平台的三级主播，暂称呼其为乙，假设主播乙目前有珠宝与穿搭两个不同的专业。如果乙在珠宝与穿搭两个专业下的专业分分别为8600分和6900分，两个专业分相加的和为15500分，看似超过了15000分的专业分要求。但按照平台的要求，乙的专业分是两个专业分的平均值，实际上乙真正的专业分为（8600+6900）/2=7750分。这样一来，乙如果想要从三级主播升到四级，那么乙除了须具备15000点经验值，还必须将两个专业分的平均值达到15000分的标准，才能晋升四级主播。

四、四级主播

四级主播由三级主播升级而来，或者由五级主播倒退而来。

四级主播享有的等级特权包括前台浮现权和四级推荐奖励。

根据淘宝平台的规定，四级主播在设置专业上比三级又多了一个指标，可以有三个专业供选择。但是，和三级主播的专业分统计规则一样，四级主播的专业分也不是三个专业的总和或者最高分，而是以三个专业的平均分为最终的专业分，作为晋级的必备条件。

此外，四级主播想要升到五级主播，还需要在每个月的四级主播和五级主播两个群体的总排名中位于前 1% 的位置才能有资格晋升为五级主播。如果共同排名不在前 1% 的范围内，则仍继续为四级主播。

五、五级主播

五级主播是淘宝平台主播成长体系下的顶级主播。

五级主播享有的等级特权包括前台浮现权和五级推荐奖励。

五级主播可以由四级主播升级而来，或者因五级主播够优秀，能够在每个月四级主播和五级主播的共同排名中位于前 1%，从而得以保留下来五级头衔。

根据淘宝平台的规则，五级主播和四级主播一样，可以支持设置三个专业。同时，五级主播的专业分统计和三级、四级一样，最终的专业分是三个专业分的平均分。

需要强调的是，五级主播想要保住自己的等级，则需要在每个月的四级主播和五级主播的总排名中，位于前 1% 才能保留为五级头衔，如果共同排名不在前 1%，则倒退为四级主播。

由此可见，主播的不同等级都有严格的认定标准，但同时也都有严苛的晋级必备条件及享有对应的等级特权。

第三节 主播的成长期

根据人才成长的客观规律，不管你是哪个级别的主播，也不管你是什么直播类型的主播，在人才成长过程中都应该符合普遍性的客观必然要求，都要经历从新手到不断成熟的发展历程。

各个直播平台的主播成长体系对应的都是不同的主播级别，不同的主播级别又对应着不同的标准和特权。在各个主播层级里，都相应地有着这个层级的主播群体。透过主播成长体系的量化机制，每一个主播都可以清楚地知道自己在直播平台所处的位置。这对于每一个主播既是明示也是激励，很多主播就是在这种激励下弥补不足，通过不断进步在某一个专业里成长为头部主播的。

综观直播行业的主播成长过程，我们将主播的成长期分为新手期、习惯期、加速期、调整期和成型期。

一、新手期

直播时间：1 至 5 天。

无论那些红人主播多么像明星一样耀眼，对于一个从来没有做过直播的人，从 0 到 1 都是人生中一次难得的全面跨越。如所有行当一样，“台上一分钟，台下十年功。”没有积累，就想一炮走红、一夜暴富是根本不可能的。因此，新手主播首先要过的是心理关，从心理上做好吃苦和磨炼的准备，其次才是做好具体操作层面的充分准备和练习。

新手主播第一步应该先做直播平台的筛选，在目前大家耳熟能详的各个直播带货平台，结合自己的喜好与特长，选择一个适合自己的平台开通直播带货功能，并进行直播的尝试运营。同时，逐渐知己知彼，熟悉新的直播环境，摸索这个平台的各项功能和调性，顺便布置调整直播间的环境，并找到自己的状态，以及与直播间围观用户的互动节奏等。

在这个过程中，建议新手主播一定要有好的心态。要尽量放松不可急躁，要心平气和又有亲和力，忌盲目好高骛远，忌忽冷忽热，三天打鱼两天晒网。

建议新人主播刚开播初期要集中注意力，专注于自己直播间的货品，真诚地与用户交流互动，这样不仅避免找不到镜头感的紧张，还可以赢得更多的信任感。同时，也可以在直播间打字幕"直播新人，请多关照"，或者播放一些符合自己直播间特点的音乐，创造良好氛围。

二、习惯期

直播时间：6 至 10 天。

这期间主要内容是：关注粉丝动态，学会与用户互动。

新手主播常见的情况是，自顾自地在直播间进行提前预演的各种动作行为、语言模式，容易忽略直播间的各种动向。为了引起新进直播间粉丝和用户的注意，当遇到有新粉丝或用户进来，主播要及时打招呼互动，吸引他们的注意力，引导他们关注自己的直播特色和产品。对于有人在直播间提问，也要及时回复，在面对很多问题时，要有针对性地回答，并记得关注那些问题少的用户和粉丝。对于粉丝的支持、赞美和鼓励，要及时道谢。尤其是对于送礼物的粉丝、下单的用户等，不仅要道谢，还要配合肢体语言，送出鼓掌声和背景音乐，或者做个心形感谢手势等。

新手主播要刻意练习关注粉丝、与用户互动的习惯。除了及时回复粉丝与用户的各种问题和评论，还要学会与粉丝聊天，或者可以在直播间里设置管理员，或者把粉丝和用户引导到微信群里互动管理，让粉丝与用户感受到重视。互动能有效增强用户与粉丝的体验感，壮大自己的粉丝与用户群。

此外，规划好每天的直播时间也很重要。有研究表明，有固定直播时间，或者有稳定直播规律的主播，其直播间积累忠实粉丝更容易。

专栏 3－1

助农直播带货加快乡村振兴

2019 年“直播带货”成为我国网络销售新模式，2020 年线下销售因新冠肺炎疫情影响，农贸市场长期以来作为我国农产品主要销售流通终端的局面被打破，越来越多的原产地特色农产品通过直播间销往各地。在网红助农直播这种新模式的带动下，全国各地的蔬菜大棚、农产品生产加工基地等瞬间变成了直播间，市长、县长、乡镇长、新型农民纷纷带货，让直播成为“新农活”，一定程度上解决了农产品销售难的问题，促进了农民增收，进一步推动了乡村振兴。

一、农产品销售存在的问题

我国自古就是农业大国，农业作为第一产业一直占据着重要地位。传统的农产品生产销售始终处于被动状态，很容易出现农产品生产过剩，以及因农村交通不便与标准化程度低等原因造成销售难的问题。经济的快速发展使人们对农产品的需求越来越大，对农产品的产地、质量及安全等方面的要求也越来越高。如何调整和改善现有农业产业结构，转变传统的农产品生产销售模式以适应社会发展的需要，还需要从根本上分析和解决当前农产品销售过程中存在的问题。

（1）农产品运输成本高，中间环节不透明。目前，农产品除了在生产过程中需要投入比以往更多的成本，在销售和运输过程中，也存在过程烦琐，层层加价的问题。对于消费者而言，不仅购买价格远高于农户的成本，同时对于所购农产品的原产地、安全性等方面缺乏有效的了解。这就造成了农户在销售农产品过程中承担的成本及压力过多，消费者也无法获得性价比高的农产品。

（2）传统农产品生产标准化程度低。我国幅员辽阔，特色化、多样化农产品十分丰富，消费人群和需求也十分庞大，但是却没有形成规模化的销售模式与品牌效应。这与我国传统的农业以小户农业为主，生产分散、规模不大、专业化程度不高有很大关系。

（3）农村地区互联网基础设施不完善。我国农产品生产主场地在农村地区，当前农村地区的网络设施落后、互联网普及程度低，影响了农产品互联网销售的发展。

未来，为了保障直播带货的大范围推广，还需要进一步加强农村地区的互联网基础设施建设，利用互联网技术促进农产品销售信息更加透明，提升农产品在宣传、品牌、质量、标准化等方面的社会认可度。

二、助农直播模式发展历程

2018 年起，农业农村部就牵头发起了“农货产销对接”活动，从种地的农民、农产品业主，到网红、明星都开始通过直播平台带货农产品。

2019 年，淘宝直播上线村播计划，至 2020 年中淘宝直播村播计划已覆盖全国 31 个省市区、2000 多个县市，参与直播的县长超过 300 人，引导培育农民主播 60000 多人，带动就业 1600 万人次，相关农产品年成交额突破 40 亿元。同时，快手、拼多多等平台和企业也纷纷开展直播助农等活动。

2020 年新冠肺炎疫情突袭而至，农业农村部组织阿里巴巴、拼多多、京东、苏宁、一亩田等众多电商企业充分发挥互联网平台的积极作用，积极开展爱心助农直播活动，并通过流量支持、优惠贷款和运费补贴等各项促销措施，助力农产品快速销售。

2021 年，根据专业机构所做的市场调研，在观看助农直播时，有 98.3% 的直播助农用户表示会购买农副产品，有 69.7% 的直播用户因为产品质量过关及主播的吸引力和趣味性而选择购买农副产品，超五成的消费者因为性价比高和帮助当地农民的想法而购买农副产品。

为什么直播带货＋农产品的模式能够成功?

一是营销方式简便、技术门槛低。一部手机就可以直播，对于农民来说不需要太高的技术门槛和设备费用，操作简单，宣传也方便。

二是消费者能获得很好的体验感。直播的互动形式通过主播向消费者提供了详细、真实、全面的农产品介绍，增强了消费者的信任感及对商品的体验感。

三是减少中间商环节。农民或农产品业主与消费者直接对接，减少了商品流通环节，降低了产品成本，双方都受益。

四是促进了“小农户”与“大市场”对接。农产品网络直播可以将小规模经营的分散农户通过网络有机组织起来，成为连接“小农户”与“大市场”的桥梁，有利于边远山区农民获得收益。

三、总结启示

助农直播作为新兴农产品销售方式，虽然还存在着不够完善的地方，但是在很大程度上解决了消费者对低价优质产品的需求，主播和平台对稳定流量及口碑的需求，以及农民对致富的需求。这不仅为偏远地区带来了购买力，还增加了就业机会，实现了多方共赢的局面，同时又推动了乡村振兴，未来发展潜力巨大。

（资料来源：笔者根据多方资料整理而成）

三、加速期

直播时间：10 至 18 天。

新手主播在经过前 10 天的直播，开始慢慢找到一点感觉。通过有规律的固定时间直播，也慢慢拥有了一小部分粉丝或准用户群体了。但是，要想拥有稳定的粉丝和用户群体，还需要用更多的方法来引导，花更长时间来培养。

对于很多新手主播来说，直播间的粉丝和用户一般都是不怎么稳定的，以路过者为多。这个时候就需要有意识地采取行动去开发和留住这些粉丝和用户，尤其是对那些喜欢浏览直播的群体。

首先要清楚知道自己的特长、特点，结合自身优势打造一个与众不同的主播人设，把自身的情况与产品相结合，与人设角色相结合。在 KOL（关键意见领袖）引领的互联网数字经济时代，粉丝和用户对自己喜欢的主播，会有更多信任感和偏好依赖，好像看到了镜子里的自己，或者是想象中的自己，所以更容易打赏或下单，除非你带货的商品比别人有非常大的优势。

其次是加强对粉丝的维护和落地工作。先有观众后有粉丝与用户，不管是常来的粉丝和用户，还是对于那些走过、路过的观众，抓住他们来直播间的机会，及时推送粉丝福利、红包等干货，再辅助以各种才艺表演、小游戏等各种花样的活动，活跃直播间氛围，吸引他们驻足或欣赏，逐渐提高粉丝转化率。同时，引导粉丝和用户进入微信群、公众号等平台，方便随时和他们沟通交流，因为在微信群和公众号等平台更容易互动，发红包、推送优惠券等给粉丝和潜在的客户。这种形式，可以说双管齐下，既有利于营销，又维护了粉丝和用户。

四、调整期

直播时间：18 至 40 天。

新手主播的这个时期之所以被称为调整期，是因为这段时间非常重要，有很多新手主播都在这里出现问题，是新手主播成长路上的“事故多发路段”。在这段时期需要学习、思考和练习的事情有很多，简单列举几项：

（1）吸引粉丝下单的技巧。

（2）在适当范围内向粉丝要打赏的技巧。

（3）学习怎样能成为大主播。

（4）粉丝不多的原因在哪里。

（5）如何保持一颗平常心。

在这个阶段的新手主播要根据前面积累的少部分经验，多学习其他成熟主播好的做法。找到自身存在的问题和不足，努力克服。同时，加强学习、练习，形成自己独有的特色。

作为一个合格的主播，良好的互动能力是必备技能。为了熟悉自己导购的产品信息，新手主播要提前做好准备工作，了解品控人员总结的产品信息与卖点，并结合自身的语音习惯和特色风格，进行口播导购信息的强化练习，强化直播间观众对自己的印象。

新手主播只有这样有意识地一步步打造符合自己的人设标签，建立粉丝与用户对自己人设的感知，再把用户的这种感知培养成习惯，才能在直播初期不断挑战和调整自己，直播也会越来越有信心。

五、成型期

直播时间：百天以上。

经过前期 3 个多月对直播的了解加练习，加速与调整，这时的主播对直播的内外部环境基本熟悉。因为 3 个月左右的时间也是一个自我历练的过程，一部分新手主播可能找不到适合自己的风格，留不住粉丝自动退出。经过百天以上的磨炼，还能继续做下去，自然值得欣慰。

根据头部主播的经验，新手主播要想实现直播的定型，还需要对整个流程的精细化进行打磨，直播结束后的复盘就是极好的提升途径。复盘对于主播的提升及直播间的进步发展非常重要。

举个不一定恰当的例子，如果说直播前的选品等一系列准备工作类似于学生上课前的预习或老师课前备课，那么直播后的复盘就相当于学生的课后复习或老师的课后检查。这种复盘对于新手主播检视自己直播时出现的问题和不足，改进直播的内容与形式，同样至关重要。

主播直播后复盘的内容除了通过回放来总结团队在分工和组织方面的细节问题，还包括直播数据分析、直播间粉丝转化率及直播间用户的活跃度等。

直播数据分析一般包括直播时间与时长、粉丝与用户点赞数量、直播间的观看人数、实时评论数量、评论反馈效果、转发分享次数及直播时的涨粉数等，电商数据一般有全部订单的状态、交易账单与成交金额、商品点击数与店铺点击数、订单的付款笔数、收入总金额数、商品的流向变化等。

主播对直播的复盘与分析总结，是确定自己的风格和直播间调性。从一定程度讲，“直播是一种陪伴”，主播通过直播不仅是陪粉丝或用户买完就完，还要充分发挥和体现主播自身的人格魅力，提升粉丝与用户的消费体验感。

第四节　直播成长必经阶段

直播作为一种实操性很强的专业，除了需要了解基本的知识、规范和要求，更重要的是实际操作能力的培养。所谓“百闻不如一见，百学不如一练”说的就是这个道理。虽然每一个个体的天赋、资历、阅历各有不同，但是做直播都必须经历多个必经阶段的锻炼，方能“运用之妙、存乎一心”，在直播时游刃有余，做到熟能生巧、巧能生金。

一、第一阶段：进入到正常直播状态

（1）关键词：反复练习，调整心态，完成任务。

（2）注意事项：这一阶段通常是直播开播的起始阶段。对于从 0 到 1 的新人主播与新开播平台来说，经常在直播过程中存在着直播间观众少、人气不足，粉丝不固定也不稳定，以及订单和带货量低等各种问题。分析下来，主播自身客观原因无非是这几个方面：主播直播前准备不充分、经验不足、人设定位不准、互动能力偏弱、产品卖点或价格没吸引力、直播时段没选好等。而可能存在的平台原因，基本上有新人开播时由于各种原因不易进入、新人直播间的综合排序上权重比较低等。每个新人主播与新开播平台在这个阶段的周期各不相同，一般在 1 周至 1 个月不等。

（3）解决方案有以下四点。

一是针对那些没有任何直播经验的新人主播，要想做好直播，做足功课是必不可少的。新人主播可以在开播前，学习和借鉴其他直播平台上排名靠前的主播在直播时的内容、互动技巧等，反复观摩、多加练习。同时在每次下播后，积极主动做好当天的直播复盘，查找总结问题与不足，沟通协同改善与提升办法。

二是针对新平台开播，主播要提前了解和熟悉新平台的玩法，找到适合自己也符合新平台玩法的结合点。同时，分析判断新平台的用户与其他平台或者自己播过的平台有什么不同，及时调整直播内容、直播方式及根据新平台要求控制好直播时长，快速适应后尽快进入下一个阶段。

三是每一个主播，都会在新开播阶段遇到各种各样的问题，关键是要有一个良好的心态。这个阶段最容易出现心急气躁的消极心态，要坚定信心、积极面对，不管是主客观问题，都积极主动寻找解决方案，聚焦在直播起始阶段的核心目标和任务上集中发力。

四是对于很多新人主播来说，最困难的莫过于根据要求完成平台首月的任务。为了这项必须完成的任务，而且还要符合平台规定的相关天数要求，新人主播除了在正常直播时多注意进度以外，还要善于借助平台的各项扶持政策，努力按时完成首月任务。

专栏 3－2

珀莱雅——直播打造国货品牌营销新思路

珀莱雅是比较早期的国产化妆品牌，也是珀莱雅公司最早推出的化妆品牌，目前公司旗下还孵化出了“彩棠”“insbaha”“优资莱”“悦芙媞”“猫语玫瑰”等第二梯队的美妆护肤品牌，与主品牌珀莱雅建立差异化消费增长点。

一、公司概况

珀莱雅公司成立于2003年，是集研发、生产、销售为一体的大型化妆品集团之一。珀莱雅专注于运用先进的海洋科技，发掘深海驻颜能量，为亚洲千万女性提供全面、全新的护肤体验，深受大众消费者青睐和信任。珀莱雅品牌旗下包括“肌密系列”“海洋水动力”“海洋透皙白”等多个系列数百种单品，可以满足消费者的不同需求。为每一位爱美人士提供各方面的优质服务。

目前，公司旗下拥有“珀莱雅”“晶蓝”“韩雅”等数种品牌共千余种产品，可以满足消费者的不同需求。

二、直播营销战略

珀莱雅公司一直坚持以品质为导向的营销战略，与全球知名化妆品研发机构——韩国科玛公司建立全面的战略合作。在湖州按照GMP标准设计和建造大型现代化化妆品研发生产基地，引进最先进的生产设备和优质的化妆品原料，确保产品品质。

在销售渠道方面，珀莱雅公司起初是面向二、三线日化渠道，主要战场在线下的国内化妆品专营店，之后进军电商，形成线上、线下相结合的销售模式。珀莱雅公司在电商方面运营能力突出，自2014年起线上营收占比持续提升，到2019年电商渠道的营收占比达到了一半以上（53.1%），同比增长61.0%，线上实现营收16.6亿元（见图3-1），这得益于珀莱雅公司对于社交媒体、直播等新营销模式的积极尝试。相比其他国货老牌，珀莱雅公司对于品牌营销新渠道和新模式的把握和布局都处于相对领先的地位，除设立电商运营公司美丽谷之外，还通过参股的方式布局多家内容营销类的公司，如面朝科技、熊客电商、嘻柚互娱、万言传媒等。在“人、货、场”被打通的今天，珀莱雅公司再次抓住机遇，通过“直播＋电商”相结合的模式使得品牌营销更加多元化和人性化，将传统品牌营销玩出升级版。目前，珀莱雅公司直播电商营收占全部电商营收的比例在20%～30%，相比2019年有了很大的提升。

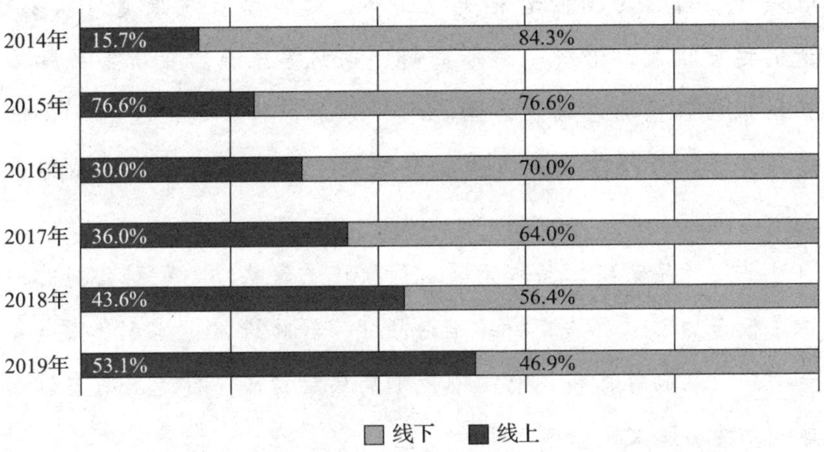

图3-1　2014年至2019年珀莱雅公司线上、线下营收占比情况

珀莱雅直播营销分为店铺自播和邀请达人主播两种形式。在日常销货等营销场景下，珀莱雅还是选择以店铺自播为主，为品牌消费者提供一个直观、互动的消费环境；在达人主播方面，珀莱雅公司和一些头部主播合作，在其推广新产品、打造爆款、拓展新客户群等需要瞬间流量爆发的营销场景内，帮助品牌快速促进销售行为的达成，大力宣传品牌价值。除了头部主播，珀莱雅也会和其他中腰部、专业的KOL进行合作，进行品牌产品推介。珀莱雅公司选择主播最重要的一个考量因素就是其粉丝画像和品牌是否契合。

直播平台的选择方面，珀莱雅公司目前以淘宝直播和抖音为主，同时也在积极尝试快手、微信、B站、小红书等直播平台。

在直播间的玩法方面，珀莱雅公司通常选择一位品牌主理人与达人主播合作进行产品推介，从专业化的角度清晰介绍护肤美妆类产品的功效、用法等，同时加入一些趣味性的互动，使消费者观看直播的同时也能学到一些护肤化妆技巧，增强用户黏性。此外，也可以给消费者一定的优惠折扣与样品赠送等粉丝权益。

三、案例启示

珀莱雅公司作为国内老牌美妆品牌，起步于日化渠道，以多品类、多渠道的运营机制，进一步进军商超、电商等渠道。在新生品牌、欧美大牌挤压市场容量的基础上，国货老厂除了销售渠道的整合，在价值体系、产品体系、价格体系等方面也在做重整，从而达到整体品牌价值的升级。

通过爆款产品策略、品牌策略、优质流量策略，珀莱雅公司的内容营销创造了极多的创意玩法，持续推动品牌年轻化进阶，如520微电影、明星联合插画、动画等，将固有的刻板形象层层打破，打造出用户认识年轻化、趣味化的品牌文化。

最终，通过多种类、多领域KOL的多元内容种草，重塑品牌形象，将产品深度推广至用户。

（资料来源：笔者根据多方资料整理而成）

二、第二阶段：粉丝获取和积累

（1）关键词：稳定开播，不断坚持，增加时长。

（2）注意事项：这一阶段是主播之间在带货与收益上拉开彼此距离的

阶段。每个主播之间的差别有先天的个人禀赋差异，还与后天的努力程度分不开，表现在直播间，就是主播开播的时长、拥有固定粉丝的数量及购买力强弱的差别。

获取固定、稳定粉丝的基本方法很简单，就是风吹雨打、雷打不动的每天稳定开播。在这方面，李佳琦绝对堪称经典，其创造的纪录是在一年365天里直播389场，这也是李佳琦之所以成为李佳琦的真正原因。那些只知道怨天尤人的主播，在坚持不间断的直播方面不妨好好向头部主播学习。正是因为不断坚持直播，才能吸引和留住粉丝与用户，这些固定、稳定的粉丝与客户除了围观、购物、打赏外，还能在潜移默化中推高直播间气氛，增加平台对直播间的排序权重，带动其他粉丝与用户的消费积极性，为主播创造更多的收益。

（3）解决方案有以下两点。

一是稳定开播、不断坚持、增加时长，这是稳定、固定粉丝与客户的重要手段。建议主播在这一阶段每天开播时间至少不低于8小时，可以分时段进行。在每天稳定开播的基础上，除不可抗力因素外，长期不间断地坚持，而且要坚持与固定粉丝积极互动，以其示范作用引领其他粉丝效仿跟进。

二是在这一阶段最考验主播的事情，不是和其他主播的竞争，而是与自己的斗争，与自己在惰性和借口方面的斗争。强迫自己在思想、精力、体力方面做好长期坚持斗争的准备，并坚持下去。只有这样长期坚持，才能养成良好的直播习惯，一直到把自己和很多主播拉开真正的差距。

三、第三阶段：运营推广介入助力

（1）关键词：资金支持，运营介入，收益倍增。

（2）注意事项：这一阶段是主播在与其他人之间拉开差距后新阶段的

开始。因为主播在前两个阶段都是自己在摸索、打拼，寻找适合自己的人设定位和直播风格，主播能否真正坚持下来或者还会因为自己的问题产生什么样的变化，都是不可知的。因而前两个阶段中公司的经纪功能难以真正发挥，只是更偏重对主播的引导、调整方面。

公司的经纪作用本来就是挖掘、培养、包装及推广主播，进入这一阶段后，公司可以更好地发挥经纪作用，直接提供更多专业帮助。

（3）解决方案有以下三点。

一是资金支持。公司开展直播方面的资金运作是对主播最直接的帮助。例如，可以借助刷榜上位，或者以红包活跃直播间氛围等，也可以开展站外引流，在今日头条、新浪微博、抖音等平台发布该主播的直播预告，吸引更多有一定意向或潜在的用户来围观直播间，吸引其下单。

二是运营介入。公司作为运营主播的组织，是衔接主播与直播平台的重要纽带。公司可以提供的系统化运营支持主要包括首页推荐、全站热门推荐、对主播的人气扶持、享受公司大粉丝资源、推广卡等，以各种手段进行力度更大、频率更高的直播介入。

三是收益倍增。主播不仅可以参与公司的各项直播活动、话题活动，增加各类商业资源运作的曝光机会，引入更多的流量，还可以享受公司提成外的额外奖励等，实现主播、经纪公司及平台的最大化开播效益。

章末案例

琴岛直播带货——反季节销售走出困境

2020 年，新冠肺炎疫情给小家电行业带来了巨大冲击，首要任务是保客户、稳订单，先生存后发展。青岛市琴岛电器有限公司（以下简称琴岛）在副总裁于秋石带领下，冒着疫情风险，带着相关同事出差，调研市场，寻找更多合作商以开展新产品、新材料的合作与研发；积极开拓线上线下多样性营销渠道，开启跨境电商平台销售，且琴岛品牌已经取得欧美自主商标注册；同时起用年轻团队，初步开展线上直播，鼓励全员参与，培养网红。

一、公司介绍

青岛市琴岛电器有限公司始建于1982年，是中国标准化技术委员会委员单位，中国家电协会理事单位，全国电热毯专业委员会成员单位，综合实力位居全国同行业领军。

琴岛拥有先进的生产设备和国内一流的检测实验室，技术中心被认定为山东省企业技术中心和青岛市工程技术研究中心。企业自主研发的多层螺旋感温发热线设备被认定为山东省重点领域首台（套）技术装备，自主研发的集发热、感温、电磁屏蔽为一体的多层螺旋感温发热线产业化项目被科技部列为火炬计划。拥有专利100余项，其中发明专利2项。产品除在全国销售，还出口至美国、德国、英国等30多个国家和地区，是青岛上合峰会特供企业。

二、直播模式

2020年5月，琴岛副总裁于秋石，参与了第一场直播，直播的封面是于秋石的海报。当时计划是提前热场，吸引人气。但快2小时预热，造成预热时间长，一些观众可能是被封面介绍吸引过来，但需要等待时间过长，造成部分观众流失。

直播间使用的是无线网络，直播手机、直播电脑设备、工作人员也使用该无线网，在于秋石直播时，网络不流畅，于秋石说话出现卡顿和延迟。前期设备准备得不充足，用的时候发现电源线不够长，麦克风等设备没有来得及充电，在直播中发现麦克风没电，更换麦克风时，有近1分钟的冷场。

最后抽奖免单环节，未提前准备好抽奖截图的专用手机，也没提前跟于秋石沟通怎么截屏，导致那个环节有点拖拉。未准备其他备选方案，本来可以继续直播，平台也给了公域流量增加曝光，在介绍完所有产品后，就结束直播，浪费掉了部分的公域流量。

在直播结束后统计时，本次直播的商品橱窗上，于秋石主推的琴岛电热烘衣架反而销量较低。该产品有大额的优惠券可以用，满199元–50元，原价羽翼款299元，无翼款249元，到手价分别是249元和199元，且南方6月马上就是梅雨季节，这款烘衣架也比较实用，恒温烘干，仅销售43台。本次直播，销量最好的是一款纯白色的除螨电热毯，但也只销售87条。

从直播后台数据可以看出来，于秋石带货首秀当晚累计观看12万人次，在线同时观看的人数最高达到了5万人次，商品销售额为3.5万元，可以说这次琴岛直播带货效果远不如预期。

三、京东“8·16”直播

继上次的直播首秀后，于秋石在2020年8月16日这天，再次开启了第二场直播。这一次，于秋石用了30分钟，一个单品的销售额就破5万元。全场2.5小时，销售额达到了22万元。全国8月份大部分地区的温度，都超过30℃，在大热天反季节销售秋冬取暖产品，这一场直播的带货，相当于一个店铺一个淡季月份的销量。

最终本次直播累计观看人数超过20万人次，最高同时在线的人数超过了8万人次。在短短2.5个小时内带货销售额达到22万元，相比此前于秋石带货首秀时出现的直播卡顿、麦克风无声音，成交额为3.5万元的成绩，此次直播带货，无疑是反季节销售的一次突破。

相对于很多年轻的创业公司，始建于1982年的琴岛，建厂历史比很多年轻人的年龄都大得多。在“8·16”的直播中，于秋石先用10分钟左右的时间，介绍了琴岛灯塔商标的故事：于秋石父亲事业陷入低谷，受到打击时，望着小岛屿琴岛和灯塔，用火柴在海边勾勒出了琴岛的图形，申请到了商标。于秋石真情实感的介绍，引发了粉丝们的强烈共鸣，直播间很多人留言，参与琴岛灯塔商标故事的讨论，拉近了于秋石和粉丝之间的距离。

在这次直播中，现场还准备了很多道具，现场试验，由专人负责不同道具。赠送的速干运动毛巾体现如何干得快，于秋石带着防水手套，把速干毛巾放入热水中水洗，拧干水再一甩，瞬间就干了。除螨除湿电热毯的卖点是除螨和水洗。现场提前准备好鱼缸、鱼在水中游动，工作人员把电热毯放入水中，通电试验，使粉丝能够真实地感受到产品过硬的质量。

作为反季节销售的电热毯，很多人会有偏见，秋冬用来暖被窝的，夏天用不到。于秋石喊出的口号是“向偏见说不”。夏天雨水多，被褥很潮，电热毯可以轻松除螨除湿，既省钱又省事。粉丝们也打破对电热毯的偏见，被种草了。

在“8·16”直播中，选择的大部分产品都是单价较低的产品，价格没有超过200元，更加符合大众的消费水平。直播中多款产品甚至低于双11的价格，原价149元的单人除螨除湿电热毯，直播间到手价格仅119元，比天猫、京东、小米有品的价格更低。

四、总结启示

2020年8月16日，于秋石代表琴岛在网上直播带货，在全国多地温度超过30℃的情况下，反季节销售秋冬取暖用品，销售额达22万元，相当于这次直播带货2.5小时，完成了琴岛一个淡季月份的销售额。

我们具体来分析一下。

第一，相比较于知名的头部带货主播，于秋石背后的琴岛，他们的商业逻辑是不同的。头部主播是选品后谈价格，把中间价格压到最低，要更优惠的折扣。而琴岛是厂家，没有中间商，直接出厂价，给到粉丝的是性价比高的产品。琴岛线上各渠道的关注粉丝超过10万人，通过线下代理商也会获取一定的流量，将这些流量再转化到于秋石的直播间变现。开播前，琴岛内部员工、各地的300多位代理商，通过转发预热海报、视频等方式，由直播间的专属链接和二维码，产生裂变，用户可以扫描或点击链接进入直播间下单购买。

第二，反季节销售的逆向思维，在高温天销售秋冬取暖产品，要打破粉丝在长期生活中形成的固定消费观念。让粉丝反季节消费的话就要给他们一个消费的理由，于秋石给出的理由就是“向偏见说不”。通过“向偏见说不”的营销策略，来转变粉丝的观念，因为很多人都会遇到偏见。同时从除螨除湿电热毯本身来转变，电热毯春夏除螨除湿，秋冬取暖。通过直播促销的方式，将琴岛除螨除湿电热毯的新理念推向市场，电热毯一年四季都能用，不要带有偏见认为是秋冬季节产品，主动引导粉丝的消费取向。

第三，产品全方位立体化地直观展示，产品道具、产品使用场景展示。例如，当介绍速干毛巾时，口头表达干得很快，但粉丝不知道有多快。于是，于秋石把毛巾放入热水中水洗，拧干后一甩，粉丝能通过镜头看到，眼见为实。又如，将通电的产品放入水中，在人的潜意识里，会认为不安全，用鱼缸实验来展示，鱼在水中游，电热毯在鱼缸中通电后亮灯，用户通过直播镜头也能看到，打消顾虑，吸引下单。

总之，直播中对琴岛文化、琴岛技术、琴岛产品的大力宣传，使这次直播有了比较好的销量额。

（资料来源：笔者根据多方资料整理而成）

本章小结

事物的发展都需要遵循一定的规律，直播行业的发展和直播人才的成长也同样要遵循发展规律。直播行业在经历前期混乱无序的发展之后，逐渐走向健康、规范的可持续发展道路。总结起来，直播行业基本经历了带货达人、头部主播及商家店播三个逐步递进发展的阶段。

主播的成长也符合人才成长的一般规律。根据主播的成长规律，主播要经历从新手期到成型期共计五个时期的成长阶段。这是主播成长的必经之路，平台正是通过把不同时期和阶段的主播进行分类，在激烈竞争中打磨不同等级的主播，并给予不同的要求、不同的特权和相应的回报。

第四章

直播人才的培养开发

人才培养的质量标准与规格要求是人才培养工作的出发点。

——中国广告协会

评价一个行业是否成熟，主要取决于两个关键评价标准：一是细化明确的分工，二是可靠稳定的人才培养。经过近几年的高速发展，直播行业已开始逐渐走向分工精细化、流程标准化。而与直播行业迅猛发展不相适应的是专业直播人才的巨大缺口，无论是专业市场调研机构还是各大招聘平台的反馈无不是如此，这是业内共识。

人力资源和社会保障部在2020年将“直播销售员”列为正式工种，充分说明从行业到政府都意识到直播人才的重要性，急需补上制约直播行业快速发展的人才短板问题。人才培养是一个系统性工程，涉及标准化课程体系、理论加实操的师资体系，以及与之相匹配的评价体系。如果不能探索出一套系统性培养直播人才的长效机制，将无法从根本上解决问题。但直播行业属于新兴数字经济产业，传统的校企合作、行业培训等方式依然存在很多问题，探索教育供给侧与产业需求侧深度链接的产教融合模式将是直播人才培养的必由之路。

开章案例

蘑菇街——导购社区平台到直播电商平台

在“让时尚触手可及”使命与“成为时尚目的地”愿景指引下，蘑菇街为累积超过3亿女性提供时尚资讯与购物分享等服务。蘑菇街社区汇聚了数万名专业的KOL达人，凭借直播、短视频、图文等多元形式，将商品推荐、选款搭配等内容呈现给用户。而蘑菇街也通过商品供应、孵化培训、软件工具、客户服务、金融支持等对KOL进行全面赋能。聚焦直播渠道，蘑菇街逐步实现从导购社区到全面直播电商平台的转型。

一、公司概况

蘑菇街成立于2011年，是专注于时尚女性消费者的电子商务网站，是时尚和生活方式目的地，通过形式多样的时尚内容等，让人们在分享和发现流行趋势的同时，享受购物体验。

蘑菇街于2018年12月正式在纽交所挂牌上市，现已发展成为中国领先的社交导购平台。

二、蘑菇街发展历程

2011年，导购社区上线：企业成立，建立用户购物分享平台。

2013年，打造电商平台：分享型社区到电商平台过渡，形成交易闭环。

2015年，孵化KOL店主：支持KOL店主开设风格店铺，强化种草能力。

2016年，开创电商直播：直播+电商，成为直播电商开创者。

2018年，构建短视频社区：社区短视频化，丰富内容矩阵。

2020年，聚焦直播，赋能主播：通过孵化培训、拓展流量入口等方式，全方位赋能主播。

蘑菇街经历了从传统导购商城到直播电商的转型，以直播渠道为公司营收注入新动能。蘑菇街较早确立了以直播电商作为未来营收核心驱动力的战略并付诸实施。从直播功能引入，到后续功能优化，再到全方位赋能主播，打造稳定主播群体，均展现出蘑菇街深耕直播电商的决心。

2020财年（2019.04—2020.03），直播电商业务对蘑菇街营收的贡献已达46%。而随着蘑菇街电商直播转型的纵深化，该数字有望实现进一步增长。

三、差异化竞争优势

打造稳定、健康、多样化的主播群体，巩固蘑菇街差异化竞争优势。

蘑菇街直播电商转型战略初见成效。公司财报显示，2021 财年第一季度（即 2020.04—2020.06）直播相关业务收入为 22.66 亿元，同比增长 72.4%；观看直播的购买用户已突破 370 万人，较同期上升 37 个百分点，日均直播观看时长为 71 分钟，30 天复购率高达 91%。此外，蘑菇街在直播转化率上也呈现明显优势，实现 24% 的直播转化，领跑直播电商行业。

直播业务高速增长的背后，离不开蘑菇街精细化运营下逐渐形成的差异化竞争优势。与其他平台相比，蘑菇街通过主播挖掘、孵化培育到全面赋能各环节的探索与经验累积，打造了稳定、多样化与良性竞争的主播群体，如图 4-1 所示。

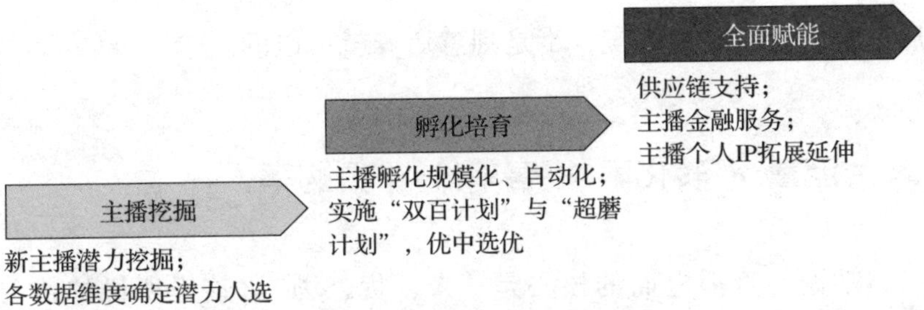

图 4-1　蘑菇街主播培育机制

主播群体稳定。蘑菇街与平台前 300 名的主播签订全网独家协议，从根源上降低主播跨平台直播而引发的风险；主播可享受蘑菇街提供的全生命周期服务，平台以自有供应链、金融支持、主播个人扶持等全面赋能主播，主播与平台之间逐步建立强链接。

多样化主播群体。蘑菇街打造多样化主播群体，以吸引不同兴趣、不同圈层的用户，推动内容精准触达特定用户群体。

主播良性竞争。尽管蘑菇街主播粉丝数量存在一定差异，但主播间的竞争并未产生明显的“二八效应”。主播从 K1 至 K10 共 10 级，呈健康的金字塔型。K1 至 K5 级别中潜力主播将得到平台专项培训与供应链支持，实现快速升级。而K6至K10主播引导成交的GMV已较为稳定与可观，其考核标准主要为粉丝数量。完善的升级标准，保障各级主播在“金字塔”内向上流动的稳定性。

（资料来源：笔者根据多方资料整理而成）

第一节　结合实战发掘人才

每一个行业的发展都离不开人才的支撑，直播行业更是如此。头部达人主播只是直播行业产业链人才的一部分代表，还有大量的为直播服务的人才及基础性人才，都属于直播人才培养的范围。头部主播所展示的专业素养、职业技能和实战经验，可借鉴学习不可复制，他们的成功也是自身努力加行业窗口的叠加效应，不是刻意培养就可以的。

一、人＝流量 × 转化率 × 客单价 × 复购率

我们常说，直播电商的核心是“人、货、场”。这里所说的“人”代表的是流量经济，即人＝流量 × 转化率 × 客单价 × 复购率。

流量：有多少人进店，或者看到自家的商品（线上投放）。

转化率：多少人购买。

客单价：一个用户花了多少钱。

复购率：用户这次购买了，下次还来购买的概率有多大（回头客）。

在以上几个方面，直播电商与传统电商并没有本质的区别，只是通过不同的途径做加持。其一是依托移动通信技术，从不同的流量获取途径获取更多流量场景；其二是引入KOL与MCN，牢牢抓住用户，大幅度提升用户转化率和复购率。有数据表明，目前头部网红直播电商把传统电商0.37%的用户转化率提升到20%，而且通过积分兑换、上新投票权和好友

拉新等裂变分享，以及微信直播社群的私域流量等提升用户复购率。

直播行业的迅猛发展，从各个不同的平台涌现出了成千上万的优秀主播和网红达人。除了少量的头部主播及部分肩部和腰部主播，整个主播长尾正在不断地历练中成长。很多直播平台也意识到培育主播梯队的重要性，把不同层级的主播和不同品牌价值的货品错位搭配，一方面实现效益的最大化，另一方面培育和打造人才梯队。

二、优秀主播引爆流量

优秀主播在电商直播中的作用不可替代。直播带货所说的“人”分两种：带货主播与围观用户。带货主播可以看作是直播带货的门面，围观用户才是为电商直播创造流量的重要群体。观众即流量，但是去哪找流量呢？

就直播而言，流量主要有两种：公域流量与私域流量。二者的区别本质是互联网上以谁为主的问题，互联网上半场以流量至上，谁有流量谁老大，体现的是淘宝、京东等互联网平台的流量思维；互联网下半场以用户为王，体现的是微信群、公众号、抖音等私域流量池的用户思维。

私域流量将粉丝引流，公域流量负责拉新。每个平台都有各自流量机制。

影响直播间流量的因素有很多，最影响直播间转化率的因素则是转粉率，包括主播、场景、产品营销三个方面。这其中起决定性作用的就是主播了，主播是整个直播间起到转粉作用的核心。

优秀主播都是如何引爆流量的呢？

一是突出真实体验。

主播在直播间直播带货时，向粉丝与用户分享产品的真实体验，带给他们体验感与效果对比，吸引他们心动下单。

二是对产品的专业了解。

主播对产品知识与特性的了解可以是自己的亲身体验、长期积累，也可以是选品团队提前做的专业分析推介。主播带货本质上还是产品销售，只是形式不同，销售东西讲究“卖什么吆喝什么”，主播介绍产品时如果不能做到清晰准确，如果没有充分的信心和准备，是很难打动消费者的，也很难有好的直播带货效果。比如，主播介绍一款护肤品时，要将产品的细节描述清楚，产品都有什么成分，什么特性功能，适合什么肤质等。

三是吸引粉丝购买欲望。

直播带货是为了吸引粉丝与用户下单购买，主播不能为了直播而直播，不能只顾与粉丝聊天而忘了本职工作。这里汇总一些这方面的技巧以供参考。

首先，如上述第二点，主播对带货产品了解得全面、专业，描述产品清晰、准确，回答粉丝提问专业、到位。

其次，如上述第一点，主播介绍产品用后的效果，能让用户有身临其境、感同身受的体验感，引发共鸣。

最后，善用销售技巧，准确把握用户需求，吸引粉丝关注产品的亮点，善用共情力推动带货成功。

四是及时互动。

及时互动有助于拉近主播与粉丝的距离，增强粉丝的黏性。如果粉丝在你的直播间能得到很好地服务，找到宾至如归的感觉，下单就是水到渠成的事了。

五是性价比高的货源。

直播带货的落脚点是商品，产品的性价比是核心要素，直接决定着最后的成交量。同样的产品，质量好的更有优势；同质量的产品，价格低的更有竞争力。直播带货团队之所以有选品的专业分工，就是要对产品的货源、货品、消费者偏好、价格定位进行专业的分析，做到适销对路。

六是直播间人设。

在“人、货、场”的排列中，人是直播带货的核心。从小处着眼，打造属于主播自己的专业 IP，并且从细节出发，创建与自己风格及产品相适应的直播间人设环境，将对直播带货的销量产生重要影响。

三、网红达人提升转化率和复购率

我们前面说过，所谓流量代表的就是观众，所有围绕观众的因素而产生的一切相关数据，则会直接影响商家直播间的收益转化。

整个直播带货环节中，如何将潜在用户逐步转变为用户，商品的点击率与转化率是直播转化率的具体体现，也是衡量选品成功与否的主要指标。

直播间商品的点击率是指直播间商品的点击人数与商品的曝光人数之比，通常在 5% 至 20%。

直播间商品的转化率是指直播间商品的下单人数与商品的点击人数之比，正常情况下在 5% 至 20%。

一般情况下，直播间的引领商品由于刚上架，单价比较低，点击率与转化率可能都会高于 20%。在直播节奏比较稳定后，大多数商品的点击率与转化率都会相对稳定。根据商品的不同，也会存在高点击、高转化类，高点击、低转化类，低点击、高转化类，低点击、低转化类等几种情况。

当直播间有流量进入后，下一步主要做的就是把粉丝留住并且引导他们点击查看商品，会点击商品的粉丝可能是对商品感兴趣，所以就有成功转化的可能。从引导他们点击商品到最后成交下单，这中间受到多个因素影响，比如直播间商品呈现、主播的讲解话术、商品上架策略、商品优惠福利等。任何直播间流量能转化，归根结底是因为你的货根本上打动了消费者。不管是性价比、品牌或者外观，总要有一个理由打动用户下单。

直播间复购率是指根据用户重复购买产品或服务的次数计算而得来的

比率，除了转化率之外，直播间复购率是另一个衡量用户忠诚度的重要指标。用户第一次购买之后，才是营销的真正开始。因此，直播间复购率变得越来越重要。复购率高，意味着固定客户群体及市场份额稳定，产品有忠实客户群体与市场份额，则利润就有保证。先稳定好基本盘、利基市场、收入现金流，再去追求业务增长。

总结起来，提升用户复购率主要有以下几方面。

一是做好产品基础价值。

下单是复购的开始，因此进行用户满意度调查同样重要。直播间用户的初次下单后的产品使用满意度是复购的关键影响因素。做好直播带货立足的基本点是：产品质量、产品体验、产品服务，提高产品使用率，这些是复购率的基石。

二是提高产品使用率。

产品的使用率决定了销售频率。用户使用产品越快，用户回头重新购买的周期就越短。用户对其使用认知与实际情形不符时，便会减少产品使用频率的潜在机会。用户可能不会在短期更换产品，因为他们会高估产品寿命。因此，主播必须学会说服用户使其了解更新常使用产品的好处及帮助用户克服使用频率的障碍。

三是以奖励方式鼓励用户内推。

用户内推即用户购买使用产品后推荐给身边的亲朋好友，或者帮忙代理推广。直播团队要做好产品的质量、体验与服务的宣传，建立对用户内推的奖励机制，扩大复购率及用户群体。

四是利用大数据给用户推荐产品。

（1）基于行为数据的精准推荐。精准化推荐是大家都知道的一种大数据应用方式。根据用户的消费习惯和浏览行为，去预测用户可能要购买的商品，从而在用户浏览的过程中，或者定期向用户推送的内容中，加入类似商品的推荐营销。比如根据用户消费习惯，那些近七天在搜索结果列表页、商品分类列表页、商品收藏页、购物车都有看过、添加过、收藏过衣服的用户，系统可结合用户这些记录及需求预测可能购买衣服的品类。而且针对这些有需求还没下单的用户，可以进行定向引导或转化。

（2）进行用户画像。现在用户画像广泛应用于市场营销的各个领域。通过大数据对直播间用户的浏览、点击、下单等记录进行用户消费行为分析，构建用户识别标签进行分类管理。再针对这些分类用户精准销售，挖掘潜在的消费需求，最终提升直播间复购率。

五是搭建会员体系与会员激励体系。

延长产品连续性及用户激励体系，是一种有效的复购提升策略。

会员制是为了提升会员的黏性和增强复购，除了增加产品丰富度，还要创造一种包含时间属性的服务性或权益性产品，也为了丰富会员的服务。搭建会员体系，形成固定用户群体精准销售，是实行会员制的根本目的。

常见有成长体系（会员等级）、会员激励体系等。会员制是非常常见的复购手段，它增加复购频次主要体现在以下两点。

（1）会员成长体系。一方面，搭建会员成长体系。把用户会员的使用服务频次与成长值及会员等级相对应，同时结合激励机制，搭建积分与成长体系。另一方面，设计会员服务和权益。针对会员在多品类产品的消费方面进行优惠，提升复购率。而且把握两个原则：性价比够高；权益覆盖绝大多数产品。这两个决定了用户购买会员的动力有多强。

（2）会员激励体系。激励体系要与会员权益形成紧密挂钩，开展会员积分换购等活动。目前，会员制常见的激励体系就是积分体系和成长体系。

通过积分体系与积分商城，客户的黏度和复购率就能得到很大提升。

六是少点套路、多点服务、打造口碑。

对于用户的服务做到尽职尽责，运营管理好每一个社群，不去套路用户，而是用心做好服务，复购率自然有保障。

口碑是流量利器。通过用户的口碑传播，强化品牌形象，多渠道终端布局，打通线上线下引流，引爆用户圈层，全面覆盖用户的各类消费场景，并提供优质的服务体验，做好口碑实现客户留存，“复购率飙升”也是水到渠成的事。

此外，其他提升复购率的办法还有：增值服务，年卡、年度套票，定期推送活动提醒，各种优惠券，以及淘宝、天猫等平台推出的一些活动优惠券与店铺优惠券等。

关于复购率的提升问题，除了上述可以借鉴的方法外，我们还需要具备系统的分析模式，从用户购买前、购买时、使用产品时及使用产品后等不同的阶段进行研究和深挖。总之，提升复购率，需要围绕用户进行精细化运营，做好口碑，提升黏度，并配合一些相关的营销方法等。

专栏 4－1

MCN 机构“网星梦工厂”：当之无愧的机构带货王

MCN 机构有一个月度榜单排名，“网星梦工厂”在 2019 年的双十一购物节中，还获得了机构卖货榜的第一名。

网星梦工厂机构具有以下几个特点。

一是直播涉及领域广泛，平台类目多。

在网星梦工厂机构中，中部的网红直播带货的类目范围广泛，包括服饰、食品、家具、美妆、数码。由此可见，机构已经相当于全部类目的销售平台了。

二是社交媒体经验丰富，有利于宣传。

在机构成立初期，每年都会在微博上制造热门的营销事件及话题。“网星梦工厂”机构主要经营的是媒体营销，并且内容、推广是机构最擅长的事情，尤其是在微博平台，并且微博是“网星梦工厂”机构进行推广的主战场。

微博的环境开放，用户活跃，并且微博的用户群体年轻，对直播的兴趣也较高。

三是电商带货能力稳定，培训体系成熟。

“网星梦工厂”的电商带货能力稳定，且具有价格优势，优惠的价格在对用户的选择上具有很大的优势，“便宜”也是对用户最大的吸引。

四是网红孵化功能高效，注重素人打造。

在“网星梦工厂”机构的运作中，中部的主播是机构打造的重点，这点与其他争夺头部主播资源的直播平台不同。此外机构还专注素人主播的打造，再利用其丰富的媒体经验，可以使得这些素人主播得到很好的流量曝光，并且以中部主播为主的经营，也有利于主播的管理及公司的盈利。

（资料来源：笔者根据多方资料整理而成）

四、直播经济催生“新人才观”

直播新业态的发展与“互联网营销师”新职业的出现，催生、吸引了一大批直播行业从业人员。

最近两年，全国各地在吸引与留住直播行业人才方面都相继出台了各自的政策措施。事实上，人力资源和社会保障部关于互联网营销师的职业认证和直播销售员的工种设置，也在客观上说明直播人才已经获得了社会的认可。或者说，直播经济的发展催生了“新人才观”。

当然，点赞之外也不乏争议。有些网友带着狭隘的陈旧观念，认为直播人才不能与科技创新人才共同列为特殊人才，这种说法坦白地讲，是对新兴行业的偏见。早在2010年国务院就发布了《国家中长期人才发展规划纲要（2010－2020年）》，其中对人才的定义是具有一定的专业知识或专门技能，进行创造性劳动并对社会做出贡献的人，是人力资源中能力和素质较高的劳动者，该定义对人才并无严格的职业与行业限制。

按照上述定义，满足人才有两大主要条件：第一，有专业知识或专门技能；第二，对社会做出贡献。由此不难看出，众多主播们与直播行业的很多从业者，都具备官方对人才定义的条件。比如上海市向新兴行业的特殊人才伸出橄榄枝，就是城市开放性的体现，其实也意味着人才认定标准正在发生巨大变化。

从国际上来看，人才的标准认定并没有统一的模式，它的内涵和外延，与经济社会的发展密切关联。在经济结构单一的时候，人才的认定标准也比较简单。就像改革开放初期，下海经商的商业精英，或者擅长企业管理的人员，通常不会被定义为人才，但现在已经成了争抢的对象。

社会经济的发展，科学技术的创新，必然会催生一批新兴产业与相关职业岗位。人力资源和社会保障部会定期发布新增职业信息，最近这些年已在原《职业分类大典》1838 个职业的基础上，陆续新增了 100 多个新职业。这些新崛起的行业，有的是国家新兴战略产业，有的是互联网经济带动的数字经济新业态，它们都是我国社会主义市场经济的重要组成部分，同样发挥着拉动经济增长、增加就业的重要作用。仅仅直播电商行业，各种统计数据表明，2020 年我国直播电商销售规模达到 12850 亿元。截至 2021 年 6 月，我国直播电商用户规模为 3.84 亿，占整体网民的 38%。

市场经济发展日新月异，如果还抱持僵化的、守旧的人才观念，只会和经济发展脱节，将不利于发挥市场配置人才资源的作用，不利于我国新时期经济的协调发展。我们必须建立与经济发展相适应的人才认定标准，激发劳动者的活力与创造力，促进产业创新发展。但话说回来，并不是人才标准越活，开出的条件越优厚，效果就越好。

要想成为人才高地，保持人才认定标准开放性，为各类新型人才敞开大门的同时，还要在产业上修炼内功，让人才能够实现自我价值的最大化。同时，在引来人才后还要想办法留住人才，需要相关部门在提升城市服务质量、改善营商环境等方面下功夫。

第二节 产教融合培养人才

产教融合是我国基于国家战略和经济发展需要，在人才培养开发方面经过全面统筹所做的顶层设计。

产教融合有别于传统的校企合作，是将教育与产业融为一体。产教融合具体包括专业与产业对接、学校与企业对接、课程内容与职业标准对接、教学过程与生产过程对接，解决人才在教育供给侧与产业需求侧的协调发展问题，是校企合作的更高层次。

产、教在融合的过程中，既要保障相关主体在各自独立的基础上协同发展、互利共赢，又要兼顾社会效益的实现，促进人才供给与产业需求高效衔接，为汇聚发展新动能提供强有力的支撑。

国家的发展与人才战略密不可分。最近几年，为进一步深化教育改革，解决深层次人才发展问题，我国政府连续出台一系列产教融合政策，推进实施产教融合战略。2017 年 12 月，国务院办公厅发布《关于深化产教融合的若干意见》，产教融合第一次上升为国策。在随后出台的一系列国家和地方产教融合政策中，产教融合顶层设计不断完善，形成政府、行业与企业、学校协同推进，教育链、人才链与产业链、创新链相互衔接的新局面。

一个行业的成熟，离不开标准化的人才培养方案。直播行业在经过初期的“野蛮生长”后，已越来越向规范化、标准化、精细化方向发展。一方面，社会的进步使人们对产品质量的要求越来越高，对产品的多元化需求和对产品质量的关注度也越来越高；另一方面，行业内的分工越来越细致，对人才专业技能的要求也越来越高，对工匠型人才的需求也越来越多。无论是地方政府，还是行业平台都在寻找切实可行的人才培养路径。

比如，有直播平台请优秀主播开展内外部直播人才培训，有地方政府协调行业协会开展直播人才培训，有高校、职业院校为新闻或营销专业毕业生组织直播方面的实习实训等各种形式各异的直播人才培训。这其中，一个显而易见的事实是，相对于直播行业超过百万的需求侧人才缺口，目前各地开展的直播人才培训既无法解决规模上的问题，也缺乏专业性、系统性和长效机制。

专业市场调研机构数据显示，仅在抖音直播平台，从 2019 年 8 月到 2020 年 8 月的 1 年时间里，共有 2097 万人从事直播、创作等工作；淘宝直播平台带动的直接就业人数则超过 173 万人。如此规模的从业人员，加上未来发展带来的各类直播人才缺口，如果没有切实可行的人才培养模式和路径，将很难保证整个直播行业的健康有序发展。

根据当前直播行业的实际情况，结合我国近几年提出的产教融合国家战略，应该说走产教融合的人才培养模式，将是解决直播人才培养的最有效途径。以产教融合为切入点，改变原有的教育教学和实习就业模式，把直播行业的岗位技能要求和职业院校的教学内容相结合，把直播操作和课堂教学相结合，入学即入职，边学习边操练，既是学生又是员工，理论扎实、直播熟练。毕业时，按照教育部和人社部的“1+X 证书”政策，每个毕业学生手里除了毕业证书，还有“直播销售员”“互联网营销师”或者其他技能证书。学生毕业后可直接上岗，既解决了就业难题，也节省了企业的育人成本，可以说这种产教融合人才培养模式是多方共赢的最优选择。

一、专业共建

专业共建是指高校与企业根据企业对人才的需求，为共同建设、开办专业学科而创立的一种全新办学方式。开展专业共建的企业与高校签订相关合作协议，明确校企双方的职责，找准学校与企业利益的结合点，利用企业的实践平台，建立起合作多赢的动力机制。

直播人才所要求具有的技能涉及到哪些专业呢？从人力资源和社会保障部在“互联网营销师”申报条件里所列的专业可有所了解。在申报“互联网营销师”四级及以上级别的几个申报条件里，明确了满足任意一项都可以申报，其中涉及专业的一项，专门做了专业备注说明。

备注说明中所列“专业或相关专业”包括：市场营销类、电子商务类、工商管理类、播音与节目主持类、数字媒体艺术设计类等 70 个专业，涵盖了市场营销、工商管理、电子商务、计算机、播音主持、艺术、美术、设计、影视、会展、旅游等跨度很大的不同学科。

随着我国产教融合国家战略的规划实施，产教融合已成为近几年来职业教育、应用型本科教育发展的重点内容，是未来学校教育发展的重要方向。通过产教融合的方式，各级院校将在专业建设、课程改革、教材开发等方面进行一系列的努力和探索，积极推动“新工科”“新商科”“新文科”“新农科”“新医科”的学科创新和教育体制的改革。

在国务院《关于深化产教融合的若干意见》文件第（六）项推动学科专业建设与产业转型升级相适应中提出建立紧密对接产业链、创新链的学科专业体系，促进学科专业交叉融合。第（九）项深化“引企入教”改革中也提到支持引导企业深度参与职业学校、高等学校教育教学改革。文件以国家行政力量支持企业参与教育教学改革，推动学科专业适应新经济发展的需要，促进产教融合共同培养社会和企业需要的人才。

直播行业是在新商业背景下出现的新业态，应归属于“新商科”的范畴。直播带货看似人人都可做，但是却必须具有多种技能的复合型人才方能做得更好。如果直播仅仅被看作一种商品营销方式，它就只能是昙花一现，难以长久。就目前而言，很多直播带货只是停留在推销商品的层面，对主播的要求是，只要有一定的口头表达能力，对商品的性能和行业有一定的了解，对互联网金融、电子商务有一定的了解即可。然而，真正意义上的直播带货却是一种能连接客户需求与企业生产及变革的新型零售模式，通过深入各个行业、企业的流程、环节进行深度的改造和升级，以及有效协调用户的新需求与企业、行业的新产品、新服务，实现供需双方新的平衡。这不仅需要直播带货人才拥有较强的表达能力和对商品的了解，更需要其拥有能连接、挖掘深度赋能工厂的能力。在了解产品性能的同时，了解产品的生产流程和加工工艺，了解新的技术、潮流及发展方向，因此，直播带货人才不是传统的电商基础上的营销人才，而是能连接行业、企业各个环节并能赋能于企业进行改造升级的人才。

直播带货能够如此受用户和市场的追捧，主要是贴近了当前年轻人的消费心理和购物方式。直播是以互联网、移动终端及其相关程序为基础支撑，根据用户兴趣产生信息资源的一种传播形式。直播带货时空局限小，用户能直观感受到商品的用途用法和使用场景，增强了主客体的交互性，在信息传播中以大众网民为传播主体，传播渠道呈现多元化特征，传播信息更具娱乐性和个性化。

因此，我们在考虑做专业共建的时候，就要充分考虑这种新业态的独特之处，有针对性地进行专业建设和课程设计。

产教融合的专业共建模式大体有以下几种。

合作模式一：学校引进企业模式。

合作模式二：工学交替模式。

合作模式三：校企互动式模式。

合作模式四：订单式定制化模式。

从目前来看，虽然有一部分院校已经在专业共建方面进行了积极的探索，在专业整合方面进行了努力，但从实际情况来看，学校的专业群建设，专业调整的内容还没有很好地实现产教融合的目标。尤为突出的是，在跨院系的专业群建设方面还存在明显的不足，导致学校的专业群对接行业、企业还存在一定的偏差，难以满足行业、企业对复合型人才的发展需求。因此，在后续的专业群建设方面应基于产教融合的要求，做好跨院系的专业群建设，更好地对专业群进行调整，提高专业群的专业性。

总而言之，校企开展专业共建，既有利于院校精准办学，结合企业需求对口培养紧缺人才，又有利于校企双方资源共享、优势互补、互惠互利及协同发展。同时，对于院校树立与时俱进的教学理念，优化区域学科专业，优化人才培养类型和人才层次结构的意义重大。

二、课程开发

2020 年 9 月 16 日，教育部等九部门印发的《职业教育提质培优行动计划（2020—2023 年）》的通知第 20 条提出，校企合作开发专业课教材，推行形式多样的活页式、工作手册式、融媒体教材。

专业方向确定以后，接下来就是进行课程开发了。课程开发是指教师对课程进行规划、编制、组织、实施与评价的工作过程。为了达到课程目标和要求，一般会成立专门的课程开发委员会，按照课程开发的流程和步骤进行。

课程开发的一般过程和步骤为：开展调研，岗位工作任务分析，能力分析，序化课程，课程的主要教学任务，案例开发，课程整体教学方案设计，单元设计，资源建设及开发，完成课程的开发。

课程设定也会根据专业需要和市场需求，分为基础课程和专业核心课程。

基础课程结合人力资源和社会保障部对“互联网营销师”的技能标准，以及直播行业的知识和技能，直播人才的课程设计至少包含六门核心课程：《计算机及网络应用》《营销学》《传播内容制作和新媒体应用》《产品知识》《安全知识》《法律法规知识》。这些都还是基础知识层面的课程和内容，直播行业是个操作性很强的行业领域，讲究的是实际操作。所以，还需要结合理论进行大量的实操训练，锻炼他们根据市场和环境变化、场景和客户要求进行随机应变的能力。

专业课程按照网红主播的培养要求，从课程内容、课时与考核目标等方面可以考虑进行如下课程设计。

1. 专业课程 1：网红主播的商业本质

（1）学习目的与要求：通过本课程学习，着重掌握网红主播的定义、模式、商业本质。

（2）课程内容：网红主播就是品牌，网红主播商业模式，如何成为网红主播。

（3）考核内容及考核要求，如表 4-1 所示。

表 4-1　专业课程 1 的考核内容及考核要求

考核内容	考核知识点	课时	考核要求		
			识记	领会	应用
网红主播的商业本质	1. 网红主播就是品牌	4		■	
	2. 网红主播商业模式	4		■	
	3. 如何成为网红主播	4		■	

2. 专业课程 2：网红顶层设计

（1）学习目的与要求：通过本课程学习，着重掌握网红的品牌策划、商业模式策划、社群的布局。

（2）课程内容：网红品牌策划、商业模式策划、网红社群布局。

（3）考核内容及考核要求，如表 4-2 所示。

表 4-2　专业课程 2 的考核内容及考核要求

考核内容	考核知识点	课时	考核要求		
			识记	领会	应用
网红顶层设计	1. 网红品牌策划	4		■	
	2. 商业模式策划	4		■	
	3. 网红社群布局	4		■	

3. 专业课程 3：网红运营基础

（1）学习目的与要求：通过本章节学习，着重掌握网红内容策划、网红个人提升、网红团队管理。

（2）课程内容：网红内容策划、网红个人提升、网红团队管理。

（3）考核内容及考核要求，如表 4-3 所示。

表 4-3　专业课程 3 的考核内容及考核要求

考核内容	考核知识点	课时	考核要求		
			识记	领会	应用
网红运营基础	1. 网红内容策划	4		■	
	2. 网红个人提升	4		■	
	3. 网红团队管理	4		■	

4. 专业课程 4：网红运营实战

（1）学习目的与要求：通过本章节学习，着重掌握完成网红的吸粉、互动、成交策划的方法与技巧。

（2）课程内容：网红吸粉策划、网红互动策划、网红成交策划。

（3）考核内容及考核要求，如表 4-4 所示。

表 4-4　专业课程 4 的考核内容及考核要求

考核内容	考核知识点	课时	考核要求		
			识记	领会	应用
网红运营实战	1. 网红吸粉策划	4		■	
	2. 网红互动策划	4		■	
	3. 网红成交策划	4		■	

5. 专业课程 5：直播与电商

（1）学习目的与要求：通过本章节学习，着重掌握直播的商业本质及直播策划的方法与技巧。

（2）课程内容：直播的商业本质，如何策划好直播，如何执行好直播。

（3）考核内容及考核要求，如表 4-5 所示。

表 4-5　专业课程 5 的考核内容及考核要求

考核内容	考核知识点	课时	考核要求		
			识记	领会	应用
直播与电商	1. 直播的商业本质	4		■	
	2. 如何策划好直播	4		■	
	3. 如何执行好直播	4		■	

6. 专业课程 6：直播的导演

（1）学习目的与要求：通过本章节学习，着重掌握直播的设计方法与技巧、直播产品的策划方式和了解直播流程。

（2）课程内容：设计直播模式、策划直播产品、把控直播流程。

（3）考核内容及考核要求，如表 4-6 所示。

表 4-6　专业课程 6 的考核内容及考核要求

考核内容	考核知识点	课时	考核要求		
			识记	领会	应用
直播的导演	1. 设计直播模式	4		■	
	2. 策划直播产品	4		■	
	3. 把控直播流程	4		■	

7. 专业课程 7：直播的网红

（1）学习目的与要求：通过本章节学习，着重掌握网红的引流、互动、转化的策划方法与技巧。

（2）课程内容：网红如何引流，网红如何互动，网红如何转化。

（3）考核内容及考核要求，如表 4-7 所示。

表 4-7　专业课程 7 的考核内容及考核要求

考核内容	考核知识点	课时	考核要求		
			识记	领会	应用
直播的网红	1. 网红如何引流	4		■	
	2. 网红如何互动	8		■	■
	3. 网红如何转化	8		■	■

8. 专业课程 8：直播的系统

（1）学习目的与要求：通过本章节学习，着重掌握了解直播的第三方平台，会自己建立直播平台，玩转直播的关键技巧。

（2）课程内容：第三方直播平台、自建直播平台、玩转直播的秘密武器。

（3）考核内容及考核要求，如表 4-8 所示。

表 4-8　专业课程 8 的考核内容及考核要求

考核内容	考核知识点	课时	考核要求		
			识记	领会	应用
直播的系统	1. 第三方直播平台	4		■	
	2. 自建直播平台	8		■	■
	3. 玩转直播的秘密武器	4		■	

专栏 4－2

产教融合——从直播网红到直播工匠

从“网红”到“互联网营销师”，直播经济在从野蛮生长走向规范发展的过程中，直播人才也进入国家职业分类目录，吸引越来越多年轻人加入其中。知名财经作家吴晓波认为，未来，直播将为中国解决 2500 万～3000 万的新增就业人口。直播真正在改造的是他们的命运和他们周边人的命运。市场和产业的巨大人才缺口靠行业的自我发育显然不能满足，教育供给侧与产业需求侧相结合的产教融合人才培养模式，将成为了最佳选择。

一、产教融合概况

产教融合是产业与教育融为一体，具体包括专业与产业对接、学校与企业对接、课程内容与职业标准对接、教学过程与生产过程对接。主要是解决产业需求与教育供给的结构性矛盾，是校企合作的更高层次。

2017年12月19日，国务院办公厅印发《关于深化产教融合的若干意见》，第一次将产教融合上升为国策，赋予产教融合的结构性改革、推进晋级转型升级和培育经济发展新动能等多项职能。在随后出台的政策中，产教融合体现了经济转型升级的各个环节要贯穿到人才培养的全过程，还要形成政府、行业与企业、学校协同推进的工作格局，顶层设计不断完善。

2019年3月28日，关于印发《国家发展改革委、教育部建设产教融合型企业实施办法（试行）》的通知，进一步引导企业参与。

2019年9月25日，国家发展改革委、教育部等六部委联合发布《国家产教融合建设试点实施方案》，明确城市、行业、企业试点目标，促进教育链、人才链与产业链、创新链有机衔接，并将深化产教融合定位为推动教育优先发展、人才引领发展、产业创新发展、经济高质量发展相互贯通、相互促进的战略性举措。

在政策的引导和激励下，在市场和产业快速发展的驱动下，政府、行业协会、企业、院校等主体共同参与，推动产教融合及校企合作的制度与模式创新。

二、直播人才产教融合培养模式

高等院校是人才培养的摇篮，直播人才的体系化、规模化培养离不开高等院校。部分高职院校乘着教育部职业教育改革的东风，尝试在某些专业增加电商直播课程。例如，扬州工业职业技术学院，专门组建了电商直播学院；浙江义乌工商职业技术学院，则选择成立电商直播相关导师工作室等。

一是直播人才产教融合培养模式。

更多的应用型大学与高职院校则开展校企深度合作，选择产教融合的直播人才培养模式。

郑州商学院工商管理学院与巩义市电子商务创业港开展产教深入合作，以“学科对接行业、专业对接企业”为指导，积极探索“直播带货”产教融合，完善人才培养体系，建设“直播电商”课程体系，规划直播实践场地，建立实训基地，共同培育新技能人才，推动学院专业升级与地方产业提升的双联动发展。

四川传媒学院与IMS（天下秀）新媒体商业集团通过“教育＋产业”的产教融合模式，以“新媒体营销＋电子商务直播”为着力点，共建“新媒体产教融合育人直播基地”，共同开展基础设施建设、平台资源建设、实习实训平台、校企合作直播人才培养、创新创业孵化等合作，合力建设新媒体传播行业创意型、应用型人才培养基地，培养具有职业能力的优质人才。

广州市公用事业技师学院与广东闯越信息科技有限公司签订战略合作协议，依托学院众创空间，共同开展建设粤港澳大湾区直播电商人才培养中心，组建校企双制班，开发职业技能培训课程标准，建设校内外实训基地，以及合作开展社会培训等全面深入的战略合作，实现产教深度融合，培养直播电商高技能人才，服务直播电商产业。

从某种程度上来说，校企合作、产教融合对于培养直播带货行业所需要的大量基础性人才，应该是没有问题的。但是如果仅仅靠职业化教育，就想培养出头部主播或者说工匠型直播带货人才，还是有一定难度的。

二是工匠型直播带货人才的培养路径。

要实现高等职业院校培养工匠型直播带货人才的目标，还需要对工匠型直播带货人才所需技能进行深层次的剖析。首先，直播带货人才要熟悉产品，包括各种商品的生产、性能、特性和使用方法；其次，主播需要有口才，不仅要有较强的语言表达能力，还要有感染力，重视形态、服饰、动作等综合素质。因此，高职院校的直播课程还要开设普通话、即兴语言表达、创作表达、直播主持等相应课程进行学习，并结合实战进行锻炼与提高。同时，还需要培养直播人才的团队精神与团队合作意识，因为团队协作是直播带货成功的基石。

基于直播带货工匠型人才的这些能力需求，工匠型直播带货人才的培养需要规范化、职业化、专业化；产教融合平台需要多元化，要搭建学校、企业、行业和政府主管部门共同参与的校企合作平台；培养模式需要项目化，通过项目化教学发挥学生的主动性，通过理论学习＋直播操练来巩固知识和技能。

工匠型直播带货人才的培养路径有以下4个。

其一，构建工匠型直播带货人才教学课程体系。建立工匠型直播带货专业课程体系；配备专业的直播带货指导老师，在教学过程中提升学生的直播带货职业能力；开展项目化教学，组织直播带货技能比赛，提升学生的专业能力。

其二，在校园中建立理实一体化直播带货基地。将人才培养中理论知识的学习和实习实训融为一体，建立直播带货创业运行与理实一体化教学相结合的管理机制。

其三，建立适应直播带货的校企合作组织机构和运行管理机制。在校园直播带货创业基地引进相应的企业、技术人员，以此为切入点，校企协商共同制定直播带货创业基地运行制度，工学交替、学训结合，分工协作，融合发展。

其四，不断提高学生综合素养，培育工匠型直播带货高素质人才。直播带货人才需要有较高的综合素养，较强的解决问题的能力，了解各种产品并能适应社会和市场需求。还要培育他们守法意识、责任感、团队精神和创新能力等。

三、总结启示

第一，通过产教融合，深化校企合作，建立直播带货工匠型人才的长效培养机制，满足社会对工匠型直播带货人才的需求。

第二，开展项目化教学。发挥学生的主动性，通过直播带货创业运行与理实一体化教学相结合，提升知识和技能。

第三，搭建学校、企业、行业和政府主管部门共同参与的工匠型直播带货人才培育平台，推动直播带货人才培育规范化、职业化、专业化。

第四，提高工匠型直播人才的综合素养，培育有人文情怀、审美情趣、视野宽广、博雅学识、遵纪守法、综合素养较高的工匠型直播带货人才。

（资料来源：笔者根据多方资料整理而成）

三、双导师制

近几年来，国家在推进职业教育改革和产教融合进程中，一方面，在院校教师中培养双师型教师，改变原来教师在教学中只注重理论、缺少实际操作经验的现象，通过政策措施强制要求教师轮流到企业或一线生产单位培养锻炼，进一步锻炼与提升教师的理论、实操相结合的能力；另一方面，要求企业的技术和管理人才到院校任教，培养和锻炼企业导师，更好地保证产教融合的人才培养效果。

关于在职业教育改革中如何培养双师型教师，有具体的政策措施。2016 年 5 月 11 日，教育部等七部门印发的《职业学校教师企业实践规定》的通知第四条提出，职业学校专业课教师（含实习指导教师）要根据专业特点每 5 年必须累计不少于 6 个月到企业或生产服务一线实践，没有企业工作经历的新任教师应先实践再上岗。公共基础课教师也应定期到企业进行考察、调研和学习。2019 年 8 月 30 日，教育部等四部门印发的《深化新时代职业教育“双师型”教师队伍建设改革实施方案》的通知要求，到 2022 年，职业院校“双师型”教师占专业课教师的比例超过一半。

产教融合培养人才不仅仅表现在国家从职业院校的供给侧出发进行改革，还需要从行业企业的需求侧出发参与到产教融合培养人才的全过程中来，制定“加强产教融合师资队伍建设”的具体引导政策。《关于深化产教融合的若干意见》第（十六）条中提到，支持企业技术和管理人才到学校任教，推动职业学校、应用型本科高校与大中型企业合作建设“双师型”教师培养培训基地，支持在职教师定期到企业实践锻炼。从制度上为产教融合的师资队伍建设保驾护航，提供校企双导师联合培养人才的政策保障。双导师制既有利于鼓励行业、产业通过企业导师参与人才培养的全过程，从企业实际工作出发培养人才，也有利于调动院校教师的主动性和积极性，强化院校教师在理论基础上的实操能力，更好地打通人才的需求侧和供给侧的通道，赋能产教融合的人才培养效果。

四、课训结合

产教融合在政策制定和实施的过程中，从一开始就一直致力于实现产业与教育融为一体。注重教学和实训相结合，培养有实际动手能力和实操技能的应用型人才。院校和企业在专业技能人才的培养上，根据岗位和生产的实际需要，结合智能实训技术，创建生产性实训基地和高水平专业化产教融合实训基地，把日常教学和实训结合在一起，完善考核和评估机制，真正实现为行业或企业培养实战型人才的效果。

《关于深化产教融合的若干意见》第（十）条要求开展生产性实习实训，建设行业或区域性实训基地。直播行业应当积极响应国家政策，顺应直播经济发展趋势，围绕直播电商人才培养，采取直播电商理论教学、配套实训、项目实战、实体运作的全程化人才培养模式，打造一个以网红直播电商人才为核心、平台运营人才为辅助的专业培养体系。

首先，直播电商人才培养基地建设与运营，可以采取以下几种方式。

（1）示范直播间。

示范直播间应符合行业直播室的标准，下设休息区、直播准备区及各类型直播间，可用于游戏类、美妆服饰类、美食类、才艺展示类等类型的直播，各直播间均充分考虑建声设计方案，通过吸声墙体、地面、门窗的特殊设计，保证独立、安静的直播环境。

一是开播准备区。

开播准备区设置沙发、饮水机、更衣间，作为准备开播的等待室，也可以为练习和调节情绪提供场地。此外，准备区还设有商品陈列货架，直播中所需的各种产品都陈列于此，学生直播时可尝试不同的商品。

二是休息区。

休息区设置电子直播大屏，通过接收各直播间的信号实时接收直播画面，教师和直播小组成员可以通过大屏直接观看直播情况，直播结束后主播也可以回看自己的直播内容，对其中不足的地方做出总结。

三是直播间。

直播间完全基于行业标准的环境场景进行搭建，根据直播内容的不同设置带货类直播间、美妆服饰类直播间、才艺展示类直播间、美食类直播间等，各个直播间配置电脑、手机、麦克风、摄像头、灯光器材等硬件，保证直播时画面清晰、声音稳定、光线均匀。

示范直播间以网红孵化为主要功能，以实战理论课程与直播实操演练相结合，也可以通过引入各大直播平台的实战项目，培养包括带货类、美妆服饰类、才艺展示类、美食类等多种类型在内的网红主播。

（2）短视频创作实训室。

短视频创作实训室以新媒体企业短视频工作室为样板搭建而成，以满足视频剪辑的硬件要求，承担视频剪辑与合成。根据短视频平台发展现状与趋势，运营中心可分设抖音短视频运营区、快手短视频运营区、火山短视频运营区、微视短视频运营区四大头部平台运营专区，学生通过轮岗可以专门训练掌握各大视频平台的运营规则、推荐机制、内容创作技巧等技能。

短视频创作实训室引入实战类课程、新媒体电商教学实战软件和视频实战项目，通过信息化教学平台完成教学、实训、实战，培养掌握视频剪辑软件的使用及各类视频的拍摄与剪辑技巧，熟悉掌握主流视频平台的规则和运营流程，并可对接真实视频平台做实战。

（3）直播策划实训室。

直播策划实训室完全以企业真实工作环境进行布置和装修，从环境布置上更方便学生进行团队制定直播方案、脚本撰写、活动推广、数据分析及总结等。此外，根据直播电商发展现状可以考虑设置淘宝直播策划区、京东直播策划区、斗鱼直播策划区、抖音直播策划区、快手直播策划区、虎牙直播策划区等专区，学生通过各专区的轮岗学习，能够全面了解、掌握电商 / 直播平台的规则、使用流程、运营方法与技巧。

实训室还可以引入相关课程和相关实战项目，在信息化教学平台完成教学、实训、实战，培养对行业的认知，通过文案策划、素材制作和平台运营的完整流程，大大增强了实践能力。

（4）拍摄一体化实训室。

拍摄一体化实训室主要可以有视频拍摄和图片拍摄两大功能，并能够利用实训室中的高配电脑进行视频剪辑渲染和图片处理。实训室也可以设计引入图形图像制作类及视频剪辑与后期处理类实战课程，帮助掌握 PS 软件、使用图片处理技巧、视频剪辑基本流程、视频拍摄工具的使用、PR 软件使用、淘宝短视频等不同类型视频的拍摄和剪辑，完成视频的拍摄、剪辑、合成全流程，并最终将作品对接到主流短视频平台。

此外，在制订直播电商人才培养流程上，以当前行业热门岗位技能需求作为出发点，以课程和大量实操项目培养学生岗位知识与技能，形成“课程体系（教学）—实训项目（实训）—企业实战（实战）”的直播电商人才培养思路。帮助掌握直播文案策划、PR 剪辑软件的使用、PS 软件操作与应用、图片后期处理、视频拍摄方法与技巧、视频后期处理等必备技能。

为了达到课训结合的更好效果，还应当引入综合实战课程。辅助进行实战，利用新媒体电商教学实战平台将作品对接到百家号、头条号、企鹅号、知乎、公众号等文章平台，以及抖音、快手、微视、优酷等视频平台，借助前期账号运营吸引粉丝，通过网红直播电商带货最终实现商业变现。

第三节　政策引导吸引人才

如今，人才建设已成为城市发展的重要支撑与根本举措，每个城市基本上都有自己的人才引进及补贴政策。2020 年的新冠肺炎疫情按下了经济发展的暂停键，很多行业都受疫情影响，而直播行业因其先天的优势备受关注。本就稀缺的直播人才尤其是优秀主播更是成为了各个城市争相“拉拢”的对象。

一、完善人才政策

人才政策主要由引进类和培养类政策组成，对各地区人才政策的评析主要从人才引进和人才培养两方面进行综合效益评价和分类效益评价。根据专业市场调研机构对人才引进政策和培养政策的效益评析，若地方的人才政策力度大于政策评析，说明人才政策的综合效益有待提高。从综合效益来看，北京、天津、黑龙江、上海等均较高；从政策分类分析，北京的人才引进和人才培养“雨露均沾”，而河北、陕西、辽宁、吉林、江西、海南等地的人才培养政策大于人才引进；反之，浙江、广东、四川等地的人才引进大于人才培养。

为搞活直播经济，推动直播电商这一新业态朝着持续、健康、创新的方向快速发展，抓住直播电商红利，扩大消费，创造更多新就业机会，同时为直播电商人才提供营造良好发展环境，国家相关部门和地方政府接连出台一系列直播电商发展规划和行动计划等政策文件。截至 2020 年 7 月，全国累计共有 22 个省、市和区出台了直播电商扶持政策。

直播行业的发展日新月异，各地在招才引智方面必然会不断加码，在完善现有人才政策的同时，还需要关注国家未来人才政策的发展趋势。结合专业市场调研机构对我国人才政策发展趋势分析，未来我国的人才政策主要呈现六大趋势。第一，竞争加剧。区域转型任务艰巨，在人才政策各个环节不断加码，加大招才引智竞争。第二，产业融合。结合各地不同的资源禀赋与产业结构，系统科学有效地构建人才地图。第三，市场化。从“政府主导”转型“企业主导”，在人才发现、评价、培养、效能提高等领域发挥市场和用人主体的作用。第四，均等化。各地逐步取消了一些“特殊性”的优惠政策，在政策层面对海内外人才一视同仁。第五，专业化。由人力资源公司、第三方人才服务机构、专业人才协会、社会组织或者企业来主导招才引智。第六，信息化。通过信息的集成，数据的集成，办理流程的网格化，实现招才引智的全面信息化。

专栏 4－3

李子柒事件——古风美食直播带货

说起“古风美食博主”，相信很多人第一时间想到的都会是李子柒。作为一个专注于美食领域的博主，李子柒凭借其独特的视频风格收获了大批粉丝。“人间伊甸园”“娶妻当娶李子柒”，直播间留言区随处可见类似的评论和留言，李子柒已经凭借其个人特色成为一个品牌，并收获了来自海内外众多人的喜爱。

一、个人介绍

李子柒，四川绵阳人。2015年，李子柒开始了自己的美食短视频创作之旅。2016年3月，李子柒开始在美拍平台上传自己拍摄剪辑的美食视频，视频定位“古风美食”这一领域。视频一经发布后，李子柒的粉丝持续增加，一度暴涨，并签约MCN公司微念科技。2017年年底，粉丝已突破1000万大关，发布的视频都能获得超高的点赞量和转发率。2017年7月20日，李子柒与杭州微念科技有限公司联合成立四川子柒文化传播有限公司。2018年8月17日，李子柒天猫旗舰店正式上线，在上线不到一周的时间，店铺销售额就已经突破千万元。截至2020年4月29日，李子柒在YouTube上的粉丝突破1000万。在海内外，李子柒都表现出其强大的影响力。

二、直播模式

第一，打造文化基因，传播文化自信。看到李子柒的食品，我们就会发现她拍摄的视频与其他主播存在显著的不同，而这不同之处正在于李子柒的视频中蕴含着深厚的文化基因，并形成了自己独特的视频创作风格。在学习美食制作的同时，我们还有机会了解到文房四宝、养蚕缫丝、种菜制衣，对于在都市成长的人群来说，这些是新奇的、有趣的，对于从小生长在农村的人群来说，这些是熟悉的、怀念的。她通过视频的展现使得人们关注美食的同时了解到那些被人们日渐忽视的传统文化。此外，李子柒会将美食与传统时节相融合，如端午节发布做粽子的视频、中秋节发布做月饼的视频，激活人们对于中国传统节日的味蕾记忆。李子柒还与故宫美食达成商业合作，联手打造“苏造酱”“宫廷参蜜”等食品，使得中国传统文化展现出强大的生命力，极大地增强了人们的文化自信。除了在国内引发很大的关注外，李子柒的短视频在国外也引发相当大的关注。视频中的美食、传播的文化引起了许多外国友人对中国传统文化的关注，使得中国文化走出国门，走向世界。

第二，深耕精品内容，实现流量变现。一直以来，李子柒致力于食品内容的打磨，可以说，她拍的每一个视频都是精品。李子柒的视频不仅仅是拍摄食物的制作过程，更是记录了食材从播种到成熟再到成为美食的整个过程。此外，从各个方面来说，李子柒的视频都渗透着浓浓的古风。穿着上，李子柒喜欢着汉服、穿自己制作的带有古风感的衣裳，红衣飘飘，白衣胜雪；在食物选择上，李子柒制作的桃花酿、枣泥糕、琵琶酥等都透露着古风的味道；在食品制作上，几乎也看不见现代家电的痕迹，灶台、厨具、餐具，李子柒还原了一个最真实的农村厨房的模样，并且使得整个视频的各个环节实现了调性的统一，给人们带来了极佳的视觉享受。凭借着精品化的内容，李子柒收获了一众粉丝。

所有博主在积累一定数量粉丝后都面临着流量变现的问题，只有将流量转化为实际的购买力才能够使这些“网红”“主播”获得盈利点。大多数网红都会选择直播带货的方式销售产品以增加收入。李子柒则不同，李子柒作为美食类博主，其产品的制作完全依赖于她自身。因此，她无须与其他企业寻求合作为其他产品带货。她自己本身已经成为了一个IP，成为美食的代言。所以与其他网红不同的是，李子柒靠着自己品牌的天猫旗舰店实现了流量的变现。2018年8月17日，李子柒天猫旗舰店的正式开业使其实现了自己商业化的转型。当天，旗舰店共上线了五款商品，上线仅仅三天后，产品销量就突破15万元。无疑，李子柒走出了一条与其他网红不同的道路，而这正是李子柒长期高质量的精品内容所给予她的回馈。

三、总结启示

第一，文化的生命力是永恒的，主播打造直播内容时可以增加一些文化元素，在从事商业的同时兼顾情怀，这样才能做出特色。就如同李子柒的视频能够勾起人们对于乡土生活的眷念，触碰到人们心底最柔软的那根神经，也引发了人们对于田园牧歌式生活的美好向往。这之中包含的文化情感和文化基因将成为一种永恒的生命力。这就是李子柒的视频拥有无限魅力的原因。

第二，精品内容的打造是决定主播影响力长久的因素之一。李子柒从直播以来就获得许多用户的广泛关注，并且这种关注并没有随着时间的延续而减少。相反，李子柒的热度持高不下。这就是因为她的视频一直都以做精品为目标。一周、半月甚至更久，她不会因为博关注就发布大量的视频。视频的优质精良才是她长期追求的目标，这种一丝不苟的认真态度决定了她的视频的质量与用户的黏度。

（资料来源：笔者根据多方资料整理而成）

二、创新引才机制

国家相关部门和地方政府在出台一系列直播电商相关扶持政策，推动消费、促进就业、创造经济新增长点的同时，还推出更多关于直播人才引进和直播人才培养的相关机制和举措。

在对全国各地发布相关人才政策的数量统计上，根据相关专业研究机构和网上公开信息，截至 2021 年 4 月底，国内各省市都陆续发布的人才政策数量差别很大。福建和广东的人才引进和保障政策数量属于第一梯队，其中，福建共计 99 条，位居其次的广东则是 98 条；江苏共 45 条属于第二梯队；浙江、山东、海南等 6 个地区属于第三梯队，数量在 10 ～ 40 条；其他地区归属于第四梯队，发布的相关人才政策数量都不足 10 条。

在直播人才引进方面，各省市地方政府应该继续加大力度，结合各地优势产业，吸引更多网红主播落户生根，引领地方直播电商行业创新发展，如表 4-9 所示。

表 4-9 中国主要城市人才引进政策汇总

地区	核心人才引进政策	人才引进类型	人才引进计划
北京	（1）《北京市引进人才管理办法（试行）》 （2）《深化北京市新一轮服务业扩大开放综合试点建设国家服务业扩大开放综合示范区工作方案》 （3）《关于优化住房支持政策服务保障人才发展的意见》	优秀人才“绿色通道”、优秀创新创业团队、科技创新及科技创新服务人才、文化创意人才、体育人才、国际交往中心功能建设人才、金融人才、教育、科学研究和医疗卫生健康等专业的人才、高技能人才、自由职业者引进通道、紧缺急需人才	（1）海聚工程 （2）北京海外人才聚焦工程
上海	（1）《上海市引进人才申办本市常住户口办法实施细则》 （2）《上海加快实施人才高峰工程行动方案》	创新创业中介服务人才及其团队核心成员、取得显著经营业绩的企业家人才、获得一定规模风险投资的创业人才及其团队核心成员、技能类高技能人才、市场价值达到一定水平的企业科技和技能人才、本市航运、文化艺术、体验、传统医学、农业技术及其他特殊行业紧缺急需的专门人才等	（1）雏鹰归巢计划 （2）上海人才高峰工程
广州	（1）《广州市引进人才入户管理办法的通知》 （2）《广州市人力资源和社会保障局关于放宽“双一流”高校大学生本科学历人才入户社保年限的通知》 （3）《广州市人才公寓管理办法》 （4）《广州市紧缺人才需求目录》	高层次和高技能人才、全日制本科以上学历人才、具有中高级职称人才、具有中高级技能证人才、拥有“双一流”院校全日制本科及以上学历	广聚英才计划
深圳	（1）《深圳市人才安居办法》 （2）《深圳市高层次专业人才子女入学解决办法（试行）》 （3）《深圳市人才住房和公共租赁住房筹集管理办法（试行）》 （4）《前海外籍人才紧缺职业清单》	全日制本科以上人才、杰出人才、国际级领军人才、地方级领军人才、后备级人才等	（1）孔雀计划 （2）人才安居工程

续表

地区	核心人才引进政策	人才引进类型	人才引进计划
杭州	（1）《杭州市高层次人才分类目录》 （2）《杭州市高层次人才住房保障实施意见》 （3）《杭州市高层次人才、创新创业人才及团队引进培养工作的若干意见》 （4）《杭州市重点产业紧缺人才需求目录2021年》 （5）《关于深化人才发展体制机制改革完善人才新政的若干意见》	国内外顶尖人才（A类）、国家级领军人才（B类）、省级领军人才（C级）、市级领军人才（D级）、高级人才（E级）	（1）全球引才“521”计划 （2）“5050”计划 （3）“西湖学者”和“西湖鲁班”引才计划
南京	（1）《南京市积分落户实施办法》 （2）《关于进一步加强人才安居工作的实施意见》 （3）《南京市人才购买商品住房办法》 （4）《南京市人才安居办法（试行）》	根据《南京市人才安居办法》分为A～F类人才，人才安居重点支持先进制造业、现代服务业、战略性新兴产业	（1）南京321计划 （2）“创业南京”人才计划 （3）紫金山英才计划
成都	（1）《四川省教育厅关于对高层次引进人才的子女就读中小学实行特殊优惠的办法》 （2）《鼓励引进外国人才实施办法》	学历人才、专业技术人才、技能人才	（1）菁蓉高薪人才计划 （2）成都市蓉漂人才计划
济南	（1）《关于深化户籍制度改革加快人才集聚的若干措施》 （2）《济南市引进人才落户实施细则（试行）》 （3）《济南市人才购房补贴申请发放实施细则（试行）》 （4）《济南市高层次人才分类目录》 （5）《济南市高层次人才子女入学实施细则（试行）》	国内外顶尖人才（A类）、国家级领军人才（B类）、省级领军人才（C级）、市级领军人才（D级）、高级人才（E级）	（1）“博士后英才”集聚计划 （2）泉城“5150”引才倍增计划 （3）泉城高端外专计划

续表

地区	核心人才引进政策	人才引进类型	人才引进计划
苏州	（1）《苏州市引进顶尖人才（团队）“一人一策”实施办法》 （2）《苏州市人才乐居工程实施意见（试行）》	顶尖人才（A类）、领军人才（B类）、拔尖型人才（C级）、骨干型人才（D类）、储备型人才（E）类	（1）苏州市海鸥计划 （2）海外高层次人才引进工程（1010工程） （3）姑苏人才“青春无忧”计划 （4）姑苏乡土人才培养集聚行动计划
天津	（1）《天津市创业房租补贴管理办法》 （2）《天津市“海河英才”行动计划》 （3）《天津市引进人才“绿卡”管理办法》 （4）《天津市人才公寓认定支持办法（试行）》	学历型人才、资格型人才、技能型人才、创业型人才、急需型人才	海河英才计划
重庆	（1）《重庆市引进高层次人才若干优惠政策规定》 （2）《重庆市留学人员回国创业创新支持计划实施办法》 （3）《重庆市引进海内外英才“鸿雁计划”实施办法的通知》	（1）引进人才类型：国内（第一类、第二类、第三类和第四类人才）；国外（现有企业引进或者来渝创办科技型企业的直接从事基础研究、应用研究和试验发展的研发类人才，包括法人化研发机构） （2）人才要求：与引进企业签订3年及以上劳动合同或者与引进区县签订3年及以上的落户协议	（1）百名青年优秀人才引进计划 （2）“巴渝工匠2020”计划 （3）百千万工程领军人才培养计划
武汉	（1）《关于建立完善人才工作体系推动武汉高质量发展的实施意见》 （2）《关于支持百万大学生留汉创业就业的若干政策措施》 （3）《武汉市房票（人才住房券）使用管理办法（试行）》	具有国际水平的战略科技人才、产业领军人才、优秀青年人才和高素质技能人才	（1）“千企万人”支持计划 （2）黄鹤英才计划 （3）高端人才“引育”工程
福州	（1）《福州市创业创新人才住房保障办法（试行）》 （2）《关于鼓励引进高层次人才的八条措施》 （3）《福州市引进高层次优秀人才办法》	国家级人才、省级领军人才、行业领军人才、创新型高级人才、发展特别急需的紧缺人才	（1）引进、培养千名博士计划 （2）留学人员来闽创业启动支持计划

在直播技能人才培养方面，制定直播电商行业职业技能规范，组织直播电商行业专业技能人才培训，细化培养扶持电商主播的人才政策，打造覆盖直播行业各个领域的高素质人才队伍。

在关注直播行业的创新引才机制的同时，还需要留意国家的人才流动趋势，方能事半功倍、有的放矢。从专业市场调研机构的分析来看，未来我国的人才流动趋势将呈现三大趋势。第一，流动规模不断扩大。中国的发展趋势和发布的人才吸引机制与其他国家相比，对人才的吸引力越来越强，未来科技型人才将不断涌入中国，特别是留学生的归国意愿显著提高。第二，流动虚拟化。5G 通信技术的发展使得远程办公更加便捷，人才流动渐趋虚拟化，各种虚拟科研组织、远程实验室、云孵化、云会议等加快了全球人才的线上交流。同时，人才由地理空间的流动转向虚拟空间，所以人才的流动从本质上变成了智力流动。第三，流动年轻化。越来越多的青年人才在科技创新领域大放异彩，与此同时，新经济、数字产业的高速发展也加速了青年人才的成长。

三、优化人才环境

直播带货只是风口，培育和留住人才更重要。这就需要为人才提供配套的成长机制和发展环境。

2020 年 6 月 10 日下午，中国（杭州）青年电商主播培训基地在杭州钱塘智慧城成立。2021 年 5 月，九堡所在的杭州市江干区发布《关于建设高端商务人才集聚区、推动中央商务区高质量发展的实施意见》，将“直播达人”纳入“新零售人才”的评定范畴，给予人才落户、住房保障方面的政策，让“直播达人”享受到高层次人才待遇。

政府出台政策的一大意义，在于对“直播达人”群体表达出的尊重与认可。江干区委人才办有关负责人说：“作为直播经济发展的策源地，江干区看到了直播达人的庞大队伍规模及其新形势下推动新经济发展的重要作用，我们抓人才工作就是要顺应经济发展的趋势，用更加亲民的方式吸引更多直播达人来这里创业。”

为了吸引和留住人才，尽管全国各地都相继出台了各种人才政策，但也存在一个双向选择的问题。众所周知，广州无论在服装批发贸易还是电商市场方面都排在国内前列，而有些网红直播之所以选择从广州到杭州发展，究其原因还是杭州在直播领域有更强的吸引力。

在城市对人才的吸引力方面，根据多家知名机构发布的公开数据，可以对各地城市的表现有个清晰地了解。在 2020 年中国最具人才吸引力的 100 强城市排名里，根据吸引力指数的大小，排名前十名的城市分别是：北京、杭州、上海、深圳、广州、南京、苏州、成都、宁波、长沙。其中，有 29 个城市新上榜最具人才吸引力城市，31 个城市排名出现上调。从整体来看，新一线城市中杭州表现出色，而比较容易出现更迭的城市排名基本上在 50 名以后。四大直辖市中，除北京外均出现排名下滑，其中天津的排名较 2019 年下滑了 10 名，排在了第 20 名。

通过对 2020 年中国最具人才吸引力 100 强城市的归属省份进行分析，我们发现，除直辖市以外，江苏和浙江的 100 强城市最多，分别为 11 个。从京津冀、长三角和珠三角城市群来看，最具人才吸引力的城市群与直播行业的人才分布规律完全相符。进一步分析还发现，除四大直辖市以外，最近人才吸引力 100 强城市的归属省份中，浙江有 11 个城市的排名上升，即上榜的每个城市均出现排名上升的情况，有效人才吸引力为 100%。有效吸引力均为正值的省份是江苏、福建、广东、安徽、湖北、湖南等，而有效吸引力均呈负值的则是河北、海南、河南等，四川和广西的省、自治区有效吸引力未发生变化。更进一步分析又发现，在 2020 年中国最具人才吸引力 100 强城市排行榜中共有 29 个城市新上榜，与此对应，2019 年有同量的城市下榜，在新上榜的城市归属省份中，四川和内蒙古的省、自治区中均有 4 个城市新上榜。值得注意的是，有效吸引力均为负值的河北与河南两省，其下榜城市分别达到 6 个和 5 个。从整体来看，四川和内蒙古的省、自治区成为人才的新聚集地。

优化直播人才环境，首先需要考虑优化直播人才赖以发展的营商环境。营商环境是一个城市或地区人才发展的土壤，“优”无止境。目前，北京、上海、广州、深圳都已推出最新优化的营商环境 4.0 改革政策，如图 4-10 所示。

表 4-10　一线城市营商环境改革政策

时间	城市	营商政策
2021 年 2 月	北京	《北京市进一步优化营商环境更好服务市场主体实施方案》
2021 年 3 月	上海	《上海市加强改革系统集成持续深化国际一流营商环境建设行动方案》
2021 年 5 月	广州	《广州市用绣花功夫建设更具国际竞争力营商环境若干措施》
2021 年 8 月	深圳	《深圳市 2021 年深化“放管服”改革优化营商环境重点任务清单》
2021 年 11 月	深圳	《深圳经济特区优化营商环境条例》

随着北上广深纷纷推出营商环境 4.0 改革政策，全国各地都相继出台相关政策措施，为直播人才提供了更好的人才环境。再加上各地不断推出的更加完善的人才政策和更加创新的引才机制，直播人才将有更加充分的用武之地，直播行业也将有更好的发展空间。

第四节　高回报激励留住人才

人力资源行业关于如何留住人才，有一个经常提到的说法，“待遇留人、事业留人、情感留人”。这句话用在直播行业，可以说最为贴切。直播行业发展到今天，从最初的小打小闹到如今的人人皆可直播，展现了新业态经济模式应有的回报高、前景好和深受社会认可。

一、直播行业高回报率

互联网技术的迭代升级与直播技术的快速发展，催生一部分网红逐渐转变为达人主播，寻求流量变现。以一些头部大主播为代表的一大批网红，凭借惊人的带货能力，依托内容创新、精细化运营与玩法迭代，在互联网信息时代的算法、5G 网络、AIoT、云计算设备等技术的加持下，推动直播产业高速增长。

直播行业的高回报率主要表现在包括主播在内的直播团队的底薪和提成两个方面。底薪方面，主播和团队成员根据岗位不同底薪各不同，而且不同城市的标准也各不相同，不同城市的浮动大概在 20% 左右。提成方面，只有主播和团队核心成员才参与分成。行业内主要有两种不同的提成模式：按纯利润分成和按销售额分成。

主播和团队核心成员的提成又和直播成交总额 GMV 紧密相关。根据网上公开数据整理可知，2021 年第一季度电商直播依然表现抢眼，排名前十的主播成交总额 GMV 加起来是 218.2 亿元。

二、岗位招聘的高位薪酬

直播电商崛起，直播收入数据迎来增长，造星、“直播 +”、内容革新，各个直播平台各显其能。据直播行业相关人才发展报告显示，直播领域的招聘薪酬明显高于其他很多行业，这其中，又以主播与运营人员为直播领域的高薪职业。

数据显示，2020 年第三季度直播的平均薪酬为 9423 元 / 月。直播行业中，直播运营薪酬较高，达到 9893 元 / 月、主播为 9697 元 / 月，主播经纪人为 9084 元 / 月，这些岗位的招聘薪资远高于直播助理与客服等职位。近两年直播领域的整顿规范与理性回归，让招聘直播相关岗位的薪资有所回调，2021 年第一季度的平均招聘薪酬较 2020 年第四季度下降了 6.59%。这些可能跟这一时期招聘的岗位结构有关。调查发现，这一时期主播的招聘需求占到了 50%。而主播的薪资相对较高，无形中拉高了这一时期直播行业的平均薪资水平。求职者需要加强相关方面业务知识学习，以提高自身的岗位适应力。此外，还需要结合自身优势特点，给自身一个清晰、准确的定位，这样才能在相匹配的岗位中做到有的放矢。

总体来看，直播等行业整体薪酬呈上升趋势，跳槽涨幅在 20% ～ 30% 以上，技术人才薪酬与能力成正比。

直播作为当下互联网的风口之一，仅 2020 年下半年，全国电商直播就超过 1000 万场，相当于每天有 5 万多场直播。其中，以淘宝直播（点淘）、快手、抖音为代表的三大直播电商平台，在 2020 年创下总 GMV 近万亿元的成绩，线上电商直播呈现爆发性增长。伴随企业先后加大直播投入，主播群体变得更加多元化，用户规模迅速扩大，迎来全民直播态势。

从各大知名招聘平台的公开数据分析，直播相关从业人员薪酬高于市场 20% ～ 30%。从原来的网红头部主播扩展到全民直播的直播行业，也开启了“职业生涯”的下半场，随着“直播 +”趋势的进一步加强，垂直化、精益化运营的重要性日益凸显，其中商务、产品、运营、技术等中高端岗位人才紧缺，报告预测。

知名人才公司负责人在接受访谈时认为，随着电商直播的迅猛发展和影响力不断扩大，直播运营及商业变现人才将更加紧缺。薪酬方面，直播运营负责人的年薪将更高，甚至可能达到 100 万～ 150 万元，直播内容运营方面的高端人才，跳槽涨幅可达 30% 及以上。

专栏 4 - 4

梦洁家纺直播带货——打造立体营销网络

2020 年，在众多企业因新冠肺炎疫情举步维艰的时候，做传统家居用品的梦洁家纺却通过直播带货，构建立体营销网络实现逆势增长。在2020年3月14日梦洁家纺“万人拼团抢工厂”直播中，围观粉丝超过60多万，开播仅4小时销售额就达到了2500万元。这骄人的业绩得益于梦洁家纺打造的直播常态化、精准流量及私域生态。

一、公司概况

梦洁家纺全称为湖南梦洁家纺股份有限公司，成立于1956年，2010年上市。目前，梦洁家纺旗下已经拥有11家全资子公司和1家控股子公司。

一直以来，梦洁家纺致力于提供高品质的家居生活，不断进行产品研发和资源拓展。梦洁家纺的主营业务包括床上用品系列产品的研发、设计、生产和销售，具体有被芯、枕芯、毛毯等。在互联网发展的大潮下，梦洁家纺也紧跟潮流，不断整合线上线下的营销渠道，致力于立体化营销网络的打造。

二、直播模式

第一，布局直播市场，推动直播常态化。随着直播带货市场的逐渐扩大，直播带货得到越来越多企业的重视。疫情的冲击，让线上直播带货的营销模式成为更多企业的选择，梦洁家纺也不例外。2020年，“梦洁直播研究院”在杭州成立，其致力于探索更科学的家纺直播行业标准，构建更高效的家纺直播人才培养体系，研究最新的家纺直播产业形式，以实现家纺直播的转型与升级。

自2020年以来，梦洁家纺加快了直播市场的布局，探索更高效的直播模式，不断推动直播常态化。梦洁家纺把直播带货作为销售的主要途径。2020年年中，梦洁家纺举办了一场大型千店直播，采取总部与线下门店联动的模式。在直播中，梦洁家纺与各大平台的头部流量开展合作，直播中更是与脱口秀演员等连麦，开启花式带货。直播取得了良好的效果，在活动期间，梦洁家纺销售额成功突破865万元。梦洁家纺于2020年9月1日举办的“一床被子·人民的发布会”更是实现了线上的全渠道直播，此次发布会同步直播的平台达到10余家，观看人数更是达到10万人次。这些都能说明梦洁家纺对直播的重视，直播已经成为梦洁营销的常态化模式。

第二，获取精准流量，打造私域生态。在开启直播布局后，梦洁家纺意识到流量在直播带货中起的重要作用，开始从多个来源精准获得流量，并推动社群运营模式的构建。

梦洁家纺获取流量的渠道主要有三个：首先，线下门店转化。梦洁在大力进军直播领域的同时，也一直在深耕线下实体店。为培养重视客户，提高用户的黏性，梦洁家纺在线下实行一对一的方式，着力为用户提供专业化、个性化的服务，增强用户的满意度，最终将其培养为企业的忠实用户，再将他们成功引流到线上。其次，朋友圈引流。一般而言，门店的导购在营销时往往会接触到大量的目标客户，并且多数导购会通过加微信好友的方式与目标群体建立联系，以便日后的营销、推广、售后等环节的沟通。这一部分流量是企业的最精准流量。因此，梦洁家纺高度重视这一部分客户流量的获取，通过导购的朋友圈实现目标客户的精准引流，提高了直播带货的转化率。最后，发挥“小程序＋社群”的联合作用。小程序的一大显著优势是拥有广大的用户，并且具有便捷的分享功能。这有利于社交关系链的打造，通过裂变增加用户数量。此外，梦洁家纺还积极与外部社群合作，与其他企业建立合作伙伴关系，实现资源的整合，提高利用效率。以梦洁家纺“6·16”直播为例，当天梦洁家纺在小程序上进行直播并在直播当天与3000个社群同步，借助门店导购将用户的购买力与线上直播融合，共享直播内容，社群分级管理，掀起一波用户互动热潮。

三、总结启示

在梦洁家纺的发展过程中，我们发现梦洁一直以来不断寻求创新，打破了家居传统模式的束缚。梦洁家纺不仅顺应了直播带货的新潮流，而且使直播成为企业的核心竞争力。“O2O+直播”新零售商业模式的建立更是为梦洁家纺的发展提供了良好的助力。梦洁家纺成功的背后是其高瞻远瞩的规划能力和不畏挑战的坚定决心。

（资料来源：笔者根据多方资料整理而成）

三、优秀人才的多重变现

直播带货是主播最常见的变现途径，主要靠直播佣金分成。随着直播越来越泛场景化与移动化，直播的盈利模式也越来越多样化。除了直播带货，优秀主播常见的变现途径还有以下几种。

（1）打赏模式：这是各类直播平台中最常见的变现方式，观众通过平台在线付费充值购买各种虚拟道具，或者送礼物给主播。主播获得虚拟币后，直播平台与主播通过抽成获得盈利。

（2）广告模式：通过精准的流量分析进行更精准的广告投放来变现。直播平台可在App中、直播室中或直播礼物中植入广告，通过吸引各类相关厂商前来进行广告投放和导流来收取费用。

（3）会员增值服务：可根据直播间功能特点进行定制化服务，需支付一定金额成为会员后享受更多功能服务。

（4）购物竞拍：主播在店铺进行直播带货时，用户在线下单。若商品比较抢手，还可以组织竞拍。

（5）游戏联运：是指游戏开发商在其他直播平台上嵌入自己的游戏客户端，主播可在线与观众玩游戏，吸引观众买币，以此来增加直播平台营收。

（6）赛事竞猜：一般游戏或体育直播平台会使用，竞猜平台嵌入直播室，观众使用虚拟道具通过竞猜平台下注，投注给自己支持的一方，最终竞猜平台与直播平台共同分成盈利。

（7）版权发行：优质的直播内容是可以用来观赏的。例如，音乐节、演唱会等，主办方是可以通过售卖版权的方式对内容进行二次传播和变现。

（8）付费直播：主要指的是观众付费观看自己喜欢的有偿直播。比如付费后才能观看的教育直播，以及演唱会、体育赛事等。

通过以上总结得出，直播的直观、实时、互动性强等特点很容易让用户消费直播的内容，所以直播本身就是一种多方位流量变现的渠道。

四、高成就的社会认可

直播电商新业态井喷式增长，激发了整个行业对直播相关人才的广泛需求。在宅经济背景下，电商直播就业机遇明显增多。这也从一个侧面说明社会对直播人才的接受度越来越高了。

2020 年，国家人力资源社会保障部关于“互联网营销师”的职业认证和“直播销售员”的工种设置，客观上说明直播人才已经获得了社会的广泛认可。可以说，国家对直播人才的官方认可，是直播行业的里程碑。

在直播行业逆势崛起形成的巨大人才缺口方面，有专业市场调查机构发布的报告指出，除全职岗位以外，直播相关兼职岗位的数量同比增长 166.09%，是全职岗位增速的两倍有余，可见，直播类岗位已成为灵活就业的蓄水池。

一家国内著名招聘网站的负责人表示，直播以其便捷性、链接感与包容氛围吸引着人们参与。直播电商、在线教育、社交、远程办公等直播模式成为不同行业转型的抓手，促使直播人才缺口加大。

还有一个容易被忽略的应用场景，那就是广大农村的电商直播被激活。以淘宝的村播计划为例，淘宝村播自 2019 年开始，至今已有超过 11 万的农民主播群体，淘宝村播的版图现在也已拓展到全国。

据网络监测数据显示，2021年“6·18”大促期间（2021年6月1日00：00—2021年6月18日24：00），全网交易总额为5784.8亿元人民币，同比增长26.5%，创造历史新高。随着直播行业的持续火爆，直播人才不仅不再是“新物种”，也成为各地互相争抢的专业人才。

章末案例

从达人直播走向店铺自播的淘宝直播转型之路

淘宝直播于2016年5月正式上线，定位是消费类直播平台，通过向消费者提供与商品或者服务相关的直播内容，进而影响其消费决策。随着直播电商行业的快速发展，淘宝直播以其直播电商领军平台的身份与地位，在生态合作伙伴与直播品类方面也越来越丰富。

一、淘宝直播

淘宝直播自上线后，前期积极推行红人主播策略，通过头部主播示范，带动直播快速发展，并且不断开展各种市场宣传，让直播模式为越来越多的消费者与商家所了解。数据显示，截至2020年2月，入驻淘宝直播的MCN机构有1000+家，服饰基地数量100家，珠宝基地数量17家，代播服务商的数量也由2019年6月的零家增长到现在的200家。入局淘宝直播生态的合作伙伴越来越多，直播的品类也已基本实现全行业覆盖。

二、转型之路

2019年对于淘宝直播来说，是淘宝直播的高速发展年。这一年，淘宝平台实现年成交额超过2000亿元，并且连续三年增速翻倍。直播后进店转化率超过60%，一跃成为近3年全球范围内增长最快的电商形式。与此同时，在阿里巴巴电商平台上，淘宝直播的整体渗透率也呈现出不断上升趋势，2019年年底，渗透率同比增加接近两倍。

2020年上半年，虽然受新冠肺炎疫情影响，电商增速放缓，但随着疫情消退，自3月起淘宝直播无论是开播场次、观看人数均呈现大幅增长，在同年3月8日、5月20日等节日大促期间，更是分别达到增长峰值。在对新开播账号的统计数据显示，2020年与2019年同期相比，增速翻倍。2020年疫情防控期间，有超过上百种职业转战淘宝直播平台。所以，淘宝直播目前一直处在快速增长的红利期，商机不断。

通过对淘宝直播平台的分析发现，在淘宝主播方面，主播以年轻人为主，90后主播是绝对主力，超过半数以上；男女主播的比例基本上三七开，男性主播的数量有增加趋势。在淘宝直播的用户方面，用户群体还是主要集中在二、三线城市，一线城市北上广深也很多；直播购物的性别还主要是女性，但越来越多的男性也开始在淘宝直播间进行购物，男性用户的比重增长很快。在直播间内容产出方面，淘宝直播主要有主播与商家在直播间卖货产生的UGC（用户输出内容），以及平台联合各种组织、电视台等产出很多PGC（专业人士输出内容）等，以满足用户对内容多样化的需求，培养用户观看直播的消费习惯。

由于依靠阿里巴巴电商服务体系，包括各类电商交易、物流、支付等基础设施，以及完整的粉丝运营链路、完善的售后服务和消费者权益保护，使得淘宝直播的用户交易更加便捷流畅，用户信任度也较高。与其他的社交、娱乐平台直播相比，淘宝直播的转化链路相对较短，用户打开淘宝就是带着购物意愿的，如果直播展现的内容契合了消费者的需求，转化率和成交率都是非常高的。

目前，淘宝的达人直播开始逐渐转型，店铺自播成为淘宝店铺的标配。根据平台数据统计，2020年上半年，淘宝直播中商家自播的比重接近七成。

三、总结启示

淘宝直播作为直播电商行业的领头羊，也是整个行业的一分子，它的转型是行业发展的必然。随着直播电商的迅猛发展，各种直播模式不断发展演进，各大电商平台、内容平台与社交平台等开始跨界融合，并且各种类型平台之间加强合作、相互渗透，共同推进直播电商的快速发展。

（资料来源：笔者根据多方资料整理而成）

本章小结

直播人才伴随着直播行业的兴起而产生，并且从诞生的那一刻起，就被打上了深深的行业印记。直播人才注定是从实战中成长起来，在激烈的市场竞争中脱颖而出。无论是头部主播，还是其他一众主播、网红，都是在打拼过后才逐渐走红，为我们所认识。所以，直播行业的摸爬滚打是直播人才成长的摇篮和必经之路，也是培养和开发直播人才的首选。

培养高素质直播人才既是在探索人才培养模式，也是产教融合的一次大胆尝试，顺应市场和社会要求，学生积极参与，能够解决一部分就业问题；高校把握时代潮流，对接企业和社会，并把解决网红行业“现阶段缺乏大量的高素质、高质量的专业人才”作为研究方向，值得肯定。

同时，在各地政府的大力扶持下，完善人才政策，创新引才机制，优化人才环境，引导和吸引更多人才参与直播。

第五章

直播人才的能力变现

培养直播人才但试无妨，但指望以此复制一批“李佳琦”，可能性不大。

——人民网

在这个“万物皆可播，全民皆主播”的时代，拥有变现能力才是硬道理。直播变现能力既是对直播人才的考验，也是对直播人才能力的最佳佐证。直播变现的方式随着直播行业的发展越来越丰富，但是总结起来，有代表性的也无非就是那么几种。

开章案例

京东直播：疯狂“6·18”

“6·18”是京东的传统主场。我们都知道，京东“6·18”购物节是一个盛大的购物节活动，“6·18”购物节会有很多的优惠在等着用户们，是与淘宝“双11”遥相呼应的又一大全民网购狂欢节。2021年，京东“6·18”创吉尼斯世界纪录荣誉，空调、笔记本电脑双双刷新销量纪录，“6·18”购物节与京东集团一起再攀高峰。

一、公司概况

京东作为中国的综合网络零售商，是中国电子商务领域深受消费者欢迎和具有影响力的电子商务网站之一，在线销售家电、数码通信、电脑、家居百货、服装服饰、母婴、图书、食品、在线旅游等12大类数万个品牌百万种优质商品。京东在2012年的中国自营B2C市场占据49%的份额，凭借全供应链继续扩大在中国电子商务市场的优势。京东已经建立华北、华东、华南、西南、华中、东北六大物流中心，同时在全国超过360

座城市建立核心城市配送站。

二、京东“6·18”的由来

1998年6月18日，刘强东在中关村创业，成立京东公司。每年6月是京东的店庆月，每年6月18日是京东店庆日。在店庆月京东都会推出一系列的大型促销活动，以“火红六月”为宣传点，其中6月18日是京东促销力度最大的一天。

2018年6月1日0点到6月18日24点，京东全球年中购物节累计下单金额达1592亿元。

2019年6月18日凌晨，随着零点的钟声的响起，京东“6·18”16周年庆迎来了18天中的下单最高潮，京东在第一个小时的成交金额同比增长65%。

从2019年6月1日0点到6月18日24点，累计下单金额达2015亿元，覆盖全球消费者达7.5亿人次。

2020年6月1日0时至6月18日24时，京东“6·18”全球年中购物节累计下单金额达到2692亿元，创下新的纪录。2020年6月18日，京东正式在港交所挂牌上市。上市首日，京东股价报收于234港元，较发行价上涨3.54%，市值超过7200亿港元。

三、2021年“6·18”新纪录

据京东数据，2021年6月1日0时至6月18日24时，京东“6·18”18周年庆累计下单金额超3438亿元，创下新的纪录。

（1）京东超市：开场3分钟整体成交额同比增长超10倍。开场仅2分钟，干货食品成交额破3亿元，母婴品类总成交额破2亿元；开场5分钟，酒类总成交额突破2亿元，个护、家清品类成交额同比增长均超20倍；开场6分钟，玩具乐器成交额同比增长9倍。

（2）京东快消：开场2分钟，牛奶成交额同比增长6倍，粮油米面成交额同比增长5倍，水饮成交额同比增长6倍。前5分钟，中高端白酒成交额同比增长5倍，川酒整体成交额同比增长300%。洗发护发品类成交额同比增长7.9倍，女性护理品类成交额同比增长8倍，湿厕纸成交额同比增长9倍，洗衣凝珠成交额同比增长25倍，洗碗机凝珠成交额同比增长15倍。

（3）京东手机通信：仅15分钟，小米高端旗舰销量同比增长500%，realme真我手机销量同比增幅近30倍，realme真我GT Neo手机5分钟破5万台。游戏手机15分钟成交额同比增长9倍，海信阅读手机系列成交额同比增长550%。手机小时达15分钟成交额同比增长20倍，使用以旧换新服务的新用户数同比增长342%。

（4）京东数码：15分钟内智能手表、电竞路由器、国产机械键盘成交额同比分别增长150%、310%、200%，投影仪成交额同比增长177%，数码相机成交额同比增长107%，拍立得相机成交额同比增长337%，智能家居成交额同比增长165%。

（5）京东家电：新风空调同比增长超8倍，游戏电视成交额超5月全月，健康、智能功能热水器，仅半天时间成交额超2020年全年两倍；网红多用途锅销量同比增长3倍；高端品类中，6000元+柜机销量同比增长180%，空调柜挂套装销售额同比增长9倍，75英寸以上巨幕电视销量同比增长超300%；冰洗品类10小时成交额超2020年全年；厨卫品类中，参加热水器以旧换新用户数量同比增长10倍以上；小家电品类中，电动牙刷成交额同比增长100%，剃须刀成交额同比增长130%；反向定制的京品家电前8小时成交额达超2020年全年。

（6）京东生鲜：开场1小时总成交额同比增长70%，生鲜各品类销量一路飘红，高品质生鲜产品需求呈现爆发式增长。开场5分钟内，新鲜蛋糕销量成交额同比增长10倍，快手菜成交额同比增长160%，海产成交额同比增长160%，肉禽蛋成交额同比增长105%，果蔬成交额同比增长80%。

（7）京东居家：截至2021年6月18日上午10点，装修设计成交额同比增长100%，其中整装定制成交额同比增长2倍，海尔全屋定制成交额同比增长160%，局部改造持续走红，成交额同比增长120%。此外，京东奢侈品品牌爆发，菲拉格慕成交额同比增长209%，BURBERRY成交额同比增长超10倍，TOD'S成交额同比增长192%，BALLY成交额同比增长超25倍。

（8）京东宠物：POP猫砂品类、猫零食、宠物医疗保健、猫零食、水族活体、开场前2小时成交额纷纷超2020年全年；智能养宠品牌小佩开场2小时成交额超2020年全年。

（9）京东图书：2021年6月18日半天，成交额同比增长180%，历史类读物成交额同比增长184%。

（10）京东自有品牌：9小时超2020年全年成交金额。其中，京东京造1小时40分超2020年全年成交金额。半天，京东京造儿童桌椅成交金额同比增长10倍，佳佰客厅家具成交金额同比增长319%。

（资料来源：笔者根据多方资料整理而成）

第一节　礼物打赏变现

直播从开始以秀场出现引起人们关注的时候，就自带与观众打赏互动的基因。这种情况与国外餐厅服务生收小费类似，小费是服务生的主要收入来源，做直播秀场的主播最初也是以打赏为最大收入来源。打赏行为可以看作是直播行业不成文的隐形约定，尽管直播的模式发生了很大改变，但打赏一直如影随形、相伴而生。做主播，首要的是要学会并做好礼物打赏变现，才能把直播做得更好。

目前直播平台的各项收入来源中，礼物是最主要的盈利来源。作为主播，切忌与粉丝和用户一味单纯聊天，要自己学会引导粉丝与用户，培养他们刷礼物的习惯，而用户打赏礼物变现不只是为主播带来收入，也是平台重要的创收来源。

一、关注吸引粉丝和变现的趋势走向

在新手主播阶段，一定要调整自己的心态，在吸粉的同时还要有吸金意识。毕竟粉丝也能理解主播做直播又不是做公益，也是一种谋生手段。

基于 PV（访客数量）和 UV（独立访客）两个数据计算其他参考数据。

第一，粉丝 UV 占比：粉丝浏览人数与总 UV 之比。

关注这个数据，是为了让主播清楚整场直播过程中，粉丝的观看率。如果一场直播下来，粉丝 UV 占比较高，说明本场直播的主题和已有粉丝的调性是匹配的，而且私域运营和前期预热做得很好。

第二，粉丝互动率：粉丝互动人数与粉丝 UV 之比。

粉丝互动率的数据指向的是观看直播的粉丝中，有多少和你产生了互动，可以是点赞、评论、转发等任意互动行为。这个数值低的话说明直播没有调动粉丝的积极性，那就需要考虑更有创新的玩法和互动。

第三，转粉率：新增粉丝数与观看人数减去粉丝回访数的差之比。

衡量一场直播是否成功，转粉率往往是关键指标。提高转粉率主要是通过激励或者是互动，来提醒用户关注直播间，互动方法可以参考直播间的互动。

第四，成交率：成交人数与总 UV 之比。

虽然直播间每个单品的价格不同，但成交率在一定程度上决定了这场直播的收益，也代表了直播带货的能力。

根据 PV 和 UV 数据，结合粉丝礼物价值适当的关注重点对象。每个主播平台都有各自的礼物标准，每一个主播都要对平台的礼物及规则非常熟悉。而且，不管是主播老手还是新手，对于送礼物的粉丝与观众，要第一时间进行关注和感谢。要记住一段时间内有哪些粉丝在持续送礼物，这些粉丝很可能是你的铁粉。

二、了解粉丝等级但不差异化对待

“粉丝”，是英语 fans 的谐音，是指崇拜某明星、艺人的一类群体或者说是某明星、艺人的支持者或热爱者。我们在本书里提到的粉丝，就专指在直播行业里主播的支持者或热爱者。

粉丝经济，网络上的定义是指建立在粉丝与被支持者关系上的一种经营性创收行为，或者说是一种商业运作模式。我们也可以简单地理解为，粉丝经济是社会经济发展过程中形成的一种新型经济形态。这里面的粉丝，就是商业价值的实现者；被关注的偶像或明星，是商业价值的承载体；第三方商家资本方、经纪公司或其他投资者，是商业价值的投资者，由这三方角色共同支撑链接而成的这种新型经济形态就是所谓的粉丝经济。

如果从经济学视角来看，“粉丝”本质上是一种经济现象。但如果从社会学视角来看，“粉丝”又是社群的一种，是一种具有某些特定社会关系的社会群体，它具备社会群体的一般特征：明确的成员关系，持续的相互交往，一致的群体意识和规范，一定的分工协作，一致行动的能力。

粉丝与所追求或支持的对象经常都有着一系列的互动行为。这就是为什么在直播行业，有的主播一看到高等级的观众，就格外热情。但是高等级玩家一般都有固定的主播，除非你拥有极强的魅力才能够留住他们。主播应该多关注有潜力的新粉丝，通过交流互动培养他们成为自己的铁杆粉丝。

专栏 5-1

海尔智家——场景直播带货的开创者

海尔智家是沉浸式场景直播的全球首创者。早在 2019 年 12 月 26 日，海尔智家在上海的“海尔智家001号体验中心”直播中，短短100分钟，下单金额突破2000万元。直播12小时，在线观看总计1029万人次，总成交额1.16亿元。

海尔智家在物联网生态转型道路上推进得很顺利，无论是海尔智家001号体验中心的设立，还是智家App的上线，都是以还原真实场景让用户真切地体验科技给生活带来的美好。海尔智家通过推进场景代替产品、生态覆盖行业的转型，在生态品牌的赛道上成为引领者。

一、海尔智家概况

海尔智家的前身是成立于1984年的青岛电冰箱总厂，成立之初业务主要是电冰箱的生产与销售。后来，海尔智家秉持着“质量高于利润”的理念不断发展，业务逐渐拓展，走出了属于自己的一条道路。1994年3月31日，海尔智家正式成立。主营业务包括电冰箱、空调器、洗衣机、热水器、洗碗机等家电的研发与销售。

在后来的发展过程中，海尔智家看准了互联网发展的巨大前景，逐渐从传统家电企业转型为互联网企业。在转型过程中，海尔智家致力于为用户提供最佳的体验，实现了组织结构的变革并创建了物联网生态。如今，海尔智家的品牌影响力不断扩大，海尔智家已经成为全球生态品牌的引领者。

二、场景直播带货模式

第一，海尔智家场景直播，带给客户更优质的场景体验。为更好地宣传企业的智慧家居，海尔智家将场景体验引入到直播之中，进行了多场健康家电场景直播，希望通过直播带给用户更好的场景体验。2019年11月30日，海尔智家在一场直播中打造了一个智能卧室场景，通过床品、灯光、家用电器的布置还原最真实的卧室。值得注意的是，相比于以往网红直播的方式，海尔的这次直播的主播为企业的员工，他们更了解企业的家电产品，可以凭借其专业性为观看者带来更细致的讲解。在直播中，海尔提供了语音控温、智慧阅读、香薰助眠、起夜无忧和健康睡眠五种场景，帮助用户获得最真实的场景体验。海尔智家的智慧卧室成为场景直播的先行者。在此之后，海尔智家认识到场景思维对提升用户体验及直播效果的重要影响，于2019年12月26日正式上线“智家App”，并在当日进行了12小时的沉浸式场景直播，展示5大智慧空间场景和7大全屋解决方案，在客厅、浴室、厨房等不同的直播场景全方位地带领用户体验海尔智家家电的智能，形成了“5+7+N”的成套方案，为品牌产品的销售成功赋能。

第二，体验云众播，联合打造生态圈实现资源整合。2020年3月31日，海尔智家首创的“体验云众播”平台正式上线，“体验云众播”的模式与以往的网红直播存在一定的区别。“人人皆可直播”是“体验云众播”平台的最显著特征。但这并不是典型的“网红＋明星”“主播＋产品”等形式，在其平台上，直播的群体不受限制，海尔智家的用户、客户、生态方等都可以进入直播间进行直播。物联网时代，消费者的需求也呈现出多样化、个性化的趋势，单单依靠一家企业难以满足消费者的全部需求。因此，为给予消费者一站式的购物体验，在一个平台就能够实现多样化需求的满足，海尔智家还与其他品牌方合作，力求打造更全面、更真实化的场景并实现用户需求的一站式满足。

三、总结启示

第一，场景思维增加消费者的体验感。通过海尔智家的营销，发现在互联网时代，消费者是企业应该关注的重心，满足消费者需求、带给消费者优质的体验是企业赢得消费者信赖，实现竞争优势的关键。场景思维在直播中的应用，以及取得的良好效果更是证明了这一点。因此，企业在进行品牌直播的过程中，尤其是强调体验感的家居行业、汽车行业等，可以将体验融入观众熟悉的场景中，促使消费者在观看直播时就能够感同身受，从而进行消费。

第二，多方合作打造完整的生态系统。海尔智家营销的成功也与其重视不同行业的合作密不可分。这可以帮助海尔智家在场景营销时给予消费者完整的购物体验，保障消费者在整个流程中的体验感，增加消费者购买商品的可能性。若是仅仅依靠企业自身的产品构建场景，不仅可能无法实现场景的顺利构建，而且可能因为某些细节的不完善带给用户不好的体验。故而，企业在打造场景时要根据需求多与其他企业合作，以实现多方的互利共赢。

（资料来源：笔者根据多方资料整理而成）

三、打造有归属感的大家庭

很多新手主播常常会有这样的困惑：新手主播怎么做好直播？为什么主播直播间人气很旺，和粉丝互动得也很热闹，怎么就没人下单？没人送礼物？

这里的问题出在主播并未思考清楚，粉丝给你送礼物出于什么心理？只是为了聊天图开心的粉丝，很难激起消费的欲望，反倒是每次看直播都送礼物的粉丝，这代表他对你有深深的归属感。帮主播实现梦想，就好像粉丝的价值也实现了一样。

要理解透彻归属感这个问题，还需要先搞清楚，粉丝或消费者为什么看直播？为什么看直播带货？

进入 21 世纪以后，很多年轻人甚至是白领人群，大多是一个人在大城市里打拼，总是会有孤单的感觉。在一个人孤单的时候看看直播，既可以免费娱乐，又可以买到很多物美价廉的东西，还有一种很多人在一起热闹的感觉。

因此，这种直播形式，虽然是网络上的虚拟聚集，却可以让人有群体的归属感，而且不需要付出友谊，不用担心被亲密关系束缚。正是有这种害怕孤单又有社交需求的情况，才激发了直播的出现，技术的不断加持，进而催生出直播带货等更多形式。粉丝变成了消费者，最初的虚拟礼物成了促销商品。

从早期直播到直播带货，从粉丝到消费者，有所改变的可能是娱乐的体验，但不变的是群体归属感。由此可知，主播如果善于抓住这种直播带货的核心价值，也就是场景感、群体感，自然就可以俘获更多粉丝。

在这里有必要再引入一个由凯文·凯利提出的“1000 个忠粉原理”。在提出这个理论之前，他有一个著名的长尾理论，说的是在电商行业中，一个网站可以有无数的商品，即使有一些商品非常冷门，也总会有需要的人。电商行业解决了传统线下商场在场地和可展示商品数量受限等方面的问题，比如在网上可以找到各种各样的服装。

凯文·凯利通过研究认为，像音乐家、设计师、视频制作者等创作者，只要拥有了 1000 个铁杆粉丝就能获得稳定的收入。他所说的铁杆粉丝是指不管你出了什么作品，她都愿意购买。通过各种渠道了解你的信息，时刻关注你的动态，还会积极地向身边的人推荐你，为你积累名气。按照他的假设，每个铁杆粉丝每年用来支持你的作品的钱差不多是他一天的工资，也有很多铁杆粉丝花更多的钱去支持。

了解了“1000 个忠粉原理”，也就解释了为什么有的主播能够在开播的瞬间就秒光了库存的大量商品，除了直播前的预告等各种直播技巧外，更多的是主播有大量的铁杆粉丝。他们基于对主播多方面的信任，包括对商品的严格挑选把关、对商品的精准推荐、对消费者需求的精确把握等，这种信任带来的就是排他性的“盲从”和追随。方便、快捷、直接，不需要到处去淘，只需要一键下单。这是直播的特点，也是粉丝的诉求，二者完美结合，各取所需，逐渐形成了一种有归属感的大家庭现象。

四、向粉丝求助，慎用信任

主播与粉丝的有效互动可以增加群体归属感，这是直播带来的信任价值。这种信任可以解决信息不对称带来的感知风险，让粉丝与用户基于对主播的信任而相信产品的效果及价值。一个主播的粉丝量越大，其品牌价值对产品价值的影响就越大。

这种信任还可以让主播在遇到问题时向粉丝们寻求帮助，比如你可以在群公告写上今天点赞要突破 2 万，或者今天要冲上 2000 点热度之类的。你有粉丝的信任打底，粉丝也乐意帮你，并且在帮你的过程中获得成就感，这样就形成了良性的循环互动。

一个优秀的主播最擅长的，是对于送礼物粉丝的正面回应，一旦有人送了礼物，主播会用各种方式表达感谢，同时观看直播的所有观众都会看到。这个时候，羡慕就有可能形成催化作用，增加送礼物的可能，而听到主播当着许多人的面喊出自己的名字也是一件很有成就感的事情。

我们经常可以在直播间看到这样的场景，比如有粉丝 A 给主播打赏，主播会在直播间对 A 说些感谢的话，或者用手势表示感谢等。这时候其他围观的粉丝也会看到，表面上大家会羡慕粉丝 A，但实际上也变相提高了 A 的知名度。正是由于直播间种种打赏后的反馈，会不断强化粉丝的虚荣心，容易形成粉丝间的不良攀比，或者影响主播的自我认知。这种基于信任的求助或打赏互动要慎用，因为一旦处理不当可能就会失去所有粉丝。这就是心理学里的“回旋镖效应”理论，类似青春期的孩子，有些看似正常的语言和行为可能会得到反效果。

五、营造交付感

营造交付感也就是要清楚了解粉丝打赏后他期待能得到什么东西。那么直播行业中，粉丝打赏后，一般获得的东西有主播的一句感谢、加入微信群，给他点一首歌，这些都是马上能获得的东西。

粉丝们打赏到底想要什么呢？也许很多主播都很难理解，因为很多主播自己都没有尝试过打赏行为。从心理学视角来看，这些人打赏的动机可以从现实世界的缺失来理解，再卑微的生命也有对抗现实的冲动。用马斯洛对人的需求的五大层次来解释：生理需求、自我保护、社交、尊重、自我实现。在网络上进行打赏主播，就是想利用社交软件通过花钱的方式来获得尊重，从而寻找存在感，实现自我追求。

第二节　带货变现

带货变现是直播带货的商业逻辑和核心诉求。带货变现的核心路径主要有：从用户到粉丝或客户，从公域到私域流量，从流量到留量。带货变现的运营方法论本质上是“人、货、场”三者相结合。

一、制造稀缺感

人们对体验的快乐程度记忆由什么决定呢？心理学上有一个非常著名的理论——峰终定律（Peak-End Rule），即人们对体验的记忆由两个因素决定：高峰时与结束时的感觉。

经济学里有个词叫效用，人们按效用最大化来进行决策。那么当我们要决策是不是再做这件事的时候，就要评估上一次做这件事的效用。

对峰终定律和效用的对比研究发现：人们对一段体验的整体感觉受峰值（Peak）和终值（End）的影响非常大，除这两个时间以外的其他时间对愉悦体验的影响几乎为零。

直播体验的峰值是什么？最常见的就是价格出来的时候。“全网最低价”承诺能带动观看者的情绪到达峰值状态。此外，就是制造稀缺感。

稀缺感第一招：限量。例如，在直播时告诉粉丝“我只有几万份”，还有“××× 最近都没货，可能下个月才会来给大家秒杀”。

稀缺感第二招：千载难逢的低价。可以直接告诉粉丝，这次促销活动可遇不可求，打折也好，买赠也好，错过了就要等明年啊，等等。

稀缺感第三招：新产品首发。例如，香奈儿山茶花系列、Hourglass 黄金烟管口红、Tom Ford 最新银管 #05，阿玛尼的蓝气垫，CT 最新限量眼影盘等，这些新品助力李佳琦一路从“口红一哥”到“彩妆一哥”再到“直播一哥”。

专栏 5－2

米可儿——植物精华美妆品牌的带货策略

米可儿（Msekko）一直致力打造有机的自然的安全护肤产品，其产品原料均在纯净和谐的环境下生长，坚持不使用化学肥料和杀虫剂，全部采用人工栽培方式，所有植物均利用人工在清晨微露中采收，然后以蒸馏法在无化学药剂及低压蒸汽中缓慢进行提炼，每个环节都完全按照有机植物的操作标准进行。米可儿注册资本 1000 万元，颇符合国内小众护肤品品牌规模，而且这个品牌在天猫旗舰店和小红书旗舰店上销量及评分也是不错的。

一、品牌概况

米可儿是广州韵善力贸易有限公司（以下简称韵善力公司）旗下大米护肤品牌。2010 年，韵善力公司创立米可儿品牌，并与韩国第三大化妆品集团韩佛化妆品株式会社合作成立大米护肤研发中心。公司坚持“天然、温和、安全、有效”的产品研发理念，严选以优质大米为产品原材料，致力于打造适合中国人肤质的安全有效的护肤品。米可儿是一个完整意义上的纯粹大米护肤倡导者，在创立的 8 年间，便获得了不少消费者的认可，成了国内大众女性喜爱的护肤品牌之一。现有产品包括米可儿护肤系列、米可儿洗护系列及森觅轻彩妆系列。

米可儿研发团队致力于研究肌肤的内在需求，精心筛选从韩国、日本、澳大利亚等地区进口的具有天然活性的原材料，从中选取能够提供自然力的成分，结合高科技技术，制造出系列的天然环保、安全有效的肌肤保养制品。产品以最自然吻合的方式有效调理肌肤细胞的运作机能，使其达到完美平衡，时刻充满健康活力。

二、直播带货策略

第一，米可儿所在行业环境分析及客户定位。

首先，米可儿所在行业分析。虽然护肤品市场已经进入成熟期，但是人口基数和消费升级仍推动着护肤品市场的增长。2019年，中国化妆品零售额为2992亿元，与2018年同期相比增长12.6%，护肤品网购市场在稳步增长。在护肤品方面，米可儿以用户需求为出发点，实行高品质、高性价比的产品开发、生产和销售模式，满足不同肤质的定制化和多元化客户需求。

其次，米可儿所在客户定位。女性对于美妆护肤品的需求与日俱增，80、90甚至00后，较60、70后女性的经济实力与消费模式也有所不同，对个人外在形象的要求也越来越高。白领群体、大学生等成为公司客户的定位群体，线上消费趋势明显。

第二，米可儿直播电商组织架构分析。

目前公司尚未成立单独的直播电商部门，暂时由运营部抽调人员形成项目团队，对直播电商进行产品销售和主播的管理。

第三，米可儿公司直播电商的运营管理分析。

其一，主播管理策略。主播分为外播和店播，外部达人直播有风险管理，投入和效果不确定，所以米可儿以自家店播为核心，兼顾外部达人直播。对于店播，以直接招聘、自主培养为主，按照销售业绩进行考核、分配资源等。

其二，直播电商产品策略。米可儿以大米为原料，开发出纯天然的化妆品，主打修复肤质及隔离空气中有害物质，倡导天然、健康的理念。

其三，直播电商价格策略。价格策略延续直播电商的主流营销模式，以畅销品的介绍和发放优惠为主。公域主要是直播间的福利，如返红包、点赞；私域则利用自媒体等社群发布商品的预告，促进商品的交易，同时也会定期举办抽奖活动。

其四，直播电商渠道策略是多渠道策略。由于淘宝直播的效益最直接，消费者进入直播间的目的明显，主要是为了购买所需的商品。所以，米可儿直播电商的渠道主要是以淘宝直播为基础，同时兼顾其他渠道。

三、总结启示

米可儿是国内难得一见的提倡“大米、植萃护肤”的品牌，据说产品使用的配方都是大米提取成分及植物提取成分，打的是“天然、安全、温和、有效”的旗号。

从其推出产品的成分来看，确实大多提取于大米及植物精华，并且含有的香精、防腐剂、风险成分和孕妇慎用的成分含量均为零，从天然、安全、温和角度来看可以说没有做虚假宣传。

同时，凡是真正帮助到消费者且没有为消费者带来危害的护肤产品都是值得提倡的，至于这个品牌以后是否能保持研发这种良心产品，大家一起拭目以待吧。

美丽，应该是自然的。米可儿品牌的诞生，有着最朴实无华的愿望，与崇尚自然的人来场美丽的邂逅，分享自然的护肤和自然的生活态度。

米可儿倡导“自然护肤”理念，宣扬一种自然的生活态度，倡导和传播一种“自然生活”理念。

（资料来源：笔者根据多方资料整理而成）

二、标志性话术

作为一个优秀的主播，不仅要有良好的外形，还须拥有“信赖感”。那么，怎样的表达才能让粉丝产生信赖感呢？直播间的标准销售话术有哪些？应该怎么找话题呢？这些都是一场成功的直播和一个合格的主播需要思考和锻炼的。

首先，话术的组织思路和锻炼思路。

（1）组织思路：以产品为中心的思考方法，以营销为中心的思考方法，以顾客需求为中心的思考方法。

（2）锻炼思路：说肯定的话；说真话，对顾客要坦白；只说最关键的三点，说得多了就忘了；重复，但要在重复中变通。

其次，好话术的节奏。

对于快速、简单、爆量的商品，话术的节奏一定要思维清晰，说话直接，卖点表达流畅，情绪激情饱满。

对于高单价、难度高的商品，逻辑性一定要很强，商品卖点挖掘要深，介绍时要有起承转合；要有画面感，知识底蕴足；速度快不等于节奏快，节奏快不代表语速快。

最后，如何找话题。

如果在进行直播的过程中词穷了，也就是突然不知道说什么了，那么气氛就会很尴尬。因此，对于很多主播尤其是新手主播来说，一定要学会去找直播话题。例如，三天之内不要重复同一话题，每次直播前半小时先让粉丝点歌，每次两到三个话题，但是，每次一个话题不要一次聊完，要留一半放到下次再聊。以下是可供参考的话题。

（1）最新的八卦新闻。

（2）爱情小故事。

（3）每天的歌曲选择。

（4）房间活动，比如粉丝生日，节假日；又比如 ×× 与主播认识的一周年纪念日。

（5）为什么喜欢这首歌。

（6）脑筋急转弯。

（7）大家一起写诗。

（8）为什么叫你小哥哥。

（9）穿衣服的窍门。

（10）最近都在玩的游戏。

（11）大家都喜欢什么食物饮品。

（12）游戏，比如猜一猜：主播哪只手有硬币？猜对了奖励礼物等。

（13）都是做什么工作的。

（14）聊聊畅销书或者电影的经典片段，多留意观察和积累生活的细节，做到有东西可聊。多说一些和游客有联系的话题，不要只说自己知道和极个别人知道的东西，不然大部分人会不感兴趣。

总之，如果不知道找什么话题，平时有空可以多看看新闻，关心关心时事，与时俱进；多看看书，可以是幽默的，也可以是文学的。话不在多，而在精。合适的话题能创造和谐的气氛，让人如沐清风；反之，可能聊着聊着就无话可聊了。

三、标准化的售卖组合

直播带货变现除了需要有标准化的直播流程、标志化的直播话术，更要注意的还有标准化的直播售卖组合。这些是实现直播带货变现的“人、货、场”相结合的重要体现。

直播间带货还是和线下门店不一样，和普通的带货也不一样。直播间带货需要宠粉款（超高性价比商品、活动促销）、利润款、组合产品等综合搭配销售。这就是直播生态里特有的定价和产品组合。

目前，标准化的直播售卖组合，主要分类有以下几种。

（1）宠粉秒杀限量款：粉丝专属。

（2）组合套餐主打款：利润保障。

（3）到店体验高价款：门店客流。

本质上，无论是哪种组合，都是基于一套规范的选品流程，来确保直播间卖出的东西真正做到物美价廉。

以某知名主播为例，她直播间的每一件产品都经历了多重考验。

第一重考验：初审流程。他们搭建了一个系统，所有的商家会在系统里统一填报自己想推上直播间的产品信息。信息分为几个维度，比如，他们会看店铺评分，所有的天猫店或个人店铺都有动态评分，有关于描述的、关于服务的、关于物流的，他们要求三项都要达到4.8分以上，这只是第一步。

第二重考验：核价阶段。通过了初审，接下来团队会用后台的查价软件，连续追踪入选的每件产品，以及它们近半年或近一年搞活动时的价格，保证其直播间所有产品必须低于或至少等同于历史最低价。

第三重考验：选品会。经过核价阶段，团队每周还会挑一个时间开选品会。拿到产品之后，他们会把它放在同类型产品里，进行行业标准对比。比如针对一款精油，他们会把日本、韩国及国内的同类产品都收集过来，进行多维度资质竞比。竞比过后，还会根据每件产品的产品特性，给团队成员试用。他们现在还引入了第三方质检机构，进行更专业的产品筛选。整个团队的最终目标就是为粉丝推荐更好的产品。

这三轮下来，产品淘汰率逾95%，每周从3000多款产品中甄选出200多款进入他们后台的选品库。主播和团队再一起进行最终的审核。严苛的选品流程，专业的产品推荐，形成了主播团队标准化的售卖组合模式，赢得了粉丝的回馈和赞誉。

四、特色化的直播流程

特色化的直播流程是在标准化基础上的特色化，可以简单地理解成直播脚本。标准化的流程可以保证整场直播的有序进行，如果不能按照拟定的直播脚本进行，就容易造成主播废话过多、流程混乱、重复过品等情况。如果流程没有标准化基础上的特色化，就会千篇一律，很难快速有效地吸引粉丝下单。

常规操作都是直播 SOP（标准操作程序）化，也就是直播按照标准作业程序，从谁来讲、讲哪些产品、如何摆放产品、如何调价格、如何演示等，都是根据脚本来执行的。因此，提前准备好直播脚本，严格执行直播流程的标准化，直播时才能有效把控节奏，也才能保证整场直播的转化效果。

直播带货脚本在形式上，又可分为整场直播脚本与单品直播脚本。

如果你不知道怎么写直播带货脚本，可以在网上找到很多免费的直播带货脚本模板，你照着表格填空式写作就可以了。部分直播脚本模板对很多内行人来说是常识的东西，但对于从未接触过的外行人来说，就是非常有价值的宝贵经验。

目前来看，直播带货和主播行业还属于红利期，主播增量也一直在上涨。要想在这片汪洋里扬起一帆小舟，还是需要技巧的。如果主播不了解直播间的产品，不熟悉直播流程，缺乏销售技巧，那么很难想象会有什么样的结果和带货效果。

特色化、标准化的直播流程安排一般包括时间安排、直播内容、主播安排。两个常见的直播带货流程策划方案分别是过款型直播带货流程和循环型直播带货流程。

所谓过款就是一场直播里，你可能要介绍 N 款产品，一款接一款地介绍，一款产品只介绍一次。过款型标准化直播流程安排更注重综合搭配销售。

循环型直播带货流程主要是针对有一些主播可能手里的产品不是特别多，或者品类不多，可能就两三款。这种情况下如果你用过款型的直播带货流程，比如一款商品介绍 30 ～ 40 分钟，这样就造成单品介绍时间过长，反而容易影响成交。简单来说，循环型直播带货流程就是以 30 ～ 40 分钟为一个周期，把你的商品过一遍。

一个优秀的直播流程，可以保障主播全场直播的稳定输出，控制节奏。因为一场长达 2 ～ 8 小时的直播，其实就相当于一场马拉松长跑。我们需要在这个过程中，完成多次冲刺，还要把控自己的呼吸节奏。

一个优秀的直播流程，可以营造粉丝的互动氛围，为直播的秒杀、抢购效果助力。比如一些头部主播经常会在直播带货的过程中憋单，以引爆直播间氛围，他在等什么呢？他在不断激发用户的购买欲，一点一点地积蓄膨胀，最后一刻瞬间引爆，达到最佳效果。

一个优秀的直播流程，也可以帮助新手主播快速成长，缩短培养周期。因为即使新手主播，用 5 ～ 10 分钟讲解一个单品，都可以轻松做到。最大的问题是能不能在几个小时里面持续地保持亢奋、把握节奏。

根据对目前抖音上 100 多个头部直播带货主播的分析和研究，一个优秀的直播带货流程，至少包括直播前、直播中、直播后三个阶段。

直播前准备包括：直播团队组建、直播选品、直播带货脚本策划（整场脚本、单品脚本）、直播带货话术、直播前预告、搭建直播场景、开播前对直播间网速、连麦测试及软、硬件检查与测试等。

直播中的直播带货流程包括：直播过程循环引导用户关注、评论、加粉丝团，以及产品介绍、活动介绍、憋单、促单、催单等。

直播后的直播带货流程包括：直播复盘，并通过数据分析及时发现与调整直播节奏、团队协同等主播时出现的问题，做好下一次开播的准备。

第三节　广告变现

广告变现，是最常见的直播带货变现方式。在直播中，通过口播来推荐商品，并在直播间中加入商品链接，方便用户购买。

广告带货变现的形式类似于过去的电视购物，内容吸引人是关键。重点要做的是，通过商品展示、商品体验或优惠福利等方式，吸引直播观众的眼球，并让他们产生相应的购买转化行为。

据调查，约 82% 观看直播的用户都发现过广告，各类广告的敏感度整体较高。广告点击率主要取决于用户需求及广告的创意与制作，其中约 58.6% 的用户对直播间适度且干扰少的广告态度良好、接受度高，能理解直播平台也需要打广告来合法赚钱，并不怎么影响围观直播。

一、专业平台承接广告

通过专业平台承接广告这种方式获得的收益最高。直播行业有一个不成文的规定，广告报价根据粉丝量，分为单个粉丝报价核算与打包价两种，单个粉丝一般 2 ～ 6 分钱，打包价可以达到一条视频数十万元。但有一定的门槛，要具备极高的人气和粉丝数量，才可以实现在专业平台承接广告。

这方面典型的代表是抖音直播平台，广告可以说是所有抖音达人最直接的一种变现方式。如果达人没有自己的产品、店铺或者品牌的话，接广告来变现是最合适的。达到 10 万粉丝量，可以开通抖音唯一指定的官方平台——抖音星图，通过星图平台来承接广告。无论是签约抖音平台成为达人，还是签约抖音官方 MCN，或者通过官方渠道承接广告，都要通过星图平台。

星图平台有两类任务——指派任务和报名任务。

指派任务是广告主在选好达人，并明确佣金后，主动支付，指派达人去完成自己的广告任务。

报名任务是指任务由广告主或系统定向分配给达人，达人如果愿意接单，选择报名，完成后再支付。

能获得指派任务资格的，一般是流量大 V，报名任务竞争激烈。所以要进行一个独特的优势介绍，让广告主更容易识别与选择。

主要流程是：针对需求撰写脚本—上传脚本—广告主审核确认脚本—根据脚本制作视频—上传视频—广告主审核—发布视频并选择星图订单—

等待 1 ～ 7 天一款项到账。

此外也可切换到“即合平台”，也是一个视频广告服务平台，接纳所有的视频格式。

目前“即合平台”为广告主和广告创作者提供一站式服务，平台服务覆盖 70 多个行业，为 2 万多个入驻平台的广告主，促成广告订单超过 3 万份。相对于星图，拥有更多的资源。但“即合平台”目前还处于内测阶段，只向部分用户开通。

二、第三方承接广告

通过第三方平台承接广告（如广告联盟等），也是广告变现的一种方式。还是以抖音平台为例，有人可能会问，如果没有 10 万粉丝，不能登录星图平台，也可以自己联系广告主，根据他的需求接广告。但是抖音平台从保护平台利益出发，在外部广告视频的审核方面相当严格。如果绕开官方平台接单，容易被系统判断为垃圾广告 / 过度营销，就可能会收到系统警告，甚至限流封号，打击力度非常大。所以在外接广告时，千万不能触及红线。

除经第三方平台的广告接入之外，还有一个比较好的广告营收解决方案，即主播如果有广告商资源，可以直接挑选广告商。直接联系广告商的好处是，一方面可以结合自媒体的定位，精准把握行业领域更匹配的广告商；另一方面，可以在价格与广告质量上做到可控。

广告变现的主要优缺点如下。

优点：广告变现的收益主要来自于流量，产品的流量与广告的收益成正比，流量越大，收益也越高。例如，目前最火爆的冲顶大会等 HQ 直播的 App，就是通过这一方式来进行盈利的。

缺点：广告的变现有几个影响因素，包括广告主品牌、广告质量、受众契合度等，而且广告效果有一定的滞后性。一旦广告主品牌、产品质量等方面出现了问题，不仅将对产品的品牌、口碑造成巨大破坏，还将对主播、直播间造成无法挽回的负面影响。

三、利用社交平台

利用社交平台，进行广告变现。通过各种自媒体平台，如微信朋友圈、微博等发布招收广告信息，这些信息包括：本人抖音号有多少万粉丝，可接广告，广告主私聊等。

社交平台广告变现更注重对接用户个性化需求，强调内容质量。其具体优缺点如下。

优点：用户体验较为可控、拥有一定自主权。

缺点：流量不透明、价值不明确、填充率较低、用户定位精准度低。

结合以上特点，有些商家在看到哪些主播有点名气或者直播间有一定流量后，就会与主播合作，给主播付推广费用，帮助宣传他们的产品。这种变现方式因为不经过平台，平台不参与分成，而是由主播与商家对接广告合作。还有另外一种变现形式，主播把广告植入社交平台，按展示或点击来与广告商结算费用。

除此之外，还有的主播通过在抖音评论区，或者简介栏添加个人微信，或者 QQ 进行导流，这是很多微商或者淘宝店主常用的方式。有些抖音号的流量比较好，往往一天之内就可以添加粉丝进群成百上千人，按每个粉丝五毛计算，也是数百上千，后期还可以通过卖东西来赚钱，一举多得。

四、签约 MCN

没有签约抖音或者 MCN 之前，能获得的打赏比例大概是 30%，也就是说，如果收到 1000 抖币的打赏，换算为人民币是 100 元，其中 30 元会转到主播的抖音钱包中。

签约抖音或MCN后，比例最高可以提升到70%，至于如何签约平台，我们不在这里做具体展开阐述。

其实不管是用哪种方式来实现转化，都需要一段时间的用户沉淀。好的直播内容可以吸引更多的粉丝关注，粉丝更乐意来看直播。只有更多的粉丝参与，才能有更多曝光和转化的机会。

当然，在直播中进行广告变现时，需要注意以下两个禁忌：一是虚假宣传。通过捏造虚假的产品信息，夸大商品价值进行推广和销售，或者伪造官方活动来进行相关的宣传。二是违反《广告法》。做产品宣传时，《广告法》中的违禁用词是：“××第一”“国家级”“最权威”“最低价”等，这些词一概不得使用。

专栏5-3

谦寻文化——淘宝直播TOP1的发展策略

一、公司介绍

谦寻文化，全称为谦寻（杭州）文化传媒有限公司，成立于2017年4月28日。谦寻文化是新内容电商直播机构TOP1、淘宝单机构TOP1，旗下主播50余位，淘宝粉丝数千万。公司旗下主播包括林依轮、海清等明星主播；小侨Jofay、安安anan、楚菲楚然twins等TOP达人主播；呗呗兔等红人主播。直播覆盖美妆、服饰、生活等全品类类目，业务全方位精准服务受众。目前，谦寻文化在专注直播领域的同时，不断拓展发展空间，在传统娱乐与电商直播之间打通内容变现的子公司谦娱娱乐，负责IP授权业务的子公司谦禧文化，以及北京明星直播基地、杭州超级供应链基地等。

二、商业模式

谦寻文化自2017年至今，从全球好物推荐官到拥有50多位各类主播，不断创下直播行业各项纪录，获得各种荣誉。包括并不限于：淘宝直播机构类目招商第一名（2017年）、淘宝美妆商会“十大明显MCN机构”（2018年）、淘宝年度“优秀合作机构”（2018年）、新榜大会“年度内容电商机构”（2019年）、双十一单链接破6亿元及GMV53.2亿元新纪录（2020年）等。谦寻文化主要通过三个方面的发展策略来培养主播的影响力。

第一，绝不轻易签约主播。谦寻文化对主播的要求是重质不重量，绝不轻易签约主播，就是为了能够保证主播的平等地位，保证公司资源的合理配置。公司通过给每一位签约主播配置相应的团队，激发他们的奋斗激情，保持公司长期可持续发展。

第二，配置专业化的团队。在谦寻文化慎重签约主播的策略影响下，谦寻文化所签约的主播基本都很优秀，都具有各自明显的不同特质。无论是带货红人主播还是明星主播，都有自己的特色，签约的明星红人主播有明星主播歌手林依轮、主持人李响和李静、演员高露等。为每一位主播合理配置团队资源，保障他们都能够有机会在公司或直播行业得到发展。很多签约谦寻文化的垂直领域主播，在短短几个月或者一年左右都收获了粉丝、名气、销量的大幅上涨。

第三，保障供应链稳定。谦寻文化在运营直播带货平台的过程中，总结出来一条经验，就是对于任何一个哪怕很优秀的主播来说，供应链是其直播带货能够快速发展的重要保障。为了能够建立稳定的供应链。谦寻文化签约了二十多家供应链公司及机构，并进行深度捆绑合作。覆盖了淘宝直播的各个商品类目，形成了丰富的商品资源和品牌渠道。正是这种完备的供应链体系，帮助谦寻文化成为淘宝直播带货TOP1打下坚实基础。

三、总结启示

直播平台要想发展壮大，有两个主要方面非常重要。一个是主播及其背后的团队。一个是带货的商品及供应链保障。谦寻文化在多年的发展过程中，逐渐打造了自己这两方面的能力和体系。首先，在主播品牌及团队影响力拓展方面，与知名网红经纪公司无忧传媒合作，拓展旗下主播在淘宝以外的影响力，实现多平台、多维度发展。其次，对于供应链保障来说。谦寻文化从2019年开始打造“超级供应链基地”，帮助主播们就地选货直播，既省去了主播与商家在样品筛选上的麻烦，又保证了主播的商品资源丰富与充足供应。

（资料来源：笔者根据多方资料整理而成）

第四节　商业活动

主播如果想通过商业活动实现直播变现，就要找到并参与各种平台举办的主题活动。通常可以直播变现的商业活动有：官方热点话题互动活动，平台举行的品牌栏目活动，参加选题比赛活动等。

一、热点话题引流

发起有意思的话题，是进行互动的常见形式。在有意思的话题里，又以热点与情感两个方面易引发关注及讨论。热点分别有节日、明星、事件等，情感分别有爱情、友情、亲情等。总之只要是容易让人产生共鸣的话题，都更容易引起讨论。

一个好的标题就是成功的一半。很多主播都忽视了标题的作用，或者说他们根本不会写。

视频标题怎么写才会火？我们首先要搞清楚视频标题的作用，才能有的放矢，抓住问题的核心。一般来说，视频标题的作用有两个：一个是针对用户，抓住用户的眼球，为我们的视频停留，并点赞、评论、转发。另一个是针对平台，获得平台更多精准推荐和更多的曝光。

为了让看到的用户为主播的视频停留，以及点赞、评论、转发，我们对抖音上大量点赞量不错的视频进行了研究与测试，发现标题主要有以下几种类型：叙事、概述视频内容的主旨，留悬念，设置疑问、反问，擅长利用引导语，其他引导功能的语言，吸引用户点赞、留言等。

注意事项：避免使用那些太过于专业的词汇，以及冷门词、生僻词等；避免缩写词汇；标题字数不要太多；给热门话题加标签或使用 @ 引起关注；适当口语化表达。

二、平台品牌活动

参与商业活动实现直播变现的另一个途径是参加平台举行的品牌栏目活动。以抖音为例，通过搜索页的“精彩推荐”栏目参与平台推出的品牌活动，具体方式为：打开抖音，单击右上角的放大镜图标，在“今日最热视频”下方有个“精彩推荐”栏目，栏目中有很多平台官方推出的活动。通过参与这些平台栏目品牌活动，可以帮助主播进行变现。

细心的抖音用户可能会发现，曾一度备受追捧的抖音精选标签已经悄然消失，取而代之的是为商家打开的软广大门——“精彩推荐”。抖音小助手利用官方抖音账号每周发一条“抖音一周精品”的视频合辑，展示给抖音用户，精选的视频既有创意又不乏个性。点入官推的视频后，页面与正常刷首页推荐展示的视频一样，无广告标签，但所有官推视频都与软广植入有关，通过对很多具体的案例来进行分析可以发现，“精彩推荐”中官方每日推送的抖音视频虽然都是以软广植入为主，但内容不乏新意。品牌调性与达人风格高度契合，让关注的粉丝因为对达人的信任，从而对品牌有更好的印象，达到投放预期效果。

专栏 5－4

静韵家居服——诠释生活的直播带货

生活离不开家居服，静韵家居服曾在活动中大胆地使用家居服作为入场门票，出席嘉宾需要穿上静韵倾情出品的家居服，在充满多维度的场景里体验生活与跨界的温柔时光。

很多衣服要穿上才知道舒不舒服，但静韵家居服的衣服很神奇，从流动感的面料、接受度高的颜色及模特的演绎，光是看起来就让人觉得舒适。衣服看似随意，但版型设计很讲究。高领口窄肩设计的小背心修饰上半身，面料轻薄绵软，不到百元的价格却有着大牌感。还有店里卖得最好的运动裤，不管是阔腿还是收口样式，都能修饰腿形。

静韵家居服将浪漫、优雅、感性的全新家居时尚赋予每一位秀外慧中的时代女性，她们热爱生活，感悟生活，善待自己，做事简洁干练又不失细腻妩媚，从容应对着生活中的成功和失意，时刻调理着自己和影响着他人。静韵家居服每一季的色彩设计均紧紧跟随时尚潮流，绚丽的流行色将家居服衬托得清新亮丽，营造自然洒脱，优雅迷人的不凡品位。

一、企业简介

广州市厚薄服饰有限公司始建于1997年，是一家集面料开发、产品设计、生产、销售为一体的大型家居服饰企业。静韵是情侣睡衣家居服引导品牌，创建于2009年。静韵旗舰店，是厚薄服饰公司旗下的天猫商城子品牌，主营休闲时尚睡衣家居服。静韵家居服自2009年进驻淘宝，至今已有10年的网上销售历程，是天猫老牌的销售店铺，也是第一批在网上（淘宝）从事家居服销售的商家，静韵家居服一直以“优秀的品质和真诚的服务”服务广大消费者，获得了广大消费者的认可。

二、直播模式

第一，静韵家居服公司所在行业环境分析及客户定位。

首先，公司所在行业分析。公司产品主打家居服系列，属于服装市场的细分领域，市场成熟，但没有形成垄断局面，传统销售渠道非常成熟，网上销售竞争也比较激烈。

其次，公司所在客户定位。公司产品主要定位是18～40岁左右的人群，这类人群是家庭主力人群，对家居服的购买欲望会比其他年龄段强烈。

第二，静韵家居服公司直播电商组织架构分析。

该公司在市场部的客服部里面设置了相应的直播岗位，也叫用户中心，对应不同的项目小组，由项目小组负责直播电商的运营和管理。

第三，静韵家居服公司直播电商的运营管理分析。

其一，主播的管理策略。主播分为外播和店播。对外是合作的达人播主，通常结合销售计划提供有卖点的货品，定制一定的利益点，管理相对松散，坚持利益导向；对内是店播，店播主要围绕新老客户进行商品的多维展示和促销，公司出台相应的直播培养和管理方案。

其二，直播电商产品策略。对外，推出的直播经过多方合作，力荐新品，让名气较大的主播进行带货，先累积一定的销量，然后包装成热卖商品。对内，以成熟的产品为主流，重视后台的选品。

其三，直播电商价格策略。该公司产品的定价在线上和线下差别不大，主要由线上线下的运营成本所决定，线上主要是引导流量，形成口碑效应，但并不比线下投入少，所以两者的定价差异不大。

其四，直播电商渠道策略。该公司在抖音、B站、淘宝等平台正积极开展直播电商，主要采取的是多渠道的策略，由于淘宝平台是带货的主要平台，消费者购买意愿最强烈，交易更容易实现，所以淘宝成为该公司直播电商的主要渠道。

三、总结启示

以直播为媒介，以传统家居服为载体，传递给消费者全新的生活理念。

静韵不仅仅是一个家居服品牌，更是一种真挚的纪念，她代表着为每个家庭送去吉祥、美满、健康、成功的祝福，让我们生活的世界更加和谐、温馨。凭借着独特的风格，静韵融入多元化的设计理念，灵感来源于不同国界，不同民族文化的时尚元素，伴随家居文化的创新，释放人们的生活压力。

生活赋予了家居服存在的意义，“家”是静韵家居服成立的初心。“时光静美，却有余韵”，静韵是一种用心生活的状态。静韵品牌传递的是一种美好的生活方式与热爱生活的态度，让顾客感受到由家居服带来的多维自在生活体验。

静韵品牌传递的是一种美好的生活方式与热爱生活的态度，让顾客感受到由家居服带来的多维自在生活体验。品牌主张创造“这一刻的心情”，升温顾客生活中每段有静韵陪伴的温柔时光。

（资料来源：笔者根据多方资料整理而成）

三、参加比赛提升转化

利用平台商业活动实现快速引流变现的又一个途径是参加平台比赛获得提升转化。通过挑战赛触达人群可进行再营销，而品牌的沉淀也会进一步提升传播转化。

例如，elf Cosmetics 彩妆在抖音上面创建名为 #eyeslipsface 的挑战赛。elf Cosmetics 挑战赛的规则制定得很简单，报名参与挑战的粉丝必须以首名为“ Eyes.Lips.Face”的歌曲作为背景音乐展示粉丝的自然美，挑战获胜者的奖品是 elf Cosmetics 化妆品和护肤品，价值 250 美元。这场挑战赛活动最终也是创下了抖音上传播速度最广的挑战赛活动纪录，而且参与活动的粉丝近 500 万，浏览量高达 77 亿次。

其实这个挑战赛活动还可以分为两种形式：第一种就是让 banner（横幅）出现在抖音的 Discovery（发现）页面上，这种方法的成本无疑是非常高的。第二种与网络红人合作，让他们来带动广大用户参赛，这种方法的成本也是比较低的。

挑战赛的优势：一是专属引流入口可以极大地提升品牌曝光度；二是可

以深度定制品牌内容，自由展示品牌元素，凸显品牌个性；三是用户深度参与，可以提升用户对品牌的好感；四是品牌贴纸（可选购买）、音乐配合，多种优化功能可选；五是多种售卖组合和互动玩法，满足不同营销需求。

除了组织平台比赛类活动提升传播转化，还可以组织多种形式的抽奖活动。这种玩法虽然简单、直接，但往往是留住粉丝最有用的方法。因为组织平台抽奖活动很容易黏住粉丝，让他们总产生一种期待感和参与感，不会轻易取消关注。

也可以根据平台的特点举办周期性的商业活动。可以针对已有粉丝定期举办一些活动，包括线上和线下，提高用户的参与感。而且定期举办活动，久而久之会形成自己的特色，为品牌推广进行赋能。

第五节　知识付费

知识付费是通过知识讲解，直播分销干货知识进行变现。常见的有游戏讲解，或烹饪教学。这类直播的变现转化，相对广告带货方式来说，算是软植入。

比如游戏讲解，一般会卖一些游戏的周边产品，又比如鼠标、键盘、手柄等。

这些知识转化，都需要观众对主播有很强的信任。所以在账号运营中，需要与粉丝保持强黏性。

一、选好价值定位

付费本质上就是价值交换，有使用价值即可收费。其定位方法有以下两点。

方法一，根据自身的优势选择内容。选择输出自己擅长领域的知识，上手快，对于同类知识的横向学习吸收也快。

方法二，紧贴市场需求做选择，临时抱佛脚突击学习。具体讲就是看市场上哪个内容最受欢迎，最有市场就选哪个。举例，短视频、抖音、直播等，相关的付费培训产品之前都有一个火爆期，就看你能不能提前把握住机会。

知识付费，字面上看是对有价值的知识进行付费交换，其实包含以下两个点。

其一，知识本身。消费者买单，是因为知识本身对他有价值。

其二，对人。消费者对知识传播者本人的认可、信任。

比如，你和姚明两人同时在线分享篮球的相关知识，消费者是愿意在你这付费还是在姚明那里付费？答案很显而易见，因为姚明已经有了在篮球这个领域的个人 IP 影响力，IP 就已经代表了专业价值，还有信任。所以，如果要做知识付费，就必须要在选定的领域深耕下去，坚持高价值输出，慢慢收获粉丝，扩大影响力。

知识付费产品有四个好处：一是价格相对低廉，二是利用碎片化时间，三是学习后有成就感，四是增加“社交货币”。

二、打造专业 IP 人设

知识付费的另一个途径就是打造专业 IP 人设。一定要在自己擅长的垂直领域进行深耕，可以采取先免费，再逐渐付费的模式积累粉丝，一步步扩大影响。

在“人”这一项，不管是淘宝直播，还是抖音、快手，任何一个成名的 KOL、主播都必然有自己的人设，尤其是现在想入局，首先要明白“人设”的重要性，包括：名字、年龄、身高、性格特点、喜好特长等，能够让粉丝喜爱的带有标签的人物。

由于各个直播平台的风格不同，每个平台的粉丝对于主播带货的认知自然也是不同的。最典型的例子就是淘宝直播，大家对于淘宝主播“人设”的认知，基本都是从货开始的，即从货到人。

打造个人 IP 的五条路径：一是挖掘和其他人的差异点，二是通过价值影响他人，三是通过自媒体推广和传播，四是通过服务提升口碑，五是通过第三方塑造。

打造 IP 模式又分为两种：一种是达人模式，一种是专家门诊模式。

达人模式下，达人主播通过自己在某一领域的长期积累，具有非常丰富的专业经验。同时，达人主播对该领域的产品非常熟悉，有非常高的专业度，足以担纲此领域的意见领袖。

专家门诊模式，也被称作顾问模式或是销售医生，是指类似病人不舒服去医院找专家挂号看病，正所谓“你有病，我有药”，只有生病了才会找医生，可以一对一帮助粉丝解决问题。此种模式的专家能够通过检查、诊断，发现客户潜在问题，给出解决方案，容易建立信赖关系，成交率高。

那么，如何树立一个成功的人设呢？

首先，根据个性人格进行定位。新人主播选择定位时要结合个人的性格和实际情况，不要强求一个性格腼腆的人在直播间喊麦，更不要让一个性格外向的人装稳重。事实证明，那些单纯追求直播效果，实则为虚假人设的主播，最终大概率都会翻车。

其次，成功人设需要体现专业素养。专业素养是一名合格的电商主播必须具备的基础素质。要求对直播间里产品的好坏了如指掌，介绍产品时体现出专业能力。还要解答随机提问，切忌一问三不知。

最后，要树立成功人设，还需要打造差异化人格。差异化能体现特色化，有特色才比较容易吸引客户，既突出直播间及主播的与众不同，又能抓住客户的求新的心理，加深用户的记忆点。有特色不一定成功，没有特色却是很难成功。另外，特色也要有度，不能为特色而特色，如果没有足够的积累和储备，一味追求新奇特，看似有差异化，但是缺乏专业性，反而弄巧成拙，容易引起客户反感。

专栏 5 - 5

马蹄社——知识平台的直播电商策略

基于知识分享的平台并不鲜见，马蹄社算是其中之一。在“2022 亿邦未来零售大会”上，亿邦动力总裁、马蹄社发起人贾鹏雷发表了题为《发现未来零售新世界》的演讲。他指出，面对 2022 年，无法回避三大问题：第一，大厂突然变得安静会有什么影响；第二，怎么看待 All In 抖音这件事；第三，元宇宙是否值得我们去关心和投入。马蹄社作为亿邦动力旗下高端电商社群，凝聚了 600 余位知名企业创始人或操盘手，是电商经理人深度学习的组织，仅面向高级电商经理人开放。

一、马蹄社简介

亿邦动力成立于 2007 年，是国内电商知识资源平台，覆盖了 2000 余万国内外电商经理人，在新零售、社交电商、直播电商、跨境电商、产业互联网、农村电商等诸多重点领域建立了广泛的影响力。

马蹄社是亿邦动力旗下的子品牌，也是亿邦商学院旗下高级经理人社群，囊括游学课程、资源整合、资本对接、IP 打造等模块，课程前卫、资源雄厚。其以直播电商课程为重要手段，凝聚了 300 家知名企业创始人或电商操盘手，以未来巨头游学之旅为核心，为会员搭建了一个兼具专业性与社交属性的深度学习交流平台。

二、直播电商策略

马蹄社兄弟连是基于马蹄社成员社群的认知分享交流活动，结合行业热点，面向未来趋势，同时为会员企业间的资源连接搭建桥梁，共创增长。

第一，马蹄社所在行业环境分析及客户定位。

首先，公司所在行业分析。马蹄社定位高端社群直播，这个高端社群直播延续过去线下沙龙的模式，是线上直播的创新，在整个直播电商生态圈里面并不多见，属于竞争程度不高的领域。马蹄社结合时下热点，把握行业趋势，紧扣用户痛点，为用户搭建了一个兼具专业性与社交属性的深度学习交流平台，发现新认知、建立新连接、创造新增长。

其次，公司所在客户定位。马蹄社定位于高端的电商人才，主要针对那些对于市场营销敏感、有志于电商发展、有时间和意愿学习新知识、提出新见解的各行各业人才。同时，直播内容热衷于为大众提供最新的电商资讯。

第二，马蹄社公司直播电商组织架构分析。

马蹄社直播电商组织架构属于灵活变动的项目组形式，以职能形式开展单一业务，以公司业务需求为主。

第三，马蹄社直播电商的运营管理分析。

其一，主播的管理策略。主要以各行业有代表性的人物为主，在直播间针对行业热点进行讨论，通过思想碰撞，为观众提供新的视野和视角。

其二，直播电商产品策略。马蹄社属于社区直播，主要以专业的知识聚集有识之士认可马蹄社这个品牌，在积攒一定的人气和流量之后，开拓直播带货模块。

其三，直播电商价格策略。在私域开展的直播带货，价格策略延续直播电商的主流营销模式，主打畅销品的介绍和发放优惠。公域主要是直播间的福利，如返红包、点赞、刷评论、抽奖等。

其四，直播电商渠道策略。由于快手直播平台拥有大量草根观众，更需要补充新鲜的电商知识和策略咨询，所以马蹄社以快手为基点进行直播，聚拢人气，培养后续庞大的受众基础。同时马蹄社对于各大直播平台，如淘宝、抖音、小红书等，也有逐步开展业务的战略计划。

三、总结启示

第一，发现新认知。游学课与专题课相结合，既聆听创始人顶级商业思想，又随马蹄教练拆解经典案例。

第二，建立新连接。集合品牌创始人或电商操盘手，落地52个城市分社和三大赛道，使高端人脉连接不断。

第三，创造新增长。秉持归零心态，不断突破认知瓶颈；务实操作，持续实现价值连接；马不停蹄，共创增长。

（资料来源：笔者根据多方资料整理而成）

三、输出爆款付费内容

打造爆款付费内容，就必须尽可能让视频内容和知识领域相关，并保证优质的内容输出。

如果靠传授知识实现转化，就需要具备丰富的专业经验。但想要做出爆款的知识付费内容，还需要匹配以下五个属性。

（1）覆盖面广。

产品要有足够广的人群覆盖，最好是针对知识付费有意愿或有能力的人。通过热点类目切入，并做深入的细分。比如当前比较热门的类目有：个人成长、亲子教育、商业财经、生活养生、外语学习等。

（2）戳中痛点。

如果内容能解决生活中的某类具体问题，或者解决社会中存在的某种矛盾，也就是戳中痛点，就很容易成为爆款。比如书籍解说类，就是因为抓住了用户想读书，但没有时间读的需求。通过书籍解说类内容，能帮大家在很短的时间内掌握一本书的精华，还可以随时随地，想听就听。这也解决了一个普遍的痛点。

（3）简单易学。

学习要靠对抗惰性才能办到，所以我们必须做到简单、易学、易上手，给用户及时反馈，不要消耗太长时间，也不要输出太多信息量。如果能让人有“学完就能进步”的感受，就更好了。同时，尽可能实现趣味教学，让内容的表现形式更加生动有趣，通过动作、表情和语言魅力，抓住用户眼球。

（4）品牌背书。

也许主播的能力比较高，甚至优于市面上同领域的老师，但是对用户来说，没有清晰的认知。这时，就需要品牌背书。很多有经验的主播都讲过，品牌背书可以帮助其拉近与用户的距离，提高用户的信任。所以，要用一些成功案例做背书，打动用户。当然，从众效应也是一种背书，你的课程已经被很多人学习过，或者已经有很多你的学员做出了成绩，这些都能诱发用户学习的兴趣。

（5）包装宣传。

要突出自己的优势，并在某领域站稳脚跟，就需要进行一个合理包装。前面讲过，你可以通过自媒体平台或第三方机构，进行知识付费内容以及个人 IP 的包装、设计和打磨。同时，可以通过各种限时、限量、限价的方式，进行促销，比如喜马拉雅的“12・3”知识狂欢节，樊登读书的“4・23”读书日，都是知识付费的促销节日。这样的包装宣传，可以在短时间内，为我们的内容产品制造很大的势能。

四、筛选引流

用户通过内容关注我们，利用前面学过的方式，把他们引流到自己的私域流量池中。

观众根据我们分享的视频内容判断是否对我们进行关注，我们可以把观众引流到自己的私域流量池中。

常见的私域流量池有：微信公众号、个人微信号、微信群、官方网站、QQ 群等。

有哪些渠道可以作为传播点，以获取更多的流量和粉丝呢？

首先，使用自有流量渠道。

假如有微博、微信公众号、微信群、朋友圈、自己的网站并积累了一些种子用户，那么可以先通过自己的渠道宣传推广。如果是大 V 用户，那就更不用说了。让用户转发到群分享、朋友圈可免费收看收听分享的内容，这样就形成了原始的传播效应，一传十，十传百。

其次，借助外部流量源道。

如果没有自己的种子客户，那么也可以通过外部渠道形成传播。

外部渠道也是非常多元化的，有各种社交媒体（贴吧、豆瓣等）、相关的网站论坛（行业网站、论坛等）、自媒体平台（头条号、百家号等），都可以成为宣传阵地。

我们通过一套免费且有吸引力的内容来吸引目标客户，继而转化成自己的粉丝是范畴有必要的。毕竟这些内容解决的就是客户面临的问题痛点。客户是乐于学习的，而且还可以免费获取。

最后，在分享的内容介绍里留下自己的公众号、微信等联系方式，也可以在分享讲解时让学员来添加你的微信号或公众号，领取课件资料，以此把这些访客转化为粉丝。

如何实现粉丝引流，最终达成变现？

第一，主动进行粉丝引流，主动联系观众用户，把粉丝与用户导流至私域流量池中。

第二，使用抖音号 ID 设置技巧，可与其他自媒体账号设置成相同的。

五、知识付费

打磨好知识付费产品，让用户看到其中的价值，愿意付费购买，从而完成转化变现。知识付费变现转化有五个步骤：一是选好定位，二是打造个人 IP，三是输出内容，四是筛选引流，五是知识付费。

在该模式下，对直播的私密性要求更高，粉丝通过购买名额、计时付费等方式进入直播间观看。能够吸引粉丝付费直播一般内容质量较高，可以有效地留住粉丝，为平台和主播增加新的变现方式。

知识付费越来越成为一个学习趋势，抓住这个机会，用自己的专业性打造出好的 IP、好的产品，那么变现自然不是难事了。

知识付费，本质上是把知识变成产品或服务，通过用户购买消费，实现商业价值。最近几年，由于社会生活的快节奏，人们逐渐接受知识付费，这种形式更符合人们当前快捷化的需求。为什么越来越多的人，愿意为这种方式付费呢？

（1）价格相对低廉。

不管是虚拟产品，还是实体产品，购买价格始终是都是重要的关注点。与传统的教育培训产品相对比，知识付费的价格更低廉。

以樊登读书 App 为例。如果一个人一年读 50 本书，按平均每本书 30 元计算，买书需要花费 1500 元。而在樊登读书 App，每年听 50 本书的详细解读，只需要 300 多元。这么算下来，用户更愿意接受。

（2）利用碎片化时间。

知识付费的用户，绝大部分是职场人。这些人有学习的需求，就是没有充足的时间。针对这种问题的解决办法就是高效利用碎片化时间。

知识付费课程，还有一个突出的优势，就是不受时间、地点的限制。因为这种课程一般都采用音频、视频形式，便于学习者自由支配学习时间。比如运动锻炼时，或者上下班通勤的路上，随时随地，想学就学。

（3）学习后的成就感。

不管是工作、学习，还是生活，如果加入“沉迷机制”，一切就会变得更高效、更顺利。

“沉迷机制”的关键点，就是成就感。成就感的体现，和及时反馈息息相关。很多时候，我们缺乏学习动力，就是因为学习周期太长，可能半年或一年后，才能看出学习效果，很难坚持下去。

但知识付费的内容很精炼，学习周期不长，很快就能检验成果。有了成果的反馈后，用户愿意继续学习，也能产生成就感。

（4）增加“社交货币”。

这种模式下，学到技能之外，知识也越来越成为一种“社交货币”。

还以读书为例。以前一本高深的书放在你面前，可能要一个月才能读完，而且读完后找不到人交流。现在有人帮你详细拆解一本书，多听几遍就能掌握要点。和别人聊天时，谈到这本书，也有了共同话题。

当然，看电影、听歌都是同样的，既增长了知识和信息，也给我们的社交增添了话题。

章末案例

刘涛——直播带货下半场

自2019年直播电商爆发以来，看直播买买买，不再仅仅是一个“有需求”才会去做的事，而成为了很多人晚上主动去蹲的习惯。就像曾经看电视连续剧或综艺一样。

而主播，尤其是李佳琦、刘涛、罗永浩这样的头部主播，似乎更成了一种习惯性陪伴，一个频道，一个品牌。不同的主播IP，也走上不一样的路径。是通过私域孵化自有品牌？还是联手平台，持续运营公域流量？

红人为代表的李佳琦和明星为代表的“刘一刀”，似乎走上了分叉路，也在探索不同的模式。

一、直播电商生态进化：人找货，货找人，人找人

电商生态，已经从“人找货”的时代，进入到“人找人”的新阶段。消费者最为认可的头部主播如佳琦、刘涛、罗永浩等，已然变成了品牌的信用背书和购物渠道。

在“人找人”的模式下，又出现两种道路：

一是李佳琦靠持续不停地努力和平台的扶持，完成原始积累后，逐渐走向精细化运营；二是刘涛打通人设、平台、品牌商和供应商的链条，位居明星主播前列。

事实上，如李佳琦的模式已经成为一种主流的模式。而刘涛则开创了一种新模式，而且一年过去后，还在持续增长。

“刘一刀”的IP实现了三个差异：模式差异化、品牌差异化、产品服务差异化。那么，刘一刀主播模式是如何炼成的？

二、主播模式的差异化：明星、平台、商家的可持续循环

明星网红拥有人们的注意力，电商平台拥有流量与数据资产，而商家拥有商品供应能力。注意力、流量、商品三者，创造一次两次爆款是简单的，只要价格够低、流量够大。但是这种模式往往是杀鸡取卵。

品牌方受损，主播未必能持续拿到低价，平台也没有动力持续。所以，要寻求可持续的发展，则需要三者最优化的配置。通过明星、平台和商品的联合，要打通直播电商生态的整个链条。

明星和网红在直播带货中来来去去，但只有刘涛的“刘一刀”IP长青，值得深挖，看到一条路径：因为平台数据的赋能，团队的策划和选品，让“刘一刀”不是一个人在战斗。

平台，是今天任何一个内容创作者（主播本质上也是一个内容创作者）和商家离不开的生态基础。平台就像是一个虚拟的广场和商场，商家和消费者在这里面交易。而刘涛“刘一刀”直播间就像是商场的一个

舞台。

刘涛“刘一刀”背后，是聚划算这个平台（就像是线下的广场和商场）探索出的一种让三者平衡、互相支持的模式：注意力因明星IP背书、消费者选择商品而持续留存，消费者给予商家和平台的数据反馈都是可积累和复用的。

如此，三者就进入了彼此相互依赖、相辅相成的关系，不断循环，如图5-1所示。

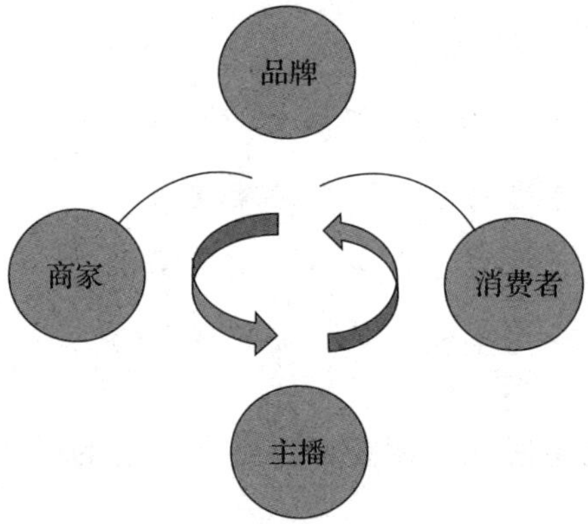

图5-1 消费者信任机制的转变

刘涛的“刘一刀”直播1周年直播观看1612万，话题总阅读22.4亿，当天3条微博热搜如#刘涛王霏霏直播#（阅读9300万）和热搜#王霏霏对刘涛说我想亲你哦#（1.7亿）。

大众关注两位超飒的女明星直播碰撞的火花，同时也导向平台和商品，完成注意力到购买的闭环。

这种趋势就是以“刘一刀”为代表的直播IP逐渐成为一个品牌的原因。明星天然自带人设，但需要在直播的场域下进行调整。

所以，“刘一刀”已经不单单是一个明星主播，而成为了新场景下的新服务品牌后的不断迭代和延展。

明星、平台、商家三者联盟的模式，形成差异性和可持续性。

三、直播 IP 品牌的差异化：新人群，新消费，新人设

在直播间这个舞台上，人设是主播与消费者产生长久黏性和信任的核心要素。

比起大多数主播营造的紧张、短缺和压迫的氛围，刘涛的风格是更亲切平易的。

比起催单，她更愿意描述产品的真实使用场景和心得，直播间也布置成为了更贴近生活的场景，有厨房、浴室、铺着地毯，放着茶几，就像真实的居家生活，她更像是在分享自己的生活日常，也让“购物”从一个单一的动作变成了沉浸式、生活化、趣味化的深度浸入场景。

这种不急功近利的真诚塑造了有爱、有信赖的人设 IP，也赢得了黏性很高的粉丝人群。

为“持续引领”和做好“长期主义”，在一周年之后，“刘一刀”这个舞台进行了 2.0 升级，弱化刘一刀砍价女侠认知中的刀，进一步强化具备“爱与信赖”的品牌 IP 人格承诺，打造有温度值得信赖的靠谱气概侠女。

从进击的刘一刀，变温柔收刀，背后是沟通诉求的转变。为了传递“有爱、有质量、有温度”的新消费理念，直播间加大了技术加持，引入了更多专题短视频，生动还原各个产品使用场景。

尤其值得一提的是刘涛“刘一刀”身边多了一只叫“心宝”的虚拟萌宠，“心宝”取自心和抱拳的首拼音，彰显“爱”与“诚意”。

将“爱与信赖”的理念具象成为一只 3D 萌宠，“爱心与抱拳”作为“刘一刀”品牌视觉锤。也是因为粉丝中不乏大量喜欢二次元的“Z 世代萌新们”。

95 后 + 00 后的“Z 世代”成长在商业高度繁荣的时代，具有更优渥的生活条件，拥有更多元、更丰富的消费品牌选择，也更具有消费主见。

“追星”“游戏”“动漫”是 Z 世代群体的共同话题。利用如“心宝”一

类的“二次元萌宠”吸引拥有强劲消费实力Z世代的关注，是一次十分成功的创新。

这种品牌沟通和人设的变化，让刘涛不再是单纯的砍价型主播，而化身“品质”与“温度”的代言。也让直播间成为具备商业延展性与想象空间，覆盖更多人群的商业服务性资产。

“心宝”一经推出反响热烈，光“5·14”一周年直播当日，“刘一刀”和心宝爆红直播间，在线最高观看人数达惊人的1612万。

但光吸引注意力“促活”还远远不够，“转化”才是王道。因此刘涛背后的聚划算平台也向Z世代人群打出了一整套的营销“组合拳”，针对消费者的特点，提供差异化的产品和服务：

（1）发布Z世代计划，校园人群专属补贴。

（2）结合最新的Z世代消费热点进行每月主题场景的发榜。

（3）55吾折天盛典期间，首次发布专门针对95后趋势生活方式的商品榜单。

直播IP的品牌化，要求明星红人从单纯的竖立人设，走向更丰富的品牌IP，并根据消费者人群和趋势的变化，不断调整对外沟通的方式和内容。

四、直播IP产品服务的差异化：IP、品牌与人设的长效进阶

面对新人群的崛起、新场景的涌现，主播品牌IP只有持续进阶，才能始终拥有消费端的注意力和商家端的稳固供应。

作为平台，助力刘涛的聚划算也在逐步将“刘一刀模式”进行平台横向地扩张，和明星个体纵向的延伸。

在横向扩张上，展开聚划算将全面拥抱媒体、达人、MCN机构、明星、经纪公司等生态合作伙伴，开放产品、数据、供应链等。

打通平台基建能力，联动短视频平台，共建聚划算营销业态，充分聚合“内容＋话题＋粉丝”形成的百亿价值的新流量形态。

除了淘宝聚划算直播间，刘涛“刘一刀”直播也牵手微博、抖音和各类线下工联大屏幕。在官方周年广告片中，她牵手 2 位抖音达人，让该片实现了总播放量 2100 万 +，互动量 70 万 + 的可观数据。

极大巩固了刘涛聚划算直播间“刘一刀”IP，同时加大品牌曝光度，吸引更多优质产品供应链入驻，“做大蛋糕”，实现良性循环。

在纵向延伸上，刘涛的身份也在复杂化，在不同的场景下衍生出新的信用背书，比如受聘成为广东荔枝公益形象大使。

刘涛的流量为品牌带来关注，“公益形象大使”让刘涛出品与“品质”“放心”产生自然联想，是一次十分成功的产品和直播 IP 互相作用的成功牵手。

刘涛本次“升级”无论是营销推广，还是树立品牌，或是生活服务，甚至是引领消费趋势，都充满了巨大的想象空间。

聚划算打出刘涛这面旗帜，充分巩固了营销矩阵。如若将平台“团队作战”的运营 + C2M 产业链 + 产品优选的刘涛聚划算直播间看作直播带货“正规军”，则在“正规军”身上已经开始浮现了品牌 IP 立体化的趋势。

刘涛作为在中国演艺圈和商业界都相当成功的女星，转型直播，其本身作为明星和商业模式创新者的价值和质量就是相当可观的。

有这个前提和价值，她的直播才能维持高质量和高水平，因为她自己的金字招牌也经不起折腾和风险。

让直播带货从“低价竞争”等不良循环的刻板印象中解脱出来，开辟新道路，才有更多商业化可能。

五、新常态下的电商直播：新模式撬动新供给

看直播购物，已经逐渐成为很多人的生活方式和消费习惯。

新人群、新消费的浪潮袭来也引爆了新供给变化，大农业和产业带迎来新机会。

直播电商正在迈向3A时代：Anyone、Anything、Anytime，未来将在任何人、任何物和任何时间的场景下，触发哪些创新？

（资料来源：笔者根据多方资料整理而成）

本章小结

宽泛地讲，能力变现对于每一个人来说，是其赚钱的底层逻辑。对于直播人才来说，直播以其直观、实时、互动性强等特点很容易让用户消费直播的内容，所以直播本身就是一种多方位流量变现的渠道。

直播人才通常的变现途径有：一是礼物打赏变现，具体表现在关注粉丝送礼价值及趋势走向；了解粉丝等级但不差异化对待；打造有归属感的大家庭；向粉丝求助，向家人共享目标；营造交付感。二是带货变现，主要通过制造稀缺感；标志性话术；标准化的售卖组合；特色化的直播流程。三是广告变现，主要有专业平台承接广告；第三方承接广告；利用社交平台；签约MCN。四是商业活动变现，具体有热点话题引流；平台品牌活动；参加比赛提升转化。五是知识付费，主要有选好价值定位；打造专业IP人设；输出爆款付费内容；筛选引流；知识付费。

参考文献

［1］陈戈. 直播电商是网红经济新亮点［J］. 中国信息界，2020（5）：34-37.

［2］陈海权，张镒，郭文茜. 直播平台中网红特质对粉丝购买意愿的影响［J］. 中国流通经济，2020，34（10）：28-37.

［3］陈永惠. 抖音营销与运营全攻略：视频制作、内容引流、品牌转化、直播运营、带货技巧［M］. 北京：中国经济出版社，2020：225-232.

［4］陈永惠. 快手营销与运营全攻略：直播带货、电商变现、品牌营销、IP 打造［M］. 北京：中国经济出版社，2020：193-199.

［5］丁倩. 直播带货与网红营销策略研究［J］. 城市党报研究，2020（11）：44-46.

［6］鄂晓桐. 后疫情时代电商直播的革新之道［J］. 新闻研究导刊，2020，11（20）：99-101.

［7］郭一凡，饶蓉蓉. 微商创业实战：吸粉方法 + 推广技巧 + 运营规划［M］. 北京：化学工业出版社，2019：149-158.

［8］胡明珠. 互联网时代下的网红“直播带货”模式探析［J］. 视听，2020（12）：156-157.

［9］黄华鸣. 网红直播对消费者购买决策的影响分析［J］. 内蒙古科技与经济，2020（22）：70-72.

［10］黄月娥，钱乐琼. 大学生网络直播参与现状调查研究——以 × 学院为例［J］. 科教导刊，2020（33）：191-192.

［11］ 李檬. 红人经济：发掘新消费爆点［M］. 北京：中信出版社，2021：178-180.

［12］ 陆高立. 直播销售：商业模式＋平台运营＋吸粉引流＋带货技巧［M］. 北京：中国铁道出版社有限公司，2020：220-226.

［13］ 暮烟. 跟暮烟学直播：淘宝店铺直播从入门到精通［M］. 北京：电子工业出版社，2020：66-74.

［14］ 戚妍. 直播带货：淘宝、天猫直播从新手到高手［M］. 北京：民主与建设出版社，2020：48-59.

［15］ 桑昆. 直播带货全攻略：运营实战 / 吸粉引流 /IP 打造 / 活动运营 / 成交转化［M］. 北京：中国经济出版社，2020：190-196.

［16］ 师天浩. 直播电商虽问题频发，但“云摆摊”的生命力却很长久［J］. 大数据时代，2020（8）：58-65.

［17］ 史青玲，邵峰. 传播学视域下李子柒“网红”现象解析——兼及对中国文化海外传播的启示［J］. 德州学院学报，2020，36（5）：30-33.

［18］ 孙佳敏. 粉丝经济下淘宝直播间的互动行为及心理探究［J］. 视听，2020（11）：148-149.

［19］ 王崇锋. 人才聚集与区域经济协同发展研究［M］. 北京：人民出版社，2015：403-414.

［20］ 王霁阳，王欣. 网红经济下的直播行业发展研究［J］. 北京经贸，2020（4）：49-51.

［21］ 吴刚. 电商密码［M］. 北京：清华大学出版社，2020：38-39.

［22］ 许锋. 人才供应链：实现高绩效均衡的人才管理模式［M］. 天津：天津人民出版社，2019：53-57.

［23］ 杨俊峰. 中国成为网红经济发动机［N］. 人民日报海外版，2020-01-14.

［24］ 杨莹. 探析李子柒视频的变现模式［J］. 传媒论坛，2021，4（1）：171-172.

［25］ 杨蕊，陈雨航，王颖. 网红直播带货的价值变现路径分析——以李佳琦为例［J］. 新媒体研究，2020，6（5）：56-57.

［26］ 殷中军. 引爆私域流量池：新零售时代如何低成本实现爆发式增长［M］. 北京：

机械工业出版社，2020：238-240.

［27］ 余来文，洪波，苏泽尉，等. 直播变现：数字电商的流量法则［M］. 北京：企业管理出版社，2021：156-159.

［28］ 岳小玲. 电商直播“带货”的内容生产和优化路径［J］. 出版广角，2020（19）：64-66.

［29］ 浙江省电子商务促进中心，浙江国家电子商务研究院. 电商直播实操教程［M］. 杭州：浙江科学技术出版社，2020：36-47.

［30］ 郑健. 从直播电商看电子商务的发展［J］. 电子商务，2020（11）：50-51.